Édito A2

méthode de français

2e édition

Coordination pédagogique :
Caroline Sperandio

Auteures :
Clémence Fafa
Florence Gajdosova
Alexandra Horquin
Airelle Pasquet
Marion Perrard
Violette Petitmengin
Caroline Sperandio

Marlène Dodin (DELF)
Julie Veldeman-Abry (phonétique)

Français Langue Étrangère

Dans votre navigateur, saisissez didierfle.app et flashez les pages de votre livre pour un accès direct aux audios, aux vidéos et aux activités complémentaires avec votre smartphone ou votre tablette !

Note de l'éditeur : *Édito* étant fondé sur le document authentique, vous trouverez, dans cet ouvrage, des anglicismes caractéristiques des nouvelles tendances dans les modes de vie (travail, consommation, ville, loisirs…).

Couverture : Nicolas Piroux

Principe de maquette : Nicolas Piroux

Mise en page : Sabine Beauvallet

Édition : Laurie Péan, Marie Rivière

Iconographes : Chloé Lecarpentier, Maria Mora Fontanilla

Cheffe de studio : Christelle Daubignard

Illustrations : Nicolas Journoud (27, 53, 83, 105 ,111 ,139, 153, 167), Mich (13, 41, 69, 97, 125)

Documents iconographiques : Dany Mourain

Photogravure : IGS-CP

Enregistrements, montage et mixage des audios : Vincent Henquinet – Eurodvd

Montage, habillage sonore, animation, mixage et sous-titrage des vidéos : INIT Éditions Productions

---

éditions didier s'engagent pour l'environnement en réduisant l'empreinte carbone de leurs livres. Celle de cet exemplaire est de :

1,2 kg éq. CO$_2$

Rendez-vous sur www.editionsdidier-durable.fr

PAPIER À BASE DE FIBRES CERTIFIÉES

© Didier FLE, une marque des éditions Hatier, 2022
ISBN 978-2-278-10411-6 Dépôt légal : 10411/01

Achevé d'imprimer en Italie
en octobre 2022 par L.E.G.O. (Lavis).

Édito A2

s'adresse à des étudiants adultes ou grands adolescents souhaitant acquérir le niveau A2 du *Cadre Européen commun de référence pour les langues* (CECRL).

Il couvre le niveau A2 du CECRL et permet aux apprenants de se présenter au DELF A2 (des productions de type DELF sont proposées au fil des unités ainsi qu'une épreuve blanche à la fin de l'ouvrage). Cette épreuve tient compte de l'évolution des épreuves de compréhension.

Ce manuel privilégie l'approche par tâches communicatives authentiques grâce auxquelles l'apprenant développera des savoir-faire en interaction.

● Le livre de l'élève comprend 12 unités, centrée chacune sur un thème qui sera abordé au travers des quatre compétences. Les unités sont composées de supports variés : principalement des documents authentiques didactisés (écrit, audio ou vidéo) provenant de divers horizons ou médias francophones, mais aussi des dialogues enregistrés tirés de la vie quotidienne.

● Un accent particulier est mis sur la découverte de la grammaire et du lexique.

Édito A2 propose une démarche guidée de la grammaire qui va de l'observation (Échauffement) à la systématisation (Entraînement) en passant par l'explication de la règle (Fonctionnement). Des tableaux offrent une vision synthétique des points traités et des listes de vocabulaire illustré et enregistré permettent l'acquisition d'un vocabulaire vivant.

En fin d'unité, « L'essentiel » permet de faire le point sur les acquis grâce à des activités grammaticales et lexicales.

● La phonétique est intégrée dans chaque unité afin d'aider les apprenants à perfectionner leur prononciation, à les sensibiliser à l'intonation et à la graphie, grâce à des exercices ciblés.

● Les activités de productions écrite et orale proposées favorisent les échanges interculturels et mettent l'étudiant en situation de communication authentique, lui permettant ainsi de s'adapter à des situations concrètes qu'il pourrait vivre dans un contexte francophone. Des encadrés d'aide à la communication ainsi que des encarts « Au fait ! » jalonnent les unités pour guider l'étudiant dans ses productions mais aussi lui donner des informations sur des points linguistiques et culturels.

● Les documents des pages « Culture, Cultures » abordent de nombreux aspects de la vie en France et dans la francophonie : le patrimoine, les restaurants, les médias etc.

● À la fin de chaque unité, une page « Atelier médiation » propose aux apprenants de travailler la compétence de médiation en réalisant des tâches collaboratives. Ils développent ainsi leur capacité à interagir et à coopérer dans un groupe.

● Sur la dernière page de l'unité, en alternance, on trouvera soit une page de stratégies d'apprentissage et de préparation au DELF A2, soit une page de documents pour l'« Atelier médiation ».

● Un précis de phonétique, des conjugaisons, un index des contenus, la transcription des enregistrements audio et des vidéos complètent ce manuel.

Structure du livre de l'élève :

• 12 unités centrées sur un thème

• des stratégies et des entraînements pour préparer le DELF A2

• des annexes :
– épreuve blanche du DELF A2
– phonie-graphie
– conjugaisons
– index des contenus grammaticaux
– transcriptions des audios et vidéos

Application pratique didierfle.app

Dans votre navigateur, saisissez **didierfle.app** et flashez les pages d'*Édito A2* avec votre smartphone ou votre tablette pour un accès direct aux :

• audios
• vidéos
• activités complémentaires

Entraînez-vous!

Unité 1

Nouvelles vies

Objectifs
→ Parler de son parcours
→ Exprimer son intention de faire quelque chose
→ Parler de ses goûts
→ Proposer, accepter ou refuser une sortie

" Faites des expériences uniques ! "

Une page d'ouverture
• un dessin de presse pour entrer avec humour dans la thématique de l'unité
• les principaux objectifs communicatifs de l'unité
• une phrase communicative ou idiomatique représentative du thème de l'unité

Une phrase extraite du document audio pour aborder le thème

Des doubles pages Documents
• 2 à 3 documents (audio, écrit ou vidéo) pour croiser les compétences
• une démarche de compréhension pas à pas
• une phase de production (écrite et orale)
• **À deux !** Des jeux de rôles pour se projeter dans la vie quotidienne
• des encadrés de communication pour guider les productions

Une vidéo authentique

Des pages Grammaire
Une démarche guidée et progressive de la grammaire

Au fil de l'unité :
• *des encarts « Francophonie » :* le français dans toute sa diversité
• *des productions de type DELF*

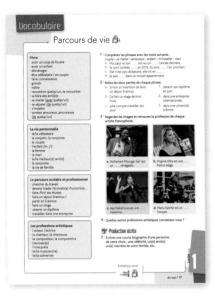

Des pages Vocabulaire

pour approfondir le lexique (enregistré) découvert dans les documents, à travers des activités ciblées et illustrées

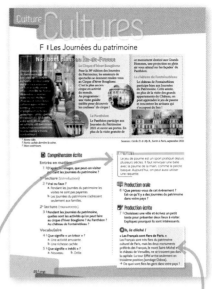

Une page Culture(s)

pour découvrir des aspects culturels francophones

● **des encarts « Au fait ! » :**
un clin d'œil linguistique ou culturel

● **des encarts « Oh, le cliché » :**
Comment sont les Français ?
Vrai ou faux, qu'en pensez-vous ?

Une demi-page Phonétique

La phonétique contextualisée et dans une démarche progressive

Une demi-page L'essentiel

Le point sur ce qu'il faut retenir (grammaire et lexique)

Une page Atelier médiation

pour travailler la compétence de médiation en réalisant des tâches collaboratives

En alternance :

Une page DELF

Des stratégies et des entraînements pour réussir le DELF A2

ou

Une 2ᵉ page de documents pour l'Atelier médiation

Des documents et activités pour se placer dans une situation de la vie quotidienne

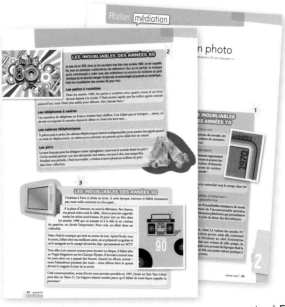

Unité 1 p. 13
Nouvelles vies

Socioculturel
l'artiste Gaël Faye – les actrice et acteur Leïla Bekhti et Tahar Rahim – le patrimoine de l'Île-de-France – Les Francofolies de La Rochelle – la Saône, Lyon

Communication	Grammaire	Vocabulaire	Culture(s)
• Parler de son parcours • Exprimer son intention de faire quelque chose • Parler de ses goûts • Proposer, accepter ou refuser une sortie	• Le passé composé : emploi, formation, participes passés réguliers et irréguliers • La phrase négative : *ne … rien/personne/ jamais/plus,* la place de la négation • Les indicateurs de temps : *il y a, pendant, depuis*	• Parcours de vie : la vie personnelle, le parcours scolaire et professionnel, les professions artistiques • Les loisirs : les lieux culturels, sortir, les activités en plein air et à l'intérieur **Phonie-graphie** Les sons [y] et [u]	**Les Journées du patrimoine** **Oh, le cliché !** « Les Français sont fiers de Paris. » **Francophonie** • Gaël Faye, artiste multi-talents • Des personnalités francophones • Quelques abréviations de mots • Pascale Stöcklin, athlète suisse **Vidéo** Les Jeux de la Francophonie
Atelier médiation	Organiser une activité de loisir		
DELF A2	Stratégies et entraînement : **Compréhension de l'oral**		

Unité 2 p. 27
Je me souviens

Socioculturel
saveurs de Corse – extrait littéraire de David Foenkinos – Morne Brabant, Île Maurice – Carcassonne, cité médiévale – objets cultes des années 70, 80, 90

Communication	Grammaire	Vocabulaire	Culture(s)
• Raconter un souvenir • Exprimer le fait d'aimer et de ne pas aimer • Interroger sur un souvenir	• L'imparfait : emploi, formation, verbes *avoir, changer, se déplacer* • Les pronoms *y* et *en* • La place de l'adjectif	• Le souvenir : la mémoire, les sens, les souvenirs, qualifier un souvenir • Les paysages et la météo : à la mer, à la campagne, à la montagne, la météo **Phonie-graphie** Les liaisons obligatoires	**Quel temps fait-il ?** Oh, le cliché ! « Il pleut dans le Nord de la France, il fait beau dans le Sud. » **Francophonie** • Des expressions pour parler de la météo • Souvenirs de vacances francophones **Vidéo** Envie de fraîcheur
Atelier médiation	Réaliser une exposition photo		

Unité 3 p. 41

Comme à la maison

Socioculturel

les logements étudiants en France – extrait littéraire de Virginie Grimaldi – l'Art nouveau – l'illustratrice Margaux Motin – l'urbaniste Carlos Moreno et la ville du quart d'heure – l'habitat solidaire intergénérationnel

Communication	Grammaire	Vocabulaire	Culture(s)
• Décrire un logement • Louer un logement • Exprimer sa déception • Consoler, réconforter	• Les pronoms relatifs *qui, que, où* • La comparaison (avec l'adverbe, l'adjectif, le verbe, le nom) • La condition	• Le logement et la location : les types et les parties d'un logement, l'immeuble/la maison, l'annonce immobilière, les frais et services, les habitants • Le mobilier et le cadre de vie : les meubles, la décoration, l'équipement, la ville et le quartier **Phonie-graphie** Les sons [j] [ɥ] [w]	**L'Art nouveau à Bruxelles** Oh, le cliché ! « Les Français vivent dans des maisons à la campagne. » **Francophonie** • Les types d'appartements • Les noms du canapé • Victor Horta, architecte belge • Habitat solidaire en Belgique **Vidéo** Voisins solidaires

Atelier médiation	Organiser une colocation
DELF A2	Entraînement : **Compréhension de l'oral**

Unité 4 p. 53

Tous pareils, tous différents

Socioculturel

des mannequins atypiques – la chroniqueuse radio Juliette Dumas – Franck Samson, sosie de Napoléon – Jean de La Fontaine – œuvres de René Magritte, Élisabeth Vigée Le Brun, Sabine Weiss

Communication	Grammaire	Vocabulaire	Culture(s)
• Faire le portrait physique de quelqu'un • Faire un compliment • Parler du caractère de quelqu'un	• La comparaison : l'équivalence • Les adjectifs indéfinis : *chaque, tout, toute, tous, toutes* • Les pronoms possessifs : emploi, formation	• L'apparence physique : la tête et le visage, le corps, la ressemblance, la mode • Les traits de caractère : les qualités, les défauts, expressions **Phonie-graphie** Les voyelles orales et nasales	**Des animaux très humains** Oh, le cliché ! « Les Français sont prétentieux et sans gêne. » **Francophonie** • Mannequins, acteurs, actrices francophones • Axel Noverraz, coach suisse • Fred Dubé, humoriste québécois • Expressions imagées • René Magritte et Sabine Weiss **Vidéo** Les défauts de vos qualités

Atelier médiation	Participer à un café artistique

Unité 5 p. 69
En route vers le futur !

Socioculturel
le spationaute Thomas Pesquet – BD de Sylvain Chantal et Marc Caro – l'équipe de France de robots à la RoboCup – les scientifiques Marie Curie, Joseph et Étienne Montgolfier, Arthur Zang

Communication

- Parler du futur, imaginer l'avenir
- Décrire l'utilité d'un objet
- Exprimer sa surprise
- Exprimer un espoir

Grammaire

- Le futur simple : emploi, formation, verbes irréguliers
- La condition avec *si*
- Le pronom *on* (= quelqu'un, les gens, nous)

Vocabulaire

- Les sciences et les techniques : le progrès, les machines, le fonctionnement et les caractéristiques des objets, les innovations
- Les technologies de la communication : le téléphone, téléphoner, l'informatique, Internet

Phonie-graphie

Les groupes consonantiques

Culture(s)

Un Français dans l'espace

Oh, le cliché !

« Les Français sont mauvais en langues étrangères. »

Francophonie

- Les noms du téléphone portable
- Arthur Zang, ingénieur et informaticien camerounais

Vidéo
16 levers de soleil

Atelier médiation | Faire l'interview d'un(e) scientifique

DELF A2 | Stratégies et entraînement : **Compréhension des écrits**

Unité 6 p. 83
En cuisine

Socioculturel
l'auteure Guylaine Goulfier – la cheffe étoilée Claire Vallée – la cuisine antillaise – un restaurant roulotte en Polynésie – enquête « Les Français et l'alimentation »

Communication

- Comprendre des instructions de cuisine
- Mettre en garde
- Communiquer au restaurant
- Exprimer sa satisfaction et son insatisfaction

Grammaire

- Les quantités et le pronom *en*
- L'obligation et l'interdiction
- La restriction : *ne... que*

Vocabulaire

- Les aliments : les légumes et les fruits (frais et secs), les céréales, les viandes, les poissons et fruits de mer, les herbes et épices, les quantités, cuisiner
- La restauration : les lieux, les plats, la cuisson, les goûts et sensations, les personnes

Phonie-graphie

L'intonation expressive

Culture(s)

Bonnes adresses

Oh, le cliché !

« Les Français vont beaucoup au restaurant ! »

Francophonie

- Recettes de couscous
- Cuisine francophone et du monde

Vidéo
Une roulotte à Tahiti

Atelier médiation | Réaliser un sondage

Unité 7 p. 97
À votre santé !

Communication	**Grammaire**	**Vocabulaire**	**Culture(s)**
• Donner un conseil (1) • Parler des problèmes de santé • Exprimer son point de vue	• Les pronoms COD et COI • Le superlatif • Les pronoms interrogatifs	• Le corps et la santé : les parties du corps, la douleur, se sentir bien, le sommeil, les mouvements et positions • La médecine et les urgences : les maux, se soigner, expressions imagées, les urgences **Phonie-graphie** La prononciation du mot *plus*	**Les urgences** **Oh, le cliché !** « Les Français consomment beaucoup d'antibiotiques. » **Francophonie** • Le transport d'urgence au Québec **Vidéo** Médecine d'Outre-mer

Atelier médiation	Participer à une campagne de prévention
DELF A2	Entraînement : **Compréhension des écrits**

Unité 8 p. 111
Dans les médias

Communication	**Grammaire**	**Vocabulaire**	**Culture(s)**
• Exprimer sa préférence • Exprimer son intérêt • Faire une critique positive ou négative	• La cause et la conséquence • Le subjonctif (nécessité, opinion) : emploi, formation • La place des pronoms COD et COI	• L'info, la presse, la télé : l'information, s'informer, la presse écrite, la télévision, les rubriques • Les médias audios et les réseaux sociaux : la radio, les podcasts, la communication **Phonie-graphie** Les lettres muettes	**À l'écoute des médias** Oh, le cliché ! « Les Français ne font pas confiance aux médias. » **Francophonie** • Le blog scientifique canadien RaccourSci (Acfas/AUF) • Podcasts francophones **Vidéo** La tour Eiffel grandit !

Atelier médiation	Faire la critique d'un média

Unité 9 p. 125

Consommer responsable

Unité 10 p. 139

Envies d'ailleurs ?

Unité 11 p. 153
De jolis parcours

Socioculturel

la journaliste Aline Afanoukoé, *Lettre à ce prof qui a changé ma vie* – le CV insolite de Lenna Jouot – coworking à la Martinique – *Trouveur d'emploi*, podcast d'aide à l'emploi – la reconversion professionnelle – enquête sur le travail idéal

Communication

- Parler de sa formation
- Remercier
- Écrire un message formel
- Parler de ses projets professionnels
- Exprimer une évidence

Grammaire

- La mise en relief
- Le discours rapporté au présent
- Le pronom COI *y*

Vocabulaire

- Les études : le système scolaire, la scolarité, les études, l'évaluation, les diplômes
- Le monde du travail : les secteurs, les professions, le travail, le CV et la recherche d'emploi

Phonie-graphie

Les sons [ø] [o] [u]

Culture(s)

Espaces partagés

Oh, le cliché !

« Les Français ne travaillent pas beaucoup. »

Francophonie

- Les anciens élèves du lycée français d'Istanbul
- Les CV québécois et suisse

Vidéo

Nouveau métier, nouvelle vie

Atelier médiation	Faire une enquête sur le travail idéal
DELF A2	Stratégies et entraînement : **Production orale**

Unité 12 p. 167
Soif de nature

Socioculturel

le Trashtag Challenge – la Fête de l'environnement en Nouvelle-Calédonie – Le festival *L'animal qui court* – le livre *Pourquoi le chat aime-t-il boire au robinet ?* – la biodiversité en Outre-mer et dans le monde – le site de co-jardinage plantezcheznous.com – extraits de livres (George Sand, Alexis Jenni, Ben Lecomte)

Communication

- Exprimer la peur, l'inquiétude
- Exprimer sa capacité de faire quelque chose
- Exprimer son approbation
- Protester
- Dire ce qu'on sait faire

Grammaire

- L'impératif (affirmatif et négatif) et les pronoms
- L'expression du but (formes affirmative et négative)
- La forme passive : emploi, formation

Vocabulaire

- La géographie et l'environnement : les milieux naturels, les espaces protégés, l'environnement, agir, la pollution
- Les animaux : les animaux domestiques, de compagnie, du jardin, les mammifères sauvages, les oiseaux

Phonie-graphie

Le *e* muet

Culture(s)

La biodiversité dans le monde

Oh, le cliché !

« Les Français, fous de leurs animaux de compagnie. »

Francophonie

- Une action de reforestation en Côte d'Ivoire

Vidéo

Festival *L'animal qui court*

Atelier médiation	Présenter des œuvres pour un festival

Annexes

Tour de France des produits du terroir

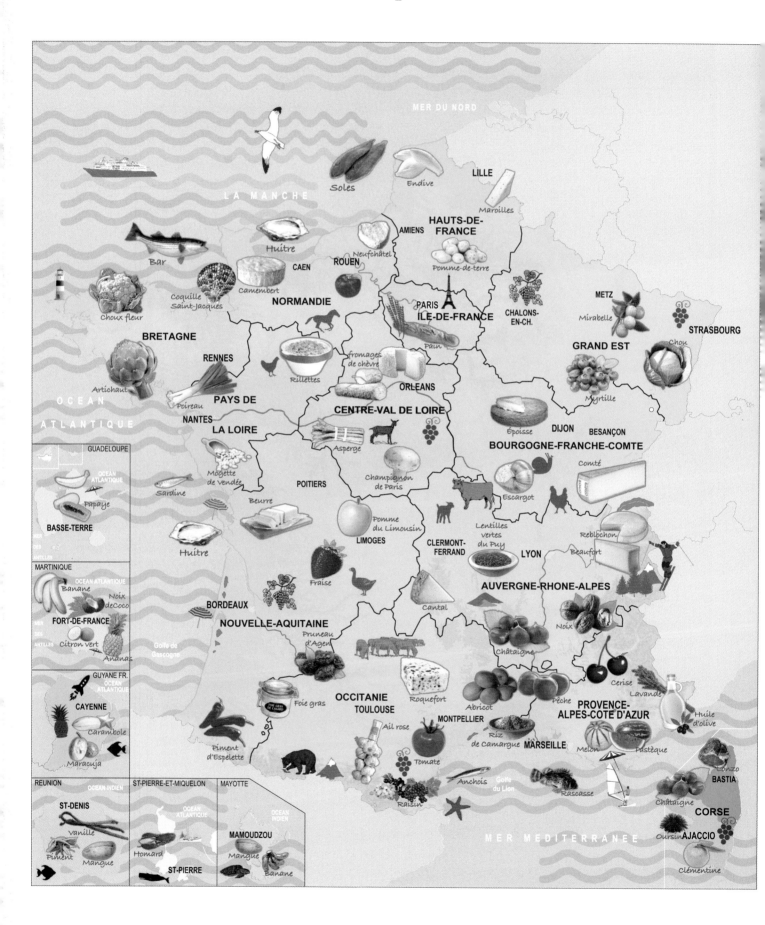

MER DU NORD

LA MANCHE

Soles

Endive

LILLE

Maroilles

AMIENS

HAUTS-DE-FRANCE

Neufchâtel

ROUEN

Pomme-de-terre

METZ

Mirabelle

STRASBOURG

Bar

Huître

CAEN

Camembert

NORMANDIE

PARIS

ÎLE-DE-FRANCE

CHALONS-EN-CH.

Chou

Pain

GRAND EST

Coquille Saint-Jacques

Choux fleur

BRETAGNE

RENNES

fromages de chèvre

ORLEANS

Myrtille

Artichaut

Rillettes

Époisse

DIJON

BESANÇON

OCEAN

Poireau

PAYS DE

NANTES

LA LOIRE

CENTRE-VAL DE LOIRE

Comté

ATLANTIQUE

Asperge

BOURGOGNE-FRANCHE-COMTE

Mogette de Vendée

POITIERS

Champignon de Paris

Escargot

Sardine

Beurre

Pomme du Limousin

Lentilles vertes du Puy

Reblochon

Huître

LIMOGES

CLERMONT-FERRAND

LYON

Beaufort

Fraise

AUVERGNE-RHONE-ALPES

BORDEAUX

Cantal

Noix

NOUVELLE-AQUITAINE

Pruneau d'Agen

Châtaigne

Golfe de Gascogne

Cerise

Lavande

Foie gras

OCCITANIE

TOULOUSE

Roquefort

Abricot

Pêche

PROVENCE-ALPES-COTE D'AZUR

Huile d'olive

Piment d'Espelette

Ail rose

MONTPELLIER

Riz de Camargue

MARSEILLE

Melon

Pastèque

BASTIA

Tomate

Anchois

Golfe du Lion

Rascasse

Châtaigne

CORSE

Raisin

Oursin

AJACCIO

MER MEDITERRANEE

Clémentine

GUADELOUPE

OCEAN ATLANTIQUE

Papaye

BASSE-TERRE

MARTINIQUE

OCEAN ATLANTIQUE

Banane

Noix deCoco

FORT-DE-FRANCE

Citron vert

Ananas

GUYANE FR.

OCEAN ATLANTIQUE

CAYENNE

Carambole

Maracuja

REUNION

OCEAN INDIEN

ST-DENIS

Vanille

Piment

Mangue

ST-PIERRE-ET-MIQUELON

OCEAN ATLANTIQUE

Homard

ST-PIERRE

MAYOTTE

OCEAN INDIEN

MAMOUDZOU

Mangue

Banane

Nouvelles vies

Objectifs

- ➜ Parler de son parcours
- ➜ Exprimer son intention de faire quelque chose
- ➜ Parler de ses goûts
- ➜ Proposer, accepter ou refuser une sortie

„ Faites des expériences uniques !

Documents

A | Gaël Faye, artiste multi-talents

> Écrivain, musicien, compositeur, interprète... et scénariste.

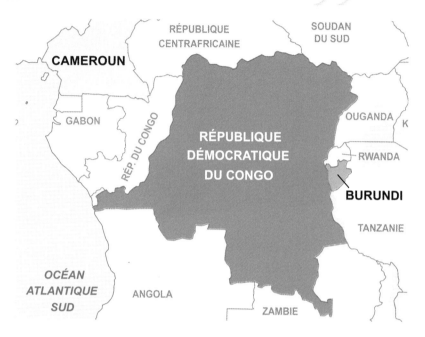

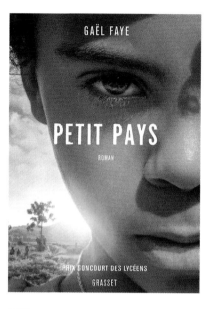

GAËL FAYE

PETIT PAYS

ROMAN

PRIX GONCOURT DES LYCÉENS

GRASSET

Au fait !

Un(e) interprète est un(e) artiste qui joue un morceau de musique, chante une chanson ou joue un rôle au théâtre ou au cinéma.

 ## Compréhension orale

Entrée en matière

1 | Regardez la couverture du livre (qui reproduit l'affiche du film) et la carte. De quel pays (parmi les 3 coloriés) parle *Petit Pays* ?

1ʳᵉ écoute

2 | Où est né Gaël Faye ?
a. En France.
b. Au Rwanda.
c. Au Burundi.

3 | De quelles origines sont ses parents ? Choisissez la bonne réponse.
a. Sa mère est *burundaise /française /rwandaise*.
b. Son père est *burundais /français /rwandais*.

4 | Dans quels pays a-t-il vécu ?
a. En France.
b. Au Burundi.
c. Au Rwanda.
d. Au Royaume-Uni.
e. Aux États-Unis.

2ᵉ écoute

5 | Classez les créations de Gaël Faye selon ses professions.
a. L'album *Pili pili sur un croissant au beurre*.
b. Le roman *Petit Pays*.
c. Le film *Petit Pays*.
d. Deux autres albums de musique.
e. Un album pour la jeunesse.
f. Un nouveau disque.

Musicien, compositeur, interprète	Écrivain	Scénariste
......	......	......

Vocabulaire

6 | Quels sont les deux sens du mot « album » ?
a. Un film. b. Un disque. c. Un livre avec des images.

Production orale

7 | À deux ! Racontez votre parcours à votre voisin(e).

Pour parler de son parcours
- Je suis né(e) à/en/au(x)...
- J'ai grandi à/en/au(x)...
- Je suis venu(e) ici en 1995...
- J'ai fait mes études à...
- Je suis devenu(e)...

B I Une histoire d'amour comme au cinéma

1   **Leïla Bekhti, l'actrice de la comédie française culte *Tout ce qui brille*, a raconté dans un long entretien avec le magazine *Paris Match* sa rencontre avec son mari, Tahar Rahim.**

   Leur coup de foudre[1]

5   Les deux acteurs ont fait connaissance en 2008 sur le tournage du film de Jacques Audiard *Un Prophète*. Immédiatement, il y a eu une connexion entre eux, mais ils ont choisi de rester professionnels et de prendre leur temps. Ils ont rejoué ensemble dans la série Netflix *The Eddy*.

10 **Leur vie de famille**

   Ils se sont mariés deux ans après leur rencontre. Et, encore une fois, ils ont pris leur temps avant d'agrandir la famille. Leur premier enfant Souleymane est né en 2017. Ils ont ensuite accueilli une petite fille en 2020. Ils ont eu leur troisième enfant

15 en 2021, mais ils n'ont pas voulu dire son prénom aux médias. À propos de Leïla Bekhti, Tahar Rahim a déclaré dans une interview avec le magazine *Elle* : « Je l'aime comme un fou. C'est ma femme, mon amour, ma meilleure amie. » C'est un couple de stars uni et très discret.

Julia DURANTON, *Cosmopolitan*, 24 juin 2021

1 Amour immédiat, à la première rencontre.

 ## Compréhension écrite

Entrée en matière

1 I Connaissez-vous les personnes sur la photo ?

1re lecture

2 I Quelle est la profession de Leïla Bekhti et Tahar Rahim ?

3 I Où se sont-ils rencontrés ?

4 I Combien d'enfants ont-ils ?

2e lecture

5 I Répondez par vrai ou faux et justifiez votre réponse avec une phrase du texte.
   a. Leïla et Tahar ont joué ensemble une seule fois.
   b. Tahar Rahim est très amoureux de sa femme.

Vocabulaire

6 I Trouvez dans le texte une expression qui signifie « ne pas aller trop vite ».

Production écrite

7 I Racontez l'histoire d'un couple célèbre.

C I Ma vie en France

Je suis tombée amoureuse de la France.

Compréhension orale

Entrée en matière

1 I Lisez la phrase extraite du document. D'après vous, la personne interviewée est-elle française ?

1re écoute

2 I D'où vient Giulia ?

3 I Dans quel pays vit-elle maintenant ?

2e écoute

4 I Remettez le parcours de Giulia dans l'ordre.
   a. Elle s'est installée à Lyon.
   b. Elle a fait un séjour Erasmus à Bordeaux.
   c. Elle a grandi près de Rome.
   d. Elle a fini ses études à Rome.

Production orale

5 I **À deux !** Racontez pourquoi vous avez décidé d'apprendre le français et ce que vous comptez faire avec cette langue.

> **Pour exprimer son intention de faire quelque chose**
> • Je compte chercher du travail.
> • J'ai l'intention de rester en France.
> • Je pense rentrer en Italie.
> • C'est décidé !

Unité 1

Grammaire

Le passé composé

Échauffement

1 ı Observez les verbes soulignés. Quel est l'auxiliaire et quel est l'infinitif de chaque verbe ?

a. Vous <u>avez écrit</u> deux autres albums.

b. Ils <u>ont choisi</u> de rester professionnels.

c. Ils <u>se sont mariés</u> deux ans après leur rencontre.

d. Je <u>suis tombée</u> amoureuse de la France.

2 ı Les participes passés s'accordent avec quel auxiliaire ?

Fonctionnement

3 ı Complétez le tableau avec les auxiliaires.

Emploi
On utilise le passé composé pour parler d'**une action ponctuelle** dans le passé.

Formation
On le forme avec l'auxiliaire **être** ou **avoir** **au présent** de l'indicatif + **le participe passé** du verbe.

La majorité des verbes se conjuguent avec l'auxiliaire .... Avec cet auxiliaire, **le participe passé ne s'accorde pas avec le sujet**. *Elle a décidé de revenir en France.* *Ils ont fait connaissance en 2018.*	17 verbes de mouvement ou de changement se conjuguent avec ...... : *aller, arriver, descendre, devenir, entrer, monter, mourir, naître, partir, passer, rentrer, rester, retourner, revenir, sortir, tomber, venir.* Avec cet auxiliaire, en général, **le participe passé s'accorde avec le sujet**. *Elle est rentrée à Rome. Ils sont tombés amoureux.* *Les verbes pronominaux se conjuguent tous avec ....* *Je me suis installée à Lyon. Nous nous sommes séparés.*

4 ı Complétez les tableaux avec les participes passés.

Verbes en	Participe passé en
-er	**-é** : jou**er** → joué ; racont**er** → ......
-ir	**-i** : chois**ir** → ...... ; grand**ir** → grand**i** ; sort**ir** → sort**i**
-re / -dre / -oir	**-u** : lire → lu ; perd**re** → perd**u** ; voul**oir** → ......

Participes passés irréguliers	
avoir →	naître → ......
devoir → **dû**	ouvrir → **ouvert**
dire → **dit**	prendre → ......
écrire → **écrit**	recevoir → **reçu**
être → **été**	(ob)tenir → (ob)**tenu**
faire →	(de)venir → ......
mettre → **mis**	vivre → **vécu**
mourir → **mort**	etc.

Entraînement

5 ı Conjuguez les verbes au passé composé.

a. Tu ...... *(lire)* le roman de Gaël Faye ?

b. Ma sœur ...... *(avoir)* 18 ans hier, elle ...... *(faire)* une grande fête avec ses amis.

c. Elle ...... *(aller)* en Angleterre pour finir ses études, puis elle ...... *(rentrer)* en France.

d. Marine et Éric ...... *(se marier)* le week-end dernier, ils ...... *(organiser)* un beau mariage.

6 ı Mettez les verbes soulignés au passé composé.

Blanche Gardin est une humoriste, comédienne et scénariste française. Elle <u>naît</u> le 3 avril 1977 et <u>grandit</u> en banlieue parisienne. Elle <u>devient</u> célèbre suite à sa participation au *Jamel Comedy Club* et pour son rôle dans la série télévisée *WorkinGirls*. Ensuite, elle <u>fait</u> des spectacles en stand-up qui <u>deviennent</u> très populaires. Elle <u>obtient</u> le Molière de l'humour deux années de suite. Comme scénariste, elle <u>coécrit</u> le programme *Parents mode d'emploi*. Côté vie privée, elle <u>rencontre</u> son conjoint, l'humoriste américain Louis C.K., en 2018.

 **Production écrite et orale**

7 ı En groupes, choisissez une célébrité et faites une liste d'actions ou d'événements de sa vie sans indiquer son nom. Les autres élèves doivent deviner qui est cette personne.

Entraînez-vous !

 Cahier d'activités

Vocabulaire

Parcours de vie

Vivre
- avoir un coup de foudre
- avoir un enfant
- déménager
- être célibataire / en couple
- faire connaissance
- grandir
- naître
- rencontrer quelqu'un, se rencontrer
- se faire des ami(e)s
- se marier (<u>avec</u> quelqu'un)
- se séparer (<u>de</u> quelqu'un)
- s'installer
- tomber amoureux, amoureuse (<u>de</u> quelqu'un)

La vie personnelle
- le/la célibataire
- le conjoint, la conjointe
- le couple
- l'enfant (m., f.)
- la femme
- le mari
- le/la meilleur(e) ami(e)
- la rencontre
- la vie de famille

Le parcours scolaire et professionnel
- chercher du travail
- devenir trader /écrivain(e) /humoriste...
- faire /finir ses études
- faire un séjour Erasmus / partir en Erasmus
- faire un stage
- obtenir un diplôme
- travailler dans une entreprise

Les professions artistiques
- l'acteur, l'actrice
- le chanteur, la chanteuse
- le compositeur, la compositrice
- l'écrivain(e)
- l'interprète
- le/la musicien(ne)
- le/la scénariste

1 | Complétez les phrases avec les mots suivants :
couple – se marier – amoureux – enfant – m'installer – mari
- **a.** Ma sœur et son ...... ont eu un ...... l'année dernière.
- **b.** Ils sont tombés ...... en 2019. Ils vont ...... l'an prochain.
- **c.** Elle n'est pas célibataire, elle vit en ....
- **d.** Je vais ...... dans un nouvel appartement.

2 | Associez les deux parties de chaque phrase.
- **a.** Simon a l'intention de faire un séjour Erasmus
- **b.** J'ai fait un stage de trois mois
- **c.** Julie compte travailler dur pour

- **1.** obtenir son diplôme en juin.
- **2.** dans une entreprise internationale.
- **3.** dans une université à Rome.

3 | Regardez les images et retrouvez la profession de chaque artiste francophone.

a. Mohamed Mbougar Sarr est un ...... sénégalais.

b. Virginie Efira est une ...... franco-belge.

c. Aya Nakamura est une ...... malienne.

d. Manu Katché est un ...... français.

4 | Quelles autres professions artistiques connaissez-vous ?

📝 Production écrite

5 | Écrivez une courte biographie d'une personne de votre choix : une célébrité, un(e) ami(e), un(e) membre de votre famille, etc.

Entraînez-vous !

Cahier d'activités

Unité **1**

Documents

D | Vacances en famille

Ça y est, c'est les vacances ! Tout est prêt, vous n'avez rien oublié ? C'est l'occasion de faire des sorties et, pourquoi pas, du sport ensemble. Mais faire du sport en famille, ce n'est jamais simple : il faut trouver une activité pour tout le monde. Voici quelques idées d'activités sportives à pratiquer en famille cet été.

Le canoë-kayak

C'est l'activité familiale idéale quand il fait beau. Entre loisir nautique et véritable sport, vous pouvez faire une balade de plusieurs heures sur une rivière ou un fleuve, voir des paysages superbes et profiter de l'eau fraîche.

Le stand-up paddle

C'est la star des sports d'eau en famille. Ce sport simple et accessible est très agréable pour s'amuser tous ensemble. Il faut juste tenir debout sur une planche et pagayer !

Le vélo

Si votre famille n'aime pas trop les sports aquatiques, il y a l'option vélo ! En plus d'offrir un moment en plein air au milieu de beaux paysages, le vélo est un bon moyen de rester en bonne santé.

La via ferrata

C'est l'aventure familiale parfaite ! Entre randonnée et escalade, cette activité sportive permet de découvrir d'une autre manière la montagne et la nature. Du matériel de sécurité est présent sur tout le parcours et permet aux plus petits de monter sans problème.

CVIFS Toulouse, 8 juillet 2020

Compréhension écrite

Entrée en matière

1 | À votre avis, quelles activités peut-on faire pendant des vacances en famille ?

1re lecture

2 | Parmi les activités proposées, quels sont les sports d'eau ? Où peut-on faire les autres activités ?

2e lecture

3 | Trouvez un avantage pour chaque activité.

Production orale

4 | Proposez une autre activité à faire pendant les vacances.

> **Nous nous sommes bien amusés !**

▶ Pour parler de ses goûts

- J'adore ce concert.
- Je (ne) suis (pas) fan de jazz.
- J'aime bien sortir.
- Je n'aime pas trop les sports aquatiques.
- C'est pas du tout mon truc.
- Ma passion, c'est les jeux vidéo.

 E | Nos activités du week-end

Compréhension orale

Entrée en matière

1 | Décrivez la photo. Connaissez-vous cette activité ?

1re écoute

2 | De quoi parlent ces personnes ?

3 | Qu'est-ce qu'elles ont fait ce week-end ? Associez.

    a. Christophe et sa famille   **1.** sont restés chez eux.

    b. Lucie et sa famille   **2.** sont sortis.

2e écoute

4 | Notez trois activités du week-end de chaque famille.

Production orale

5 | À deux ! Quels sont vos loisirs préférés ? Quelles activités ne vous intéressent pas ? Discutez avec votre voisin(e).

> Les francophones coupent certains mots en langage familier.
> - Foot = football.
> - Ciné = cinéma.
> - Ado = adolescent(e).

Grammaire

La phrase négative

Échauffement

1 ı Observez ces phrases. Quels sont les éléments de la négation ?

a. Ils ne veulent plus jouer à des jeux de société.

c. Ils ne veulent rien faire.

b. Ce n'est jamais simple.

d. Ils ne voient personne.

2 ı Observez ces deux phrases. Où est le deuxième élément de la négation au passé composé ?

– Je n'ai rien fait de spécial.   – Je ne suis jamais allé à ce festival.

a. Après le verbe au participe passé.   **b.** Entre l'auxiliaire et le verbe au participe passé.

Fonctionnement

3 ı Associez chaque mot souligné à son contraire.

a. Il fait quelque chose.

b. Il pleut encore.

c. Il y a quelqu'un.

d. Elle va toujours au cinéma le week-end.

1. Il ne pleut plus.

2. Elle ne va jamais au cinéma le week-end.

3. Il ne fait rien.

4. Il n'y a personne.

 **Rappel**

Après la négation, les articles *un, une, du, de la, de l', des* → **de** ou **d'** + voyelle
Je fais du sport → *Je ne fais jamais de sport.*
Il a de l'argent → *Il n'a plus d'argent.*

Négation pour...	la forme affirmative	la forme négative
une chose **quelque chose ≠ ne... rien**	*Elle boit quelque chose.* *Elle a bu un verre d'eau.*	*Elle ne boit rien.* *Elle n'a rien bu.*
une personne **quelqu'un /tout le monde ≠ ne... personne**	*Je connais tout le monde ici.* *J'ai rencontré quelqu'un.*	*Je ne connais personne ici.* *Je n'ai rencontré personne.*
une indication de temps **toujours /souvent ou déjà ≠ ne... jamais**	*Nous allons souvent au théâtre.* *Nous avons déjà vu ce film.*	*Nous n'allons jamais au théâtre.* *Nous n'avons jamais vu ce film.*
un changement de situation **toujours /encore ≠ ne... plus**	*Il fait toujours de la boxe. (= Il continue).* *Il a encore gagné une compétition.*	*Il ne fait plus de boxe.* *Il n'a plus gagné de compétition.*

La place de la négation	
Au présent	**Au passé composé**
Les deux parties de la négation sont placées juste **avant et après le verbe**. *Je ne danse pas.* / *Je ne danse jamais.*	Avec **pas**, **plus**, **rien** et **jamais**, les deux parties de la négation sont placées juste **avant et après l'auxiliaire**. *Il n'a pas mangé.* / *Il n'a rien mangé.*
Attention ! Quand **personne** est sujet, il se place avant le verbe, au présent et au passé composé. *Personne n'est là.* / *Personne n'est venu.* Quand **personne** est complément d'objet direct (COD), on le place toujours après le verbe. *Je ne connais personne.* / *Je n'ai rencontré personne.*	

Entraînement

4 ı Répondez aux questions avec la négation qui convient.

a. – Tu veux encore faire du vélo ? – Non, je…

b. – Vous faites quelque chose ce week-end ? – Non, nous…

c. – Il y a quelqu'un dans la salle de cinéma ? – Non, il…

d. – Tes enfants vont parfois à la piscine ? – Non, ils…

5 ı Mettez ces phrases à la forme négative.

a. Elle a déjà fait de l'escalade.

b. Nous avons fait quelque chose hier soir.

c. Ils ont invité tout le monde à leur mariage.

Entraînez-vous !

 Cahier d'activités

Production écrite

6 ı Regardez cette image et imaginez la vie de cet homme. Écrivez 4 phrases avec *ne... plus, jamais, rien, personne*.

Exemple : *Il ne fait jamais de sport.*

F ▪ Les Journées du patrimoine

Nos bons plans en Île-de-France

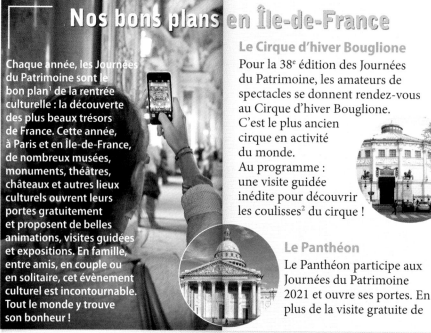

Chaque année, les Journées du Patrimoine sont le bon plan[1] de la rentrée culturelle : la découverte des plus beaux trésors de France. Cette année, à Paris et en Île-de-France, de nombreux musées, monuments, théâtres, châteaux et autres lieux culturels ouvrent leurs portes gratuitement et proposent de belles animations, visites guidées et expositions. En famille, entre amis, en couple ou en solitaire, cet évènement culturel est incontournable. Tout le monde y trouve son bonheur !

Le Cirque d'hiver Bouglione

Pour la 38e édition des Journées du Patrimoine, les amateurs de spectacles se donnent rendez-vous au Cirque d'hiver Bouglione. C'est le plus ancien cirque en activité du monde. Au programme : une visite guidée inédite pour découvrir les coulisses[2] du cirque !

Le Panthéon

Le Panthéon participe aux Journées du Patrimoine 2021 et ouvre ses portes. En plus de la visite gratuite de ce monument destiné aux Grands Hommes, une projection en plein air vous attend sur les façades[3] du Panthéon.

Le château de Fontainebleau

Le château de Fontainebleau participe bien aux Journées du Patrimoine. Cette année, en plus de la visite des grands appartements du Château, on peut apprendre le jeu de paume et rencontrer les artisans qui s'occupent du lieu !

1 Bonne idée.
2 Partie cachée derrière la scène.
3 Murs extérieurs.

Sources : *Cécile D. & My B., Sortir à Paris*, septembre 2021

📄 Compréhension écrite

Entrée en matière

1 ▪ D'après les images, que peut-on visiter pendant les Journées du patrimoine ?

1re lecture (introduction)

2 ▪ Vrai ou faux ?
  a. Pendant les Journées du patrimoine les visites ne sont pas payantes.
  b. Les Journées du patrimoine s'adressent seulement aux familles.

2e lecture (monuments)

3 ▪ Pendant les Journées du patrimoine, quelles sont les activités qu'on peut faire au cirque d'hiver Bouglione ? Au Panthéon ? Au château de Fontainebleau ?

Vocabulaire

4 ▪ Que signifie « un trésor » ?
  a. Une activité amusante.
  b. Une richesse cachée.

5 ▪ Que signifie « inédit » ?
  a. Nouveau. **b.** Drôle.

Au fait !

Le jeu de paume est un sport pratiqué depuis plusieurs siècles. Il faut renvoyer une balle avec la paume de la main, comme la pelote basque. Aujourd'hui, on peut aussi utiliser une raquette.

💬 Production orale

6 ▪ Que pensez-vous de cet événement ? Est-ce qu'il y a des Journées du patrimoine dans votre pays ?

✍️ Production écrite

7 ▪ Choisissez une ville et écrivez un petit texte pour présenter deux lieux à visiter. Expliquez pourquoi ils sont intéressants.

📷 Oh, le cliché !

« Les Français sont fiers de Paris. »
Les Français sont très fiers du patrimoine culturel de Paris, mais les deux monuments préférés des Français, le mont Saint-Michel et le château de Versailles, ne se trouvent pas dans la capitale. La tour Eiffel arrive seulement en troisième position (sondage Odoxa).
→ De quoi sont fiers les gens dans votre pays ?

Vocabulaire

Les loisirs

Les lieux culturels
- le château
- le cinéma
- le cirque
- le monument
- le musée
- le théâtre

Sortir
- aller au cirque, à un concert, à un festival
- faire une balade = une promenade
- faire une visite (guidée)
- visiter une exposition, un monument, un musée
- voir une pièce de théâtre, un spectacle

Les activités en plein air
- l'accrobranche (m.)
- le canoë (kayak)
- l'escalade (f.)
- le foot(ball)
- le jardinage
- le (stand-up) paddle
- la randonnée
- les sports aquatiques /nautiques
- le vélo
- la via ferrata

Les activités à l'intérieur
- le bricolage
- les jeux de société
- les jeux vidéo
- le judo
- la peinture

Pratiquer une activité
- bricoler
- être amateur, amatrice ≠ professionnel(le)
- faire du vélo, de l'escalade, de l'accrobranche
- faire une compétition de…
- faire une randonnée, une via ferrata
- jardiner
- jouer au /faire du foot
- jouer aux jeux vidéo
- peindre /faire un tableau
- regarder une série, un match, etc.

1 | Complétez les phrases avec les mots suivants : *château – pièce – spectacle – exposition – balade – concerts*
- **a.** Je suis allé au théâtre et j'ai vu une …… très drôle.
- **b.** Cet après-midi, nous avons fait une …… au parc.
- **c.** Tu as vu la liste des …… du festival Jazz à Vienne ?
- **d.** En ce moment, il y a une …… de tableaux du xixe siècle.
- **e.** Ce …… fait partie du patrimoine historique.
- **f.** Les enfants ont adoré le …… de cirque !

2 | Retrouvez dans les listes les noms de ces activités.

💬 Production orale

3 | Choisissez une activité de loisir et mimez-la pour que les autres élèves la devinent.

✏️ Production écrite

4 | Écrivez un petit texte pour présenter vos sorties et activités préférées. Vous pouvez ajouter des activités qui ne sont pas dans ces listes. Précisez où et avec qui vous aimez faire ces activités.

Entraînez-vous !

Cahier d'activités

Unité 1

Documents

G | Les Jeux de la Francophonie

 1 Compréhension audiovisuelle

Les Jeux de la Francophonie ont lieu tous les quatre ans dans une ville francophone différente. Ils rassemblent des jeunes du monde entier autour des arts, du sport et de la langue française.

Entrée en matière

1 | Regardez l'affiche. Quel événement présente-t-elle ?

1ᵉʳ visionnage (en entier)

2 | Vrai ou faux ?
a. Les Jeux de la Francophonie sont un événement sportif et artistique.
b. Il y a différents types de concours culturels.
c. Les Jeux de la Francophonie s'adressent seulement aux Français(es).

2ᵉ visionnage (à partir de « Au programme »)

3 | Quelles disciplines de cette liste font partie des concours culturels ?
la chanson – la danse – la musique classique – la littérature – la couture – la photographie – la peinture

H | J'ai participé aux Jeux de la Francophonie

1 **La parole à Pascale Stöcklin (Suisse) : médaille d'or en athlétisme féminin (saut à la perche) en 2017, aux VIIIᵉ Jeux de la Francophonie, à Abidjan, en Côte d'Ivoire.**

Présentez-vous.
J'ai 22 ans et j'habite dans une jolie
5 ville qui s'appelle Bâle au nord de la Suisse. Ces dernières années, le saut à la perche est devenu indispensable pour moi dans ma vie. J'ai fait ma première compétition il y a onze ans.

10 **Que représentent les Jeux de la Francophonie, selon vous ?**
Pour moi, les jeux représentent la collectivité. Tout le monde parle la même langue, même si nous venons
15 tous de pays différents.

Pourquoi vous avez décidé de participer aux Jeux de la Francophonie ?
J'ai décidé de participer aux Jeux de la
20 Francophonie pour faire des expériences nouvelles, dans un autre pays, avec une autre culture.

**Avez-vous échangé avec des personnes venues d'autres États et
25 gouvernements ?**
Oui, pendant deux semaines j'ai fait la connaissance de beaucoup d'athlètes de divers pays. Ils sont tous très ouverts.

Pascale Stöcklin

**Quels conseils donnez-vous aux
30 prochains participants aux Jeux ?**
Entraînez-vous bien, restez ouverts et faites des expériences uniques.

Un mot à la jeunesse francophone ?
Si on ne rêve pas, on n'avance pas.

CIJF, 21 mai 2019

 Compréhension écrite

Entrée en matière

1 | Regardez la photo. Comment s'appelle ce sport ?
a. Le judo.   b. L'escalade.   c. Le saut à la perche.

1ʳᵉ lecture (introduction)

2 | Pascale Stöcklin a représenté quel pays aux Jeux de la Francophonie ?

3 | Où et quand a-t-elle participé aux Jeux de la Francophonie ? Est-ce qu'elle a gagné ?

2ᵉ lecture (interview)

4 | De quelle ville vient Pascale Stöcklin ?

5 | Qu'est-ce que Pascale Stöcklin pense des autres participants ?

Vocabulaire

6 | Que signifie « entraînez-vous » ?
a. Préparez-vous.   b. Relaxez-vous.

Production écrite ⇔ DELF

7 | Avez-vous déjà participé à une compétition sportive ou artistique ? Si oui, racontez votre expérience. Si non, racontez l'expérience d'une personne que vous connaissez ou d'une célébrité. *(50 mots minimum)*

I ▎Envie de sortir ?

Julie : T'as vu, les places pour les Francofolies sont en vente depuis hier. Ça te dit ?

Sarah : Ah oui, avec plaisir ! Tu veux y aller quand ?

Julie : Tu es libre le 9 juillet ? Il y a plein de concerts sympas.

Sarah : Je suis désolée, ce n'est pas possible, j'ai un rendez-vous de travail. Mais le 10 juillet la programmation est cool aussi. Ça te va ?

Julie : OK, ça me va ! On se retrouve chez moi ce soir pour réserver nos places ? À 19 h, c'est bon pour toi ?

Sarah : Je m'excuse, mais je ne peux pas. Je sors du travail à 19 h 30. À 20 h, c'est possible ?

Julie : D'accord, ça marche. À ce soir !

 ## Compréhension écrite

Entrée en matière

1 ▎D'après la photo, les Francofolies de La Rochelle sont :
- **a.** un festival de musique.
- **b.** un monument historique.
- **c.** une compétition sportive.

Les Francofolies de La Rochelle

1ʳᵉ lecture

2 ▎Qu'est-ce que Julie propose à Sarah ? 3 ▎Est-ce que Sarah accepte ?

2ᵉ lecture

4 ▎Où, quand et pourquoi se donnent-elles rendez-vous ?

 ## Production orale ⊙ DELF

5 ▎**À deux !** Proposez une sortie à votre voisin(e). Discutez pour trouver une activité et vous fixer un rendez-vous.

> **Pour** **proposer, refuser, accepter une sortie ou un rendez-vous**
>
> - Ça te dit ?
> - Tu es libre ?
> - On se retrouve chez moi à 19 h ?
> - Ça te va ? /C'est bon pour toi ?
> - Avec plaisir ! /OK ! /D'accord !
>
> - Ça marche ! /Ça me va !
> - Je suis désolé(e).
> - Je m'excuse, mais je ne peux pas.
> - Ce n'est pas possible.

Grammaire ▶ Les indicateurs de temps

Échauffement

1 ▎Trouvez les indicateurs de temps dans les phrases suivantes.
- **a.** Les places sont en vente depuis hier.
- **b.** J'ai fait ma première compétition il y a onze ans.
- **c.** Pendant deux semaines, j'ai fait la connaissance de beaucoup d'athlètes.

Fonctionnement

2 ▎Associez les deux parties de chaque phrase.

On utilise	pour indiquer
il y a	le point de départ d'une action ou situation qui continue dans le présent.
pendant	la durée d'une action ou situation.
depuis	le temps passé entre un événement terminé et maintenant.

Entraînement

3 ▎Choisissez la bonne réponse.
- **a.** Mon frère est aux Francofolies *il y a / depuis* mardi.
- **b.** Hier, nous avons fait du canoë *pendant / il y a* quatre heures.
- **c.** J'ai déjà fait cette randonnée *il y a / depuis* deux ans.

Entraînez-vous !

Cahier d'activités

Unité **1**

Entraînement

Discrimination

1 ı Écoutez et dites quelle suite de sons vous entendez.

	[y]-[y] de « tutu »	[u]-[u] de « coucou »	[u]-[y] de « voulu »	[y]-[u] de « tu cours »
a.				X
b.				
c.				
d.				
e.				
f.				
g.				
h.				

Articulation

2 ı Lisez les mots et les phrases à voix haute.
- a. Su. Tu as su.
- b. Dû. Tu as dû.
- c. Lu. Tu as lu.
- d. Vu. Tu as vu.
- e. Bu. Tu as bu.

Entraînez-vous !

Cahier d'activités

3 ı Lisez les mots et les phrases à voix haute.
- a. Vous. C'est à vous.
- b. Mou. C'est mou.
- c. Fou. C'est fou.
- d. Doux. C'est doux.
- e. Tout. C'est tout.

Graphies

4 ı Écoutez et repérez les différentes graphies.
- a. Quelles sont les 3 graphies du son [y] ?
  Tu as eu un rendez-vous hier soir et tu as dû annuler ta soirée.
- b. Quelles sont les 3 graphies du son [u] ?
  Nous nous retrouvons où pour les vacances au mois d'août ?

Interprétation

5 ı Écoutez le texte, puis lisez-le à voix haute.
Salut Julie !
Avec ma cousine, nous avons participé aux Journées du patrimoine à Toulouse. Nous avons visité des monuments et une exposition de peinture. Nous avons eu la chance de rencontrer beaucoup d'artistes. Nous nous sommes bien amusées.
Bisous !
Louise

l'essentiel

Grammaire

Le passé composé

1 ı Mettez les phrases au passé composé. Faites attention aux accords.
- a. Mon cousin <u>fait</u> du hip-hop.
- b. Les enfants <u>jouent</u> aux jeux vidéo.
- c. Marie <u>naît</u> au Sénégal.
- d. Nous <u>allons</u> à l'accrobranche.
- e. Julie et Simon <u>se marient</u> en 2020.

La phrase négative

2 ı Remettez les phrases dans l'ordre.
- a. plus / foot. / Mes / jouent / ne / enfants / au
- b. dans / le / Il / personne / n' / a / y / musée.
- c. week-end. / Nous / rien / n' / ce / avons / fait
- d. suis / allé / jamais / cirque. / au / Je / ne

Vocabulaire

Parcours de vie

3 ı Vrai ou faux ?
- a. Une personne célibataire vit en couple.
- b. En général, quand on finit ses études, on obtient un diplôme.
- c. Un interprète écrit des chansons.
- d. Une scénariste joue dans des films.

Les loisirs

4 ı Trouvez l'intrus.
- a. la via ferrata – le vélo – le canoë-kayak – le château
- b. le cinéma – le musée – le jardinage – le cirque
- c. l'escalade – la peinture – le bricolage – les jeux de société
- d. une exposition – une randonnée – une pièce de théâtre – un concert

Organiser une activité de loisir

Vous allez organiser une sortie pour votre classe.

▶ Objectifs

- Chercher des informations précises sur Internet
- Discuter en groupes et se mettre d'accord
- Transmettre des informations à l'oral et à l'écrit
- Donner des informations et des indications précises

Démarche

Formez des groupes de trois ou quatre.

1 ▷ Préparation

- En groupes, choisissez un domaine d'activité : patrimoine culturel, gastronomie, plein air, spectacles, loisirs créatifs, sports et jeux…
- Cherchez des activités dans votre ville ou région.
- Discutez pour choisir une activité à faire avec votre classe.
- Mettez-vous d'accord sur l'organisation de la sortie (date, etc.).

2 ▷ Réalisation

- Préparez votre présentation orale : décrivez l'activité et expliquez pourquoi elle est amusante ou intéressante.
- Notez les informations pratiques importantes.
  - Date et horaires.
  - Adresse et/ou lieu de rendez-vous.
  - Moyens de transport.
  - Tarif(s).
  - Modalités d'inscription ou de réservation.
- Cherchez des images pour illustrer votre présentation : photos de l'activité, carte, etc.

3 ▷ Présentation

- Présentez votre sortie à la classe. Décrivez votre activité et donnez les informations pratiques. Utilisez votre support écrit pour accompagner votre présentation.
- Répondez aux questions de vos camarades sur cette activité.
- À la fin des présentations, choisissez votre sortie préférée.

Visite de Lyon en canoë-kayak

Présentation de l'activité

Nous vous proposons une balade de deux heures en canoë-kayak sur la rivière de la Saône. Les kayaks sont à deux places. C'est une expérience unique pour découvrir les monuments et les paysages de Lyon. C'est l'occasion de prendre l'air et de faire une activité amusante.

Informations pratiques

- Date et horaires : jeudi 8 septembre, balade en kayak de 14 h à 16 h.
- Heure et lieu de rendez-vous : rendez-vous à 13 h 30 à l'arrêt du tram T1.
- Transports : tram T1 jusqu'à l'arrêt « Confluence »
- Tarif : 16,50 € par personne.
- Inscriptions 3 jours à l'avance.

▶ Pour proposer une sortie

- Nous vous proposons…
- En ce moment, il y a…
- Au programme : …
- C'est l'occasion de…
- C'est un bon plan pour…
- C'est une expérience unique /agréable /amusante…
- On peut y aller…

▶ Pour donner des informations pratiques

- Il faut réserver les places.
- L'entrée coûte…
- Le tarif est de… par personne.
- Inscriptions à l'avance.
- Rendez-vous à…

Unité 1

DELF A2

Stratégies Compréhension de l'oral

Ces stratégies sont utiles pour préparer et réussir le DELF A2 (cf. épreuve blanche p. 181). L'épreuve dure 25 minutes.

Qu'est-ce que vous devez faire ?

- Comprendre des annonces, des messages, des échanges simples et brefs sur des situations de la vie quotidienne.
- Répondre à des questions sur des informations précises : chiffres, situations, lieux, événements, personnes.
- **Exercice 1** : vous écoutez 6 annonces diffusées dans des lieux publics (aéroport, gare, magasin, etc.).
- **Exercice 2** : vous repérez les informations principales de 3 documents radiophoniques (flash info, bulletin météo, publicité, etc.).
- **Exercice 3** : vous identifiez les informations essentielles d'un message enregistré (personnel ou professionnel).
- **Exercice 4** : vous écoutez 4 dialogues informels pour identifier différents actes de communication.

Quelques conseils pour vous aider

- Lisez attentivement les questions avant l'écoute. Vous découvrez le sujet du document par la lecture. Vous pouvez ensuite vous concentrer sur les informations à comprendre.
- Vous allez entendre 2 fois chaque document. La 1re écoute permet de repérer les informations, la 2e écoute permet de compléter, vérifier et modifier vos réponses.

Préparation ▷ Entraînez-vous à l'exercice 1 DELF A2

Vous allez entendre 6 annonces publiques. Lisez les questions. Écoutez les documents et répondez aux questions. (6 points) 10

1. Qu'est-ce que vous devez faire ?
A ☐ Allumer
B ☐ Éteindre … votre téléphone portable.
C ☐ Ranger

2. Comment connaître le programme de la semaine du patrimoine à Bordeaux ?

A ☐   B ☐   C ☐

3. Quand entendez-vous ce message ?
A ☐ Le matin.
B ☐ Le midi.
C ☐ Le soir.

4. Qu'est-ce que vous devez faire ?

A ☐   B ☐   C ☐

5. Qu'est-ce qui est interdit près des piscines ?
A ☐ Courir.
B ☐ Sauter.
C ☐ Marcher.

6. À quelle activité pouvez-vous vous inscrire ?

A ☐   B ☐   C ☐

Je me souviens

Objectifs
- Raconter un souvenir
- Exprimer le fait d'aimer et de ne pas aimer
- Interroger sur un souvenir

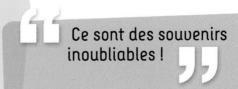

Ce sont des souvenirs inoubliables !

Documents

A | Saveurs de Corse

1 Lisandra Santoni se souvient…

« Aujourd'hui j'ai envie de replonger dans mon enfance et de vous raconter mes souvenirs… Alors je vais vous parler de ma maison familiale, en Corse. Je suis très attachée à
5 cet endroit.

La Corse, c'est d'abord des souvenirs culinaires… Je me souviens des confitures que faisait ma grand-mère. Ça sentait bon ! Et quelles saveurs ! Mes préférées : figues, abricots et clémentines, sans hésiter. Le matin, je mangeais
10 mes tartines et je lui tenais la main.

Parfois, je lui demandais de tremper mon pain dans son café. Elle me répondait : « Bon… d'accord, mais juste pour goûter ! ». Je me rappelle aussi les bugnes qu'elle nous préparait. On appelle ça des
15 « frappes » en Corse. Avec mon frère, on adorait les manger assis devant la cheminée.

La Corse c'est aussi pour moi le parfum des fleurs
20 au printemps, le chant des oiseaux dans le jardin et le feu qu'y faisait mon grand-père. Encore aujourd'hui, presque 25 ans plus tard, l'odeur, le bruit, la vue du feu me rappellent ces moments avec mon grand-père.

25 Et quand je regarde le ciel, la nuit, j'ai toujours une pensée pour lui : le soir, allongés dans l'herbe parfois humide, on regardait les étoiles. « Tu vois, là, c'est la grande ourse ! Oh ! Une étoile filante ! Fais un vœu ! ». Ses mots
30 sont gravés dans ma mémoire, impossible de les oublier.

Oui, la Corse et cette maison en particulier, c'est ma madeleine de Proust ! »

Compréhension écrite

Entrée en matière

1 | Quel lieu lié à votre enfance est très important pour vous ? Pourquoi ?

1re lecture

2 | De quel lieu Lisandra parle ?

3 | De ce lieu, Lisandra a gardé :
   a. de bons souvenirs.
   b. de mauvais souvenirs.
   c. de bons et de mauvais souvenirs.

2e lecture

4 | À quelle personne de sa famille sont associés ses souvenirs de nourriture ? et ses souvenirs dans le jardin de la maison familiale ?

5 | Qu'est-ce que Lisandra aimait manger ?

6 | Qu'est-ce qu'elle aimait sentir et entendre dans le jardin ?

Vocabulaire

7 | Quelque chose qui est « gravé dans notre mémoire » signifie :
   a. quelque chose qui va rester dans notre mémoire toute la vie.
   b. quelque chose qu'on va vite oublier.

Production écrite

8 | Écrivez un témoignage. Dites quels sont vos souvenirs liés à une odeur, à une saveur, à un lieu, à un objet…

Au fait !

L'écrivain Marcel Proust raconte que, quand il était enfant, sa tante lui donnait des madeleines trempées dans du thé. Une madeleine de Proust est quelque chose (objet, son, couleur, odeur) qui réactive un souvenir d'enfance.

» Pour raconter un souvenir

• Je me souviens des confitures de ma grand-mère.
• Je me rappelle les bugnes qu'elle nous préparait.

B ▎Revivre de beaux moments !

 Compréhension orale

> « Ça me plaît bien de revoir ces photos ! »

Entrée en matière

1 ▎Vous aimez regarder de vieilles photos ?

1re écoute

2 ▎Que cherche Mélina ?

2e écoute

3 ▎Vrai ou faux ?
- **a.** Nino veut voir des photos de Mélina enfant.
- **b.** Mélina n'aime pas regarder de vieilles photos.
- **c.** Aurore accepte de regarder de vieilles photos.

4 ▎Mélina et Aurore parlent de leurs souvenirs (plusieurs réponses) :
- **a.** de vacances.   **b.** d'école.   **c.** de sport.

5 ▎Quel souvenir est très positif pour Mélina et négatif pour Aurore ?

6 ▎Que pense Nino des albums photos ? Pourquoi ?

Production orale

7 ▎**À deux !** Vous adorez photographier votre famille mais une personne de votre famille déteste être prise en photo. Vous discutez et vous trouvez un accord. Jouez la scène.

> **Pour** **exprimer le fait d'aimer...**
> - Ça me plaît (bien).
> - J'aime bien.
> - J'adore !
>
> **... et de ne pas aimer**
> - Ça ne me plaît pas.
> - Je n'aime pas beaucoup.
> - Je n'aime pas du tout !
> - J'ai horreur de ça !

C ▎Souvenirs de famille

David Foenkinos
Les souvenirs

1 Il aimait être un homme ; il aimait la vie […] Et moi, j'aimais être son petit-fils. Mon enfance est une boîte pleine de nos souvenirs. […] On prenait le bus, on traversait tout Paris […] C'était une expédition, j'étais
5 un aventurier. Comme tous les enfants, je demandais à chaque minute :
« On arrive bientôt ?
– Oh, que non ! Guignol est au bout de la ligne », répondait-il systématiquement.
10 Et pour moi, le bout de cette ligne avait le goût du bout du monde. Il regardait sa montre pendant le trajet, avec cette inquiétude des gens qui sont toujours en retard. On courait pour ne pas rater le début. Il était excité,
15 tout autant que moi. […]
Il venait me chercher à l'école, et ça me rendait heureux. […] On ne savait pas très bien ce qu'il faisait, il changeait de métier tout le temps, et
20 ressemblait plus à un acteur qu'à un homme ordinaire.

David FOENKINOS, *Les Souvenirs*, 2011

folio

Compréhension écrite

Entrée en matière

1 ▎Regardez la couverture du livre. Vous avez envie de le lire ? Pourquoi ?

1re lecture

2 ▎L'auteur raconte un souvenir avec :
- **a.** son père.   **b.** son grand-père.   **c.** son oncle.

2e lecture

3 ▎Comment ils se déplaçaient pour aller voir Guignol ?

4 ▎Pourquoi ils devaient courir ?

5 ▎L'homme décrit était-il un homme comme les autres ?

Vocabulaire

6 ▎Le mot « systématiquement » signifie :
- **a.** de façon automatique.
- **b.** de façon objective.

Production orale

7 ▎Vous écrivez un livre pour raconter les souvenirs que vous avez avec une personne de votre famille. De qui parlez-vous ? Pourquoi ?

> **Au fait !**
> Guignol, créé à Lyon vers 1808, est le personnage principal d'un spectacle comique de marionnettes. Il s'adresse aux enfants mais aussi aux adultes !

Unité **2**

Grammaire

L'imparfait

Échauffement

1 | Lisez ces deux passages. Trouvez les verbes à l'imparfait et retrouvez leur infinitif.

    a. Ma grand-mère nous préparait des bugnes. Avec mon frère, on adorait les manger assis devant la cheminée.

    b. Il regardait sa montre pendant le trajet, avec cette inquiétude des gens qui sont toujours en retard. On courait pour ne pas rater le début. Il était excité, tout autant que moi.

2 | Dans quel passage l'imparfait permet de parler d'une habitude dans le passé ? de décrire une scène dans le passé ?

Fonctionnement

Emploi de l'imparfait
Il permet de décrire une scène passée ou de parler d'une habitude passée.
Formation
L'imparfait se forme sur le radical du verbe conjugué à la 1re personne du pluriel (*nous*) au présent + **terminaisons**. Une exception : le verbe **être** (*j'étais, tu étais, il était…*).

	avoir	changer	se déplacer
je/j'	avais	chang**eais**	me dépla**çais**
tu	avais	chang**eais**	te dépla**çais**
il/elle/on	avait	chang**eait**	se dépla**çait**
nous	avions	chang**ions**	nous déplac**ions**
vous	aviez	chang**iez**	vous déplac**iez**
ils/elles	avaient	chang**eaient**	se dépla**çaient**

> **Remarque**
>
> Pour exprimer l'habitude, la fréquence avec l'imparfait, on utilise les expressions suivantes :
> • **À cette époque**, j'habitais à Strasbourg.
> • On se déplaçait **beaucoup/souvent**.
> • Nous nous voyions **chaque jour/ tous les jours**.
> • **Toutes les semaines/Chaque semaine**, il y avait un match.
> • On allait **de temps en temps/ parfois** voir un spectacle.
> • Il faisait **toujours/tout le temps** beau.

Entraînement

3 | Conjuguez les verbes au présent (*nous*), puis à l'imparfait à la personne indiquée.

	Présent de l'indicatif	Imparfait
a. aimer	nous *aimons*	tu *aimais*
b. aller	nous ……	il ……
c. rendre	nous ……	je ……
d. habiter	nous ……	vous ……
e. écrire	nous ……	elles ……
f. faire	nous ……	nous ……

4 | Associez pour terminer les phrases.

    a. À cette époque, j'
    b. Chaque semaine, nous
    c. Avant, elle
    d. Vous vous
    e. Quand ils étaient jeunes, ils

    1. étudiions ensemble.
    2. déplaciez souvent ?
    3. écrivais tous les jours.
    4. prenait toujours des photos.
    5. voyageaient de temps en temps.

5 | Transformez les verbes soulignés à l'imparfait.

Gabriel <u>veut</u> devenir chanteur. Il <u>prend</u> des cours avec un professeur qu'il <u>aime</u> beaucoup et qui <u>est</u> très compétent. Il <u>chante</u> souvent devant un public : sa famille et ses amis, bien sûr, et il <u>fait</u> de petits concerts. Il <u>chante</u> aussi dans un groupe. Avec les membres de son groupe, ils <u>répètent</u> tous les week-ends et <u>espèrent</u> devenir célèbres !

🗨 Production orale

6 | **À deux !** Vous discutez avec un(e) ami(e) de vos vacances, avant et aujourd'hui.

Exemple : *Avant, je partais avec mes parents. Aujourd'hui je pars avec des amis.*

📝 Production écrite ⊙ DELF

7 | Décrivez un souvenir heureux (âge, lieu, activités, etc.). *(50 mots minimum)*

Exemple : *J'avais 5 ans, j'étais en vacances avec mes parents à la mer…*

Entraînez-vous !

Cahier d'activités

Vocabulaire

Le souvenir 12

La mémoire
- l'album photos *(m.)*
- oublier
- raconter un souvenir
- replonger dans son enfance
- se rappeler
- se souvenir

1 | Associez pour terminer les phrases.

ⓐ Elle adore replonger dans

ⓑ Ils ne veulent pas oublier

ⓒ Elle ne veut pas se rappeler

ⓓ Elle se souvient toujours de

① leurs souvenirs de jeunesse.

② mon anniversaire.

③ ce mauvais souvenir.

④ son enfance.

Les sens
- le bruit
- le chant des oiseaux
- le goût
- goûter
- l'odeur *(f.)*
- le parfum
- regarder
- la saveur
- sentir bon ≠ sentir mauvais
- tenir la main
- voir
- la vue

2 | Associez chaque mot à un sens.

a. Sentir.
b. Regarder.
c. La saveur.
d. Le bruit.
e. Goûter.
f. L'album photos.
g. Le chant (des oiseaux).
h. L'odeur.
i. Se tenir la main.
j. Le parfum.

1. La vue.

2. L'odorat.

3. Le goût.

4. Le toucher.

5. L'ouïe.

Entraînez-vous !

 Cahier d'activités

3 | Écoutez. Dans quel dialogue ou quelle phrase on parle : 13
   a. d'un album photos ?
   b. d'une bonne odeur ?
   c. d'un parfum ?
   d. d'une belle vue ?
   e. d'un bruit agréable ?

Les souvenirs
- d'adolescence *(f.)*
- d'école *(f.)*
- d'enfance *(f.)*
- de famille *(f.)*
- de jeunesse *(f.)*
- de vacances *(f.pl.)*

Qualifier un souvenir
- agréable
- bon
- difficile
- heureux
- inoubliable
- joyeux
- mauvais
- triste

4 | Associez une phrase à une photo.
   a. C'est un mauvais souvenir d'école.
   b. C'est un souvenir de vacances inoubliable !
   c. C'est un souvenir d'enfance joyeux.
   d. C'est un souvenir de jeunesse très triste.
   e. C'est un souvenir de famille très heureux.

Unité 2

Documents

D | Une vue de rêve

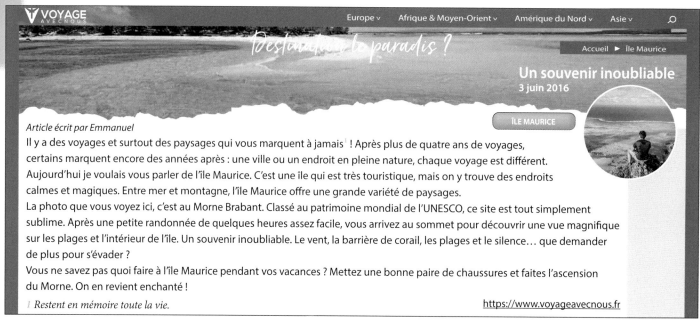

VOYAGE AVEC NOUS

Europe ∨   Afrique & Moyen-Orient ∨   Amérique du Nord ∨   Asie ∨   🔍

Accueil ▶ Île Maurice

Un souvenir inoubliable
3 juin 2016

ÎLE MAURICE

Article écrit par Emmanuel

Il y a des voyages et surtout des paysages qui vous marquent à jamais [1] ! Après plus de quatre ans de voyages, certains marquent encore des années après : une ville ou un endroit en pleine nature, chaque voyage est différent. Aujourd'hui je voulais vous parler de l'île Maurice. C'est une île qui est très touristique, mais on y trouve des endroits calmes et magiques. Entre mer et montagne, l'île Maurice offre une grande variété de paysages.

La photo que vous voyez ici, c'est au Morne Brabant. Classé au patrimoine mondial de l'UNESCO, ce site est tout simplement sublime. Après une petite randonnée de quelques heures assez facile, vous arrivez au sommet pour découvrir une vue magnifique sur les plages et l'intérieur de l'île. Un souvenir inoubliable. Le vent, la barrière de corail, les plages et le silence… que demander de plus pour s'évader ?

Vous ne savez pas quoi faire à l'île Maurice pendant vos vacances ? Mettez une bonne paire de chaussures et faites l'ascension du Morne. On en revient enchanté !

[1] *Restent en mémoire toute la vie.*

https://www.voyageavecnous.fr

Compréhension écrite

Entrée en matière

1 | Observez la photo. Vous aimez ce paysage ? Pourquoi ?

1re lecture

2 | De quelle île francophone Emmanuel parle-t-il ?

2e lecture

3 | Pourquoi Emmanuel aime-t-il cette île ?

4 | De quelle montagne parle-t-il ? Pourquoi ?

5 | Est-ce que c'est difficile d'aller en haut de cette montagne ?

6 | Pourquoi Emmanuel conseille aux touristes d'y monter ?

 Production écrite

7 | Vous avez découvert un lieu fantastique pendant un de vos voyages. Présentez ce lieu sur votre blog.

E | Quelle expérience ! 📱14

Compréhension orale

Entrée en matière

1 | Quel(s) type(s) de vacances vous aimez ?

1re écoute

2 | De quel genre d'enregistrement s'agit-il ?

3 | Charlotte a choisi quelles vacances ? Et Achille ?

2e écoute

4 | Vrai ou faux ?

   a. Charlotte garde un très bon souvenir de ses vacances.

   b. Achille est très content de son expérience.

   c. Achille et Charlotte veulent recommencer les mêmes vacances l'année prochaine.

Cette année, c'était très différent !

Production orale ➔ DELF

5 | **À deux !** Questionnez votre voisin(e) sur un de ses souvenirs de vacances puis inversez les rôles.

Pour interroger sur un souvenir

• Quels souvenirs vous gardez de votre expérience ?
• Vous êtes content(e) de votre expérience ?
• Vous allez recommencer l'expérience ?

Grammaire

Les pronoms *y* et *en*

Échauffement

1 | Observez ces phrases. Que remplacent *y* et *en* ?

    a. On **y** trouve des endroits calmes et magiques.

    b. On **en** revient enchanté !

    c. J'**en** reviens !

    d. Le climat **y** est agréable.

2 | Imaginez quels lieux ces pronoms remplacent.

Fonctionnement

3 | Complétez avec *y* ou *en*.

    a. …… indique le lieu d'où la personne/l'objet vient.

    b. …… indique le lieu où la personne/l'objet est ou va.

Emploi des pronoms *y* et *en*
• Le pronom *y* remplace généralement un nom introduit par **à, sur, sous, dans**, etc.
– Le climat est agréable <u>sur cette île</u> ? → Oui, il **y** est très agréable.
– Mon sac est <u>dans la roulotte</u> ? → Non, il n'**y** est pas !
– Tu te promènes souvent <u>au bord de l'eau</u> ? → Oui, je m'**y** promène très souvent.
• Le pronom *en* remplace un nom introduit par **de**.
– Tu reviens <u>de la plage</u> ? → Oui, j'**en** reviens à l'instant.
– Il est parti <u>du chalet</u> à quelle heure ? → Il **en** est parti à 6 h.
– Ce tipi vient <u>des États-Unis</u> ? → Oui, il **en** vient.

> **Remarque**
>
> Certains adverbes peuvent aussi remplacer des noms de lieux.
>
> • **Ici** indique un lieu plus proche du locuteur que **là**. **Là-bas** indique un lieu plus éloigné : *Ici, il n'y a pas de place. Là non plus. Allons là-bas.*
>
> • On peut parfois utiliser *y* ou **là-bas** :
> – *Tu vas toujours en vacances à l'île Maurice ?*
> → *Oui, je vais* **là-bas** *tous les étés.*
> → *J'y vais tous les étés.*

Entraînement

4 | Associez les phrases à un ou plusieurs lieux.

    a. On s'y baigne.

    b. On en revient heureux.

    c. Les enfants y jouent.

    d. On peut y dormir.

    e. On en redescend fatigué.

    1. Les arbres.

    2. Un sommet.

    3. L'île Maurice.

    4. Le sable.

    5. La mer.

5 | Complétez avec *y* ou *en*.

    a. J'adore aller sur cette île, il …… fait toujours beau.

    b. Elle rentre de Bruxelles et elle …… revient très contente !

    c. Il part en Australie. Il …… va avec sa sœur.

    d. Nous adorons le bord de mer. Nous nous …… baladons tous les soirs.

    e. Il est revenu tôt de la fête. Il …… est parti à 21 heures.

    f. Elle est allée dans les Cévennes. On peut …… faire de belles randonnées.

6 | Transformez les phrases en remplaçant les mots soulignés par *y* ou *en*.

    a. Je suis restée une semaine <u>à l'île Maurice</u>.

    b. Nous voulons partir <u>de Nice</u>.

    c. Elle s'installe <u>à Québec</u> dans une semaine.

    d. Nous sommes arrivés <u>en Asie</u> la semaine dernière.

    e. Tu sors <u>de l'eau</u> ?

7 | Répondez en utilisant le pronom *y* ou le pronom *en*.

    a. Tu vas souvent <u>à la montagne</u> ? Oui, ……

    b. Vous avez dormi <u>sous la tente</u> ? Non, ……

    c. Elles reviennent <u>du Sénégal</u> ? Oui, ……

    d. Tu es <u>à Paris</u> ? Non, ……

    e. Il est reparti <u>d'Espagne</u> ? Oui, ……

    f. Tu es sortie <u>de l'aéroport</u> ? Non, ……

✎ Production écrite

8 | Écrivez des devinettes que vous posez aux personnes de la classe.

    Exemple : *On y trouve des poissons…* → *Dans la mer !*

Entraînez-vous !

Cahier d'activités

Unité 2

Quel temps fait-il ?

F | Parlons météo !

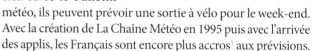

Pourquoi les Français parlent beaucoup de la météo ?

« Tu as vu cette pluie ? On va avoir ce temps gris tout le week-end ? » En France, on parle de météo partout et au quotidien. Selon une étude, 86 % des Français disent que la météo est leur sujet de conversation préféré pendant la pause, au travail. La météo est un sujet universel qui permet d'entrer en contact avec les autres, surtout avec les gens qu'on ne connaît pas.

Le bulletin météo, une révolution pour les Français !

Le bulletin météo apparaît à la radio en 1922, puis à la télévision en 1946. C'est une révolution pour les Français : ils vont pouvoir organiser leurs loisirs ! Avant, pour se décider à faire une sortie, les gens regardaient le ciel. Avec le bulletin météo, ils peuvent prévoir une sortie à vélo pour le week-end. Avec la création de La Chaîne Météo en 1995 puis avec l'arrivée des applis, les Français sont encore plus accros[1] aux prévisions.

Source : https://www.caminteresse.fr

1 Dépendants.

Compréhension écrite

Entrée en matière

1 | Dans votre pays, est-ce que les gens parlent beaucoup du temps qu'il fait ?

Lecture

2 | La météo est-elle un sujet de conversation courant en France ? Pourquoi ?

3 | Qu'est-ce que le bulletin météo a changé dans l'organisation des loisirs des Français ?

4 | Qu'est-ce qui a rendu les Français encore plus accros à la météo ?

 Production orale

5 | Et vous, vous regardez souvent la météo ? Pour quelles raisons ?

Au fait !

En français, on utilise l'expression « parler de la pluie et du beau temps » pour dire qu'on parle de choses qui ne sont pas très importantes.

G | Envie de fraîcheur

 Compréhension audiovisuelle

Visionnage

1 | Les Parisiens ont quitté Paris parce qu'il y faisait environ :
a. 30 °C.   b. 35 °C.   c. 40 °C.

2 | Vrai ou Faux ?
a. Le Cotentin est à 200 kilomètres de Paris.
b. Il y fait 15 °C de moins qu'à Paris.

3 | Les touristes peuvent faire quelles activités ?

Vocabulaire

4 | Quel est le contraire de « chaleur » ?
a. Canicule.   b. Fraîcheur.

 Production orale

5 | Pour vous, quelle est la température idéale ? Pourquoi ?

Ah, le cliché !

« Il pleut dans le Nord de la France, il fait beau dans le Sud. »
C'est dans le Nord-Ouest qu'il pleut le plus en France, mais le Sud-Ouest arrive en deuxième position ! Les villes où il y a le plus de soleil sont d'abord Ajaccio (Corse) puis Nice et enfin Montpellier (Sud-Est). (Source : Météo France)
→ Et dans votre ville, il pleut souvent ? il y a souvent du soleil ?

Vocabulaire

Les paysages et la météo 15

À la mer
- à marée basse
- ≠ à marée haute
- la barrière de corail
- la côte
- la dune
- l'île *(f.)*
- la mouette
- la plage
- le port
- le sable

1 | Qu'est-ce que vous voyez sur ces photos ?

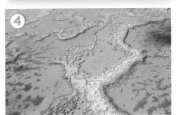

À la campagne
- le champ
- la ferme
- la prairie

À la montagne
- le chalet
- le lac
- le sommet

2 | Associez les mots à leur définition.

a. Un chalet.

b. Une ferme.

c. Un champ.

d. Un lac.

e. Une prairie.

1. C'est une grande étendue d'eau.
2. C'est une maison en bois, typique de la montagne.
3. C'est un grand espace avec de l'herbe. Les animaux y mangent.
4. C'est le lieu de travail et la maison d'un agriculteur.
5. C'est un grand espace avec de la terre qui sert à cultiver des légumes, des céréales, etc.

3 | Écoutez. Où sont ces personnes ? à la mer, à la campagne, à la montagne ? 16

La météo
- la canicule
- la chaleur
- ≠ la fraîcheur
- le ciel (bleu, gris)
- le climat
- l'orage *(m.)*
- la pluie
- le soleil
- la température (les degrés)
- le temps
- un temps humide
- ≠ un temps sec
- un temps gris
- le vent

4 | Complétez avec les mots de la météo.

a. C'est la ...... ! Il fait très chaud la journée et la nuit aussi !

b. La météo annonce des .... Rentre le chien, il va avoir peur.

c. Je déteste le ......, parfois il souffle à 80 kilomètres par heure.

d. Il fait un temps ...... en Thaïlande. C'est comme ça dans les pays tropicaux.

e. L'été, je cherche la ...... ! Entre 18 et 20 degrés, c'est parfait pour moi.

Production écrite

5 | Quels sont les paysages que vous aimez beaucoup ? Décrivez-les, dites où ils se trouvent et quel temps il y fait.

> - **En Belgique**, pour dire qu'il fait froid, on dit « il bise ! ».
> - **En Suisse et au Canada**, quand il neige un peu, on dit « il neigeote ! ».
> - **En France d'Outre-mer** :
> → À la Réunion, quand il pleut un peu, on dit « il farine ! ».
> → À Saint-Pierre-et-Miquelon, quand il neige beaucoup, on dit « il tombe des plumes d'oies ! ».

Entraînez-vous !

Cahier d'activités

Unité **2**

Documents

H ▌ Pourquoi on achète des souvenirs de vacances ?

Plus d'un Français sur deux ramène des souvenirs. Une bonne façon de prolonger la période des congés.

C'est une jolie paire d'espadrilles du Pays basque, d'excellentes épices de Fort-de-France, un grand plat à tajine de Marrakech ou du sirop d'érable de Montréal. Dans leurs valises, les globe-trotteurs[1] de l'été ramènent presque toujours à la maison des souvenirs de vacances.

53 % des touristes hexagonaux optent[2] pour un mug londonien, un porte-clés de la tour de Pise ou un magnet en forme de Statue de la Liberté. Ils sont 40 % à jeter leur dévolu sur[3] un vêtement typique comme la marinière bretonne, le sombrero mexicain ou le paréo tahitien.

Pour Estelle, responsable de la boutique de produits locaux « J'irai revoir ma Normandie » à Ouistreham (Calvados), l'achat de souvenirs est une dépense incontournable, d'un montant moyen de « 25-30 euros » pour la famille de touristes français.

https://www.leparisien.fr

1 Voyageurs. 2 Choisissent. 3 Préférer.

Ce que les Français ramènent de leurs vacances

Gadget : 53 %
mug, porte-clés, magnet…

40 %
Vêtement typique :
marinière, sombrero, paréo…

34 %
Spécialité gastronomique :
foie gras, épices…

Sondage réalisé par l'institut Opinium en 2019

📄 Compréhension écrite

Entrée en matière

1 ▌ Est-ce que vous achetez des souvenirs en vacances ? Pourquoi ?

1re lecture

2 ▌ Le texte parle des objets souvenirs :
- **a.** que les Français achètent en vacances.
- **b.** que les touristes étrangers achètent en France.
- **c.** que les Français et les étrangers achètent en France.

2e lecture

3 ▌ Pourquoi les gens achètent des souvenirs de vacances ?

4 ▌ Vrai ou faux ?
- **a.** Plus de 50 % des Français ramènent des souvenirs.
- **b.** Les Français n'aiment pas ramener des mugs.
- **c.** Moins de la moitié des Français achète un vêtement typique.

5 ▌ Combien les Français dépensent pour acheter des souvenirs ?

Vocabulaire

6 ▌ Sur quelle photo vous voyez :
- **a.** une paire d'espadrilles ?
- **b.** une marinière ?
- **c.** des épices ?
- **d.** un plat à tajine ?
- **e.** du sirop d'érable ?

⌨ Production orale

7 ▌ Qu'est-ce que vous rapportez de vos vacances ?

I La tendance rétro 17

> **Ça y est, déjà la fin de nos voyages !**

Compréhension orale

LES ALPES

PARIS

Côte d'Azur

Entrée en matière

1 Regardez les photos. À votre avis, pourquoi on dit que ces posters sont « rétro » ?

1re écoute

2 Vrai ou faux ?
- **a.** Les Français aiment ramener des affiches rétro comme souvenirs de vacances.
- **b.** Ces affiches représentent seulement des villes au bord de la mer.

2e écoute

3 Associez les phrases aux personnes.
- **a.** Les affiches rappellent des lieux qu'on a aimés, des moments spéciaux. → Personne n° ......
- **b.** Elles sont jolies et elles donnent envie de visiter le lieu qu'elles représentent. → Personne n° ......
- **c.** Elles sont différentes. → Personne n° ......

4 Dans la boutique toulousaine, les ventes augmentent chaque année de :
- **a.** 6 %.   **b.** 10 %.   **c.** 16 %.

5 Pourquoi les affiches de Carcassonne sont positives pour la ville ?

Grammaire > La place de l'adjectif

Échauffement

1 Relevez tous les adjectifs du document H. Dites s'ils sont au féminin ou au masculin, au singulier ou au pluriel, et quel nom ils qualifient.

Fonctionnement

La place de l'adjectif
2 *Avant* ou *après* le nom ? Complétez à l'aide des exemples relevés dans le texte.
a. Certains adjectifs courts (*bon, gros, grand, petit, vieux*, etc.) se placent ...... le nom.
b. Les adjectifs de nationalité, de couleur et de forme se placent toujours ...... le nom.
En général, l'adjectif est placé **après le nom**. Dans certains cas, l'adjectif est placé avant le nom pour marquer une insistance. La phrase est plus expressive : *Les boutiques incroyables. Les incroyables boutiques.*

> **Remarques**
>
> • Quelquefois, la place de l'adjectif entraîne un changement de sens.
> *J'utilise mon **propre** mug = le mug est à moi.*
> *J'utilise un mug **propre** = le mug n'est pas sale.*
> • Quand un adjectif est au pluriel devant un nom, on emploie la préposition **de/d'** :
> *De jolies espadrilles.*
> *D'excellentes épices.*

Entraînement

3 Placez les adjectifs dans les phrases. Attention aux accords.

Exemple : *J'ai vu des affiches. (joli/touristique)* → *J'ai vu de jolies affiches touristiques.*
- **a.** Elle a ramené une chemise. (coloré/beau)
- **b.** Ils sont partis sur une île. (petit/espagnol)
- **c.** Les touristes ont goûté des épices. (marocain/excellent)
- **d.** Nous avons vu des bateaux. (gros/blanc)
- **e.** La famille a très bien mangé dans ce restaurant. (toulousain/bon)

✍️ Production écrite

4 Vous êtes en vacances. Écrivez à vos parents pour leur donner des nouvelles et pour leur dire quels souvenirs vous avez achetés. Attention à la place des adjectifs.

Entraînez-vous !

 Cahier d'activités

Unité 2

Entraînement

Discrimination

1 ▪ Écoutez et dites si vous entendez [n], [z], [t] ou [R] 18

	a.	b.	c.	d.	e.	f.	g.	h.	i.	j.	k.	l.
[n]												
[z]												
[t]												
[R]	X											

Articulation

2 ▪ Écoutez les phrases suivantes. 19
Complétez le tableau avec ces phrases.

a. Deux îles touristiques.
b. Nous avons regardé.
c. Un petit album.
d. Elle en est partie.
e. En automne.
f. Le premier avril.
g. Un grand appartement.
h. Chez elle.

Liaisons obligatoires	Phrases
Après *un, deux, les, des*… : un ami	……
Après un adjectif : un petit ami	……
Après *nous, vous, ils, elles, on* : ils aiment	……
Après *dans, en, chez* : en Europe	……
Après un pronom COD/COI : il les aime	……

Graphies 19

3 ▪ Réécoutez les phrases de l'activité 2 et complétez.

a. Quand j'entends [n], j'écris ……
b. Quand j'entends [z], j'écris ……, …… ou ……
c. Quand j'entends [t], j'écris …… ou ……
d. Quand j'entends [R], j'écris ……

Entraînez-vous !

Cahier d'activités

Interprétation 20

4 ▪ Écoutez le texte, indiquez les liaisons (‿) puis lisez-le.
Nous avons voyagé dans deux îles touristiques. Nous avons dormi dans un petit hôtel. Ma cousine est venue trois jours à l'île Maurice. Elle en est partie en avion le premier avril pour rentrer chez elle.

Grammaire

L'imparfait

1 ▪ Conjuguez les verbes à l'imparfait.
Quand j'(*être*) …… petit, mes parents m'(*inscrire*) …… chaque année au foot. J'(*adorer*) …… ça, jouer au foot avec mes copains. Nous (*avoir*) …… des matchs le week-end et nous (*partir*) …… souvent dans d'autres villes. Quels souvenirs ! Nous ne (*gagner*) …… pas souvent, mais notre entraîneur (*être*) …… toujours fier de nous. Ma mère me dit encore aujourd'hui : « Tu te souviens ? Tu (*attendre*) …… avec impatience le week-end pour jouer et retrouver tes copains. Vous (*s'amuser*) …… beaucoup tous ensemble ! »

Les pronoms *y* et *en*

2 ▪ Remplacez les mots soulignés par *y* ou *en*.
a. Nous nous installons <u>au Canada</u> !
b. L'avion repart <u>de Bordeaux</u> dans une heure.
c. Nous avons retrouvé nos amis <u>au bord de la mer</u>.
d. Il est revenu <u>de Strasbourg</u> il y a une semaine.
e. Nous sommes rentrés <u>de ce voyage</u> ravis !
f. Il a passé la nuit <u>dans un camping</u>.

Vocabulaire

Le souvenir

3 ▪ Trouvez l'intrus.
a. un souvenir : inoubliable – heureux – mauvais
b. un souvenir : agréable – triste – bon
c. oublier – se souvenir – se rappeler
d. l'odeur – l'album photos – le parfum

Les paysages et la météo

4 ▪ Complétez les phrases avec les mots suivants :
orage – lacs – chalet – fraîcheur – île – sommet – chaleur – port – gris

a. Ces vacances sur cette …… étaient super ! Mais quelle …… ! 40 degrés, c'est trop pour moi !
b. Nous aimons nous promener le soir sur le …… . On y voit de très jolis bateaux.
c. Vous avez loué un …… à la montagne ? Moi aussi, en été, je cherche la …… .
d. Au …… de la montagne, la vue est magnifique !
e. En randonnée, on passe parfois à côté de petits ……, mais l'eau est trop froide pour s'y baigner !
f. Je conduisais et le ciel est devenu …… . Il y a eu un gros …… ! J'ai dû m'arrêter.

Réaliser une exposition photo

**Vous allez réaliser une exposition photo sur le thème « Souvenirs d'une époque ».
Vous présenterez les années 70, 80 ou 90.**

> **Objectifs**
> - Lire un document et prendre des notes
> - Chercher des photos et des informations supplémentaires et les sélectionner
> - Transmettre des informations à l'écrit et à l'oral
> - Demander l'avis des autres groupes

Démarche

Formez des groupes de trois ou quatre.

1 ▷ Préparation

- En groupes, choisissez une époque : les années 70, 80 ou 90. Chaque groupe choisit une époque différente.
- Chaque personne lit le document sur l'époque choisie et note les objets, les activités, les pratiques, etc., liés à cette époque.
- En groupes, mettez vos réponses en commun.

2 ▷ Réalisation

- Cherchez des photos en lien avec les informations présentes dans le document. Vous pouvez compléter votre recherche (informations et photos) sur cette époque.
- Écrivez des légendes en bas de chaque photo.
- Préparez l'exposition : placez les photos (sur un diaporama ou au mur) et décidez qui va présenter quelle photo.

3 ▷ Présentation

- Chaque groupe fait visiter son exposition.
- Discutez en classe entière. Vous préférez quelle époque ? Pourquoi ?

1

LES INOUBLIABLES DES ANNÉES 70

Orange, vert et marron

Dans toutes les maisons du monde, les salons avaient les couleurs du moment : orange, vert et marron.

Les soirées Tupperware

À cette époque, des femmes organisaient des réunions Tupperware et avaient des récipients de conservation d'aliments plein la cuisine, souvent de couleur verte, la couleur à la mode !

Le disco

C'était la musique qu'on entendait tout le temps dans les soirées des années 70.

Les pantalons « pattes d'éléphant » et les chaussures plateforme

Les années 1970, ce sont d'inoubliables tendances de mode, et on se souvient surtout de l'incontournable pantalon « pattes d'eph » et des chaussures plateforme qui permettaient d'attirer l'attention sur la piste de danse des discothèques.

La Renault 5

La R5, comme on disait, c'était LA voiture des années 70 ! Elle n'avait que deux portes, mais elle s'adressait à tous, de l'étudiant au chef d'entreprise qui voulait une voiture de ville sympa. Sa principale concurrente de l'époque était la Peugeot 104, une petite voiture pratique à quatre portes.

Unité 2

LES INOUBLIABLES DES ANNÉES 80

Je suis né en 1978, donc je me souviens très bien des années 1980. Je me rappelle les jeux en plastique multicolores, les vêtements fluo qu'on portait, la musique qu'on commençait à créer avec des ordinateurs ou encore les bonbons au goût chimique qu'on adorait manger ! Et bien sûr, la technologie qui passait au numérique... Voici les inoubliables des années 80 pour moi :

Les patins à roulettes

Dans les années 1980, les patins à roulettes avec quatre roues et un frein devant étaient à la mode. C'était moins rapide que les rollers qu'on connaît aujourd'hui, mais c'était plus stable pour débuter. Moi j'aimais bien !

Les téléphones à cadran

Les numéros de téléphone en France avaient huit chiffres, il ne fallait pas se tromper... sinon, on devait recomposer le numéro depuis le début et c'était très énervant...

Les cabines téléphoniques

À pièces puis à cartes, les cabines téléphoniques étaient indispensables pour passer des appels quand on était en déplacement, ou même pour prévenir ses parents qu'on allait être en retard.

Les pin's

Le mot français pour les désigner existe (épinglette), mais tout le monde disait les pin's ! On les mettait partout : sur nos vêtements, nos vestes, nos sacs à dos, nos casquettes. Pendant une période, c'était incroyable : certains avaient plusieurs milliers de pin's dans leur collection.

3

LES INOUBLIABLES DES ANNÉES 90

J'habitais à Paris et j'étais au lycée. À cette époque, Internet et H&M n'existaient pas, mais voilà comment on s'occupait...

À la place d'Internet, on avait la télévision. Par chance, ma grand-mère avait le câble. Alors je pouvais regarder toutes les séries américaines. Et pour voir un film dans les années 1990 qui ne passait ni à la télé ni au cinéma du quartier, on devait l'emprunter. Pour cela, on allait dans un vidéoclub.

Mais c'était la musique qui était au centre de tout. Après l'école, tous les jours, j'allais chez ma meilleure amie, on se préparait un goûter et on le mangeait sur le canapé devant les clips qui passaient sur MTV.

Pour aller à un concert comme pour écouter un disque, il fallait aller au Virgin Megastore sur les Champs-Élysées. Il fermait à minuit tous les jours alors on y passait des heures. Quand un album sortait – nous l'attendions pendant des mois – nous allions faire la queue devant le magasin le jour de sa sortie.

Côté communication, avant d'avoir mon premier portable en 1997, j'avais un Tam Tam (c'était peut-être un Tatoo ?). Ces bippers étaient inutiles parce qu'il fallait de toute façon rappeler la personne !

ANNÉES 90

Comme à la maison

Objectifs

- Décrire un logement
- Louer un logement
- Exprimer sa déception
- Consoler, réconforter

" C'est très confortable ! "

Documents

A | Étudiants : comment trouver un toit ?

33 % des étudiants habitent chez leurs parents, 33 % vivent en location (seuls ou en couple) et 12 % sont en résidence universitaire. Ce n'est pas toujours facile de chercher un logement, mais il existe des bons plans pour trouver une location bon
5 marché. Vous pouvez, par exemple, regarder sur la plateforme web de votre université. Il y a souvent des offres intéressantes qui mettent en contact propriétaires et futurs locataires.

Vous pouvez partager un appartement avec un ou plusieurs colocataires. Ces colocataires peuvent être des amis ou des
10 personnes que vous ne connaissez pas. Il y a beaucoup d'offres (voir, par exemple, le site Internet lacartedescolocs) et cela permet d'avoir un logement plus grand et moins cher. Une colocation qui se passe bien permet aussi de partager de bons moments.

Une autre possibilité est de chercher à l'extérieur de la ville.
15 À la campagne, les logements sont souvent moins chers. L'association d'agriculteurs Campus Vert propose des studios, T1 ou T2, de 20 à 40 mètres carrés, aménagés dans des fermes, donc en pleine nature.

Avec la cohabitation intergénérationnelle, une personne âgée vous
20 propose une chambre gratuite ou à faible loyer, en échange de votre présence et de petits services comme s'occuper du courrier ou des plantes. C'est une solution pratique pour tout le monde.

Et enfin, il y a les foyers pour jeunes travailleurs, accessibles aux personnes de 16 à 30 ans. Ce sont des lieux très agréables où
25 on trouve beaucoup de jeunes actifs, mais aussi des stagiaires et des étudiants étrangers. Les foyers sont de bons endroits pour se faire des amis.

Sources : www.letudiant.fr et www.senat.fr

Compréhension écrite

Entrée en matière

1 | Est-ce qu'il existe des logements réservés aux étudiants dans votre pays ?

1re lecture

2 | Dans quel ordre ces types d'hébergement sont-ils présentés ?
- a. Le foyer pour jeunes travailleurs.
- c. Le logement à la ferme.
- b. La colocation.
- d. La cohabitation intergénérationnelle.

2e lecture

3 | Quel(s) hébergement(s) peut-on proposer à ces personnes ?
- a. Federica aime être seule et se promène souvent dans la nature.
- b. Saïd est très gentil et il aime beaucoup rendre service.
- c. Aya vient en France pour faire un stage. Elle veut rencontrer d'autres personnes.

4 | Quels sont les avantages des hébergements présentés ?

Vocabulaire

5 | Associez les deux parties des phrases.
- a. Le/La propriétaire
- b. Le/La locataire
- c. Le/La colocataire
- 1. habite un appartement qui n'est pas à lui/elle.
- 2. habite dans un appartement avec d'autres personnes.
- 3. a un appartement.

Production orale

6 | Vous préférez quel type d'hébergement ? Pourquoi ?

• En France, on parle d'appartements T1/F1, T2/F2, etc. Le chiffre correspond au nombre de pièces en plus de la cuisine, de la salle de bain et des toilettes.
• Au Québec, on parle d'appartements 2½, 3½, etc. Le demi est pour la salle de bain et l'autre chiffre pour le nombre de pièces.

B ┃ À louer

1 **Studio très clair**

Studio de 33 m² à louer dans un quartier calme. Aménagé dans un ancien grenier, au quatrième étage sans ascenseur, très **5** clair. Une grande pièce principale avec une cuisine américaine[1] et une salle d'eau. 580 € par mois charges comprises.

1 Cuisine ouverte sur le salon ou la salle à manger.

Magnifique T2 rénové

Loue appartement deux pièces **10** rénové dans un bel immeuble ancien du centre-ville, avec une cave. Il comprend une chambre avec un coin bureau, un séjour, une petite cuisine équipée, une salle de bain et un **15** balcon. Loyer de 895 € par mois.

Coliving à Marseille

Située à proximité du port, Cette maison neuve propose 18 chambres et studios meublés en location. Ses espaces **20** communs sont : deux cuisines, un salon /salle à manger confortable, une véranda et une buanderie, un garage et un grand jardin. De 650 € à 1090 € par mois.

📄 Compréhension écrite

Entrée en matière

1 ┃ Décrivez les photos publiées par l'agence immobilière.

1re lecture

2 ┃ Associez les annonces et les photos.

2e lecture

3 ┃ Répondez pour chaque annonce.
  a. Où est le logement ?
  b. Il a combien de pièces ?
  c. Combien coûte le loyer ?
  d. Quelles sont ses autres caractéristiques ?

> **Au fait !**
> Le coliving est un logement partagé avec des espaces privés, des espaces communs et des services (abonnement à Internet, ménage, parking...).

📝 Production écrite

4 ┃ Vous avez un appartement à louer. Écrivez une petite annonce pour le décrire.

> **▸Pour** **décrire un logement**
> • La résidence est située dans un quartier calme.
> • C'est un appartement deux pièces rénové dans un bel immeuble ancien.
> • Le studio est au 4e étage sans ascenseur.
> • Cette maison neuve a un grand jardin.

C ┃ Je suis intéressé par votre annonce 21

🎧 Compréhension orale ❝ Quel est le montant du loyer ? ❞

Entrée en matière

1 ┃ D'après le titre et la phrase extraite du document, de quoi vont parler ces personnes ?

1re écoute

2 ┃ Quelle annonce du document B intéresse Thomas ?
3 ┃ Est-il toujours intéressé à la fin de la conversation ? Pourquoi ?

2e écoute

4 ┃ Quelles pièces se trouvent au rez-de-chaussée ? Au 1er et au 2e étages ? Au sous-sol ?
5 ┃ Qu'est-ce qui est inclus dans le montant du loyer ?

💬 Production orale

6 ┃ **À deux !** Posez des questions à votre voisin(e) sur le logement décrit dans son annonce ou un autre logement de son choix.

> **▸Pour** **louer un logement**
> • Je suis intéressé(e) par votre annonce.
> • Quelle est la superficie du logement ?
> • Quel est le montant du loyer ?
> • Ça inclut les charges ?

Unité **3**

Grammaire

Les pronoms relatifs *qui, que, où*

Échauffement

1 ┃ Observez les phrases. Les pronoms relatifs *qui, que, où* remplacent quels mots ?

   a. Il y a des offres <u>qui</u> mettent en contact propriétaires et locataires.

   b. Ces colocataires peuvent être des amis ou des personnes <u>que</u> vous ne connaissez pas.

   c. Ce sont des lieux agréables <u>où</u> on trouve beaucoup de jeunes actifs.

Fonctionnement

Qui, que et où	
Les pronoms relatifs remplacent un nom et relient deux phrases pour éviter des répétitions.	
Qui remplace un sujet. Il est suivi d'un verbe.	*J'habite dans une maison* **qui** *est grande.* (= <u>La maison</u> est grande.)
Que remplace un complément d'objet direct.	*Je vis dans une maison* **que** *j'aime beaucoup.* (= J'aime beaucoup <u>la maison</u>.)
Où remplace un complément de lieu.	*Je loue la maison* **où** *j'habite.* (= J'habite <u>dans une maison</u> louée.)

> **Remarque**
>
> **que → qu'** devant une voyelle.

Entraînement

2 ┃ Choisissez la bonne réponse.

   a. Regarde cette annonce *que / qui* je viens de lire !

   b. C'est la chambre *que / qui* coûte 650 euros ?

   c. Je vais habiter avec une personne *que / où* je ne connais pas.

   d. Il y a un garage *que / où* vous pouvez garer votre voiture.

   e. Mon frère vit dans l'appartement *qui / où* j'habitais avant.

3 ┃ Complétez avec *qui, que, où*.

   a. Je loue un studio …… est dans une ferme.

   b. Le salon est la pièce …… je préfère.

   c. Les résidences universitaires sont des lieux …… on trouve beaucoup d'étudiants.

   d. Les colocataires sont des personnes …… partagent un appartement.

   e. Voici la chambre …… je dors.

   f. Il vit dans un foyer …… il aime beaucoup.

4 ┃ Reformulez les phrases avec *qui, que* ou *où*.

   Exemple : *Nous habitons dans un immeuble. Notre immeuble a 8 étages.*

   → *Nous habitons dans un immeuble qui a 8 étages.*

   a. Mon propriétaire est un homme sympathique. J'aime beaucoup mon propriétaire.

   b. Nous louons un appartement 3 pièces. Cet appartement n'est pas cher.

   c. J'habite dans un foyer. Il y a beaucoup de jeunes actifs dans ce foyer.

   d. Ma sœur vit dans un studio. Mes parents ont acheté ce studio l'année dernière.

📝 Production écrite

5 ┃ Préparez des devinettes avec des pronoms relatifs sur le thème du logement. Lisez ces devinettes à la classe.

   Exemple : *C'est un appartement qui est petit, où il y a seulement une pièce.* → *Un studio.*

Entraînez-vous !

Cahier d'activités

Le logement et la location 22

Les types de logement
- l'appartement *(m.)*
- le foyer =
  la résidence
  (universitaire)
- l'immeuble *(m.)*
- la maison
- le studio
- le T1 /T2, le F1 /F2

Les parties d'un logement
- le balcon
- la buanderie
- le bureau
- la chambre
- le couloir
- la cuisine
- la salle à manger
- la salle d'eau =
  la salle de bain
- le salon = le séjour
- la véranda

L'immeuble ou la maison
- l'ascenseur *(m.)*
- la cave, le sous-sol
- l'étage *(m.)*
- le garage
- le grenier
- le jardin
- le local à vélos
- le rez-de-chaussée

L'annonce immobilière
- ancien(ne)
  ≠ neuf, neuve
- calme ≠
  bruyant(e)
- clair(e) ≠ sombre
- confortable
- disponible
- équipé(e)
- le mètre carré (m²)
- meublé(e)
- rénové(e)
- la superficie

Les frais et les services
- l'abonnement à
  Internet *(m.)*
- l'assurance *(f.)*
- les charges *(f.)*
- le chauffage
- l'eau *(f.)*
- l'électricité *(f.)*
- le gaz
- le loyer
- le ménage

Les habitant(e)s
- la cohabitation
- le/la colocataire
- la colocation
- le/la locataire
- le/la propriétaire
- vivre seul(e)
  / en couple
  / en colocation

1 Écoutez. Dans quelle pièce sont ces personnes ? 23
a. ......
b. ......
c. ......
d. ......

2 Où sont la cave, l'étage, le garage, le grenier, le jardin et le rez-de-chaussée ?

3 Complétez le texte avec les mots suivants : *appartement – bruyant – chambres – charges – colocataire – confortable – loyer, m².*

> Bonjour,
>
> Nous cherchons un(e) troisième ...... pour partager notre super .... Il fait 85 ...... avec trois ......, une cuisine équipée, un salon ...... et une petite salle de bain. Il est situé dans un quartier très sympa, avec beaucoup de bars et de restaurants. C'est un peu ......, c'est le seul problème. Mais le ...... n'est pas cher : 400 euros par personne et par mois, ... comprises.
>
> Contactez-nous au 06 29 18 14 13.
>
> Phil et Manu

🖥 Production orale ⊙ DELF

4 Où habitez-vous ? Décrivez votre logement.
Dites quelle pièce vous préférez et pourquoi.

Entraînez-vous !
Cahier
d'activités

D ▊ Cent jours en bateau

À 40 ans, Marie part faire une croisière[1] « Tour du monde » de 100 jours. Elle va traverser 7 mers, 5 continents et plus de 10 pays. Pendant ce voyage, elle va loger seule dans une cabine de bateau.

5 La cabine 578 est plus grande que les photos ne le laissaient paraître[2]. Dès le premier coup d'œil, Marie décide qu'elle va s'y plaire. Un lit deux places recouvert d'une épaisse couette bleue, un bureau blanc et sa chaise, un sofa deux places, des placards, un téléviseur 10 et son meuble, une table de chevet sur laquelle est posée une lampe, une salle d'eau, un petit réfrigérateur, une Tassimo[3] et, luxe suprême : un balcon vitré meublé d'un transat, d'une table et deux chaises.

Virginie GRIMALDI, *Le premier jour du reste de ma vie*, 2015

1 *Un voyage touristique en bateau.*   2 *Montraient.*
3 *Une machine à café.*

Au Québec, on utilise surtout le mot « sofa ». Mais en Europe francophone, les mots « canapé » et « divan » sont plus courants.

 ## Compréhension écrite

Entrée en matière

1 ▊ Où peut-on dormir quand on est en voyage ?

1re lecture (introduction)

2 ▊ Que va faire Marie ? Où ?

3 ▊ Pendant combien de temps ?

2e lecture (extrait)

4 ▊ Où est-ce qu'elle va dormir ?

5 ▊ Est-ce que ce logement plaît à Marie ?

Vocabulaire

6 ▊ Quels éléments du texte voit-on sur la photo ? Quels éléments ne sont pas visibles ?

 ## Production écrite

7 ▊ Pensez à un endroit agréable, original ou amusant où dormir et décrivez-le.

E ▊ Vivre dans un bus 📱24

 ## Compréhension orale   La vie dans un bus, c'est mieux !

Entrée en matière

1 ▊ Quels logements atypiques ou originaux connaissez-vous ?

1re écoute

2 ▊ Où habitent Nina et son mari ?

3 ▊ Nina est-elle contente de son nouveau logement ?

2e écoute

4 ▊ Quels éléments de décoration mentionne Nina ? *des rideaux – des tapis – des coussins – des miroirs – des cadres-photos*

 ## Production orale

5 ▊ Êtes-vous d'accord avec Nina ? Pensez-vous que c'est mieux de vivre dans un bus que dans un appartement ? Pourquoi ?

Grammaire

La comparaison

Échauffement

1 ▪ Observez les phrases. Quels mots expriment une comparaison ?

a. Elle est moins grande qu'une cuisine classique, mais elle est aussi bien.

b. On a autant de pièces que dans notre ancien appartement.

c. On sort plus qu'avant !

d. Vivre dans un bus, c'est mieux.

e. Le désordre est pire dans un bus que dans un appartement.

f. On a un meilleur cadre de vie.

Fonctionnement

2 ▪ Complétez le tableau.

	Les comparatifs		
	d'infériorité	**d'égalité**	**de supériorité**
avec un adverbe	...... *Nous habitons **moins** loin **que** vous.*	**aussi (que)** *Nous habitons **aussi** loin **que** vous.*	...... *Nous habitons **plus** loin **que** vous.*
avec un adjectif	**moins (que)** *La chambre de Tom est **moins** grande **que** la chambre d'Anna.*	...... *La chambre de Tom est **aussi** grande **que** la chambre d'Anna.*	...... *La chambre de Tom est **plus** grande **que** la chambre d'Anna.*
avec un verbe	...... *Les jeunes déménagent **moins que** les personnes âgées.*	...... *Les jeunes déménagent **autant que** les personnes âgées.*	**plus (que)** *Les jeunes déménagent **plus que** les personnes âgées.*
avec un nom	...... *Il y a **moins de** chambres **que** dans notre maison.*	**autant de (que)** *Il y a **autant de** chambres **que** dans notre maison.*	...... *Il y a **plus de** chambres **que** dans notre maison.*

	Exceptions		
	infériorité	**égalité**	**supériorité**
bon(ne)	moins bon(ne)	aussi bon(ne)	**meilleur(e)** *Mon four n'est pas très **bon**, je dois acheter un **meilleur** four.*
mauvais(e)	moins mauvais(e)	aussi mauvais(e)	**plus mauvais(e) / pire** *Mon lave-vaisselle est **pire** / **plus mauvais** que mon four.*
bien	moins bien	aussi bien	**mieux** *On vit **bien** en ville, mais on vit **mieux** à la campagne.*
mal	moins mal	aussi mal	***plus mal** / **pire*** *C'est **pire** / **moins bien** que dans un appartement.*

> ◆ **Remarque**
>
> • L'ancien comparatif *pis* n'est plus utilisé, sauf dans des expressions comme *tant pis*.

Entraînement

3 ▪ Choisissez la bonne réponse.

a. Je cherche un *meilleur / meilleure* logement.

b. Les services sont *meilleur / meilleurs* dans ce coliving.

c. Allons au salon, il y a *plus / plus de* fauteuils pour s'asseoir.

d. Chez lui, il y a *autant / autant de* chambres que chez moi.

e. La salle de bain est *aussi / autant* grande que la cuisine.

f. J'aime *aussi / autant* mon salon que ma chambre.

g. On aime *meilleur / mieux* vivre ici.

🖮 Production orale

4 ▪ À deux ! Une personne veut vivre en ville et l'autre préfère la campagne. Défendez votre position avec des comparaisons.

Exemple : *Je veux déménager à la campagne pour avoir une vie meilleure. C'est plus calme...*

Entraînez-vous !

Cahier d'activités

Unité **3**

L'Art nouveau à Bruxelles

F | L'architecture de Victor Horta

L'Art nouveau est un style artistique qu'on retrouve dans l'architecture et les arts décoratifs. Il s'inspire de la nature et il est souvent coloré. L'architecte Victor Horta a développé cet art en Belgique à la fin du 19e siècle et au début du 20e siècle. Visitez ses principales réalisations !

L'hôtel Tassel

La première grande œuvre de Victor Horta se situe dans un quartier populaire et vivant. On la considère comme l'œuvre fondatrice de l'Art nouveau à Bruxelles.

Rue Paul-Émile Janson, 6

L'hôtel Solvay

On peut admirer cette magnifique maison sur une avenue chic et commerçante. Depuis 2021, on peut aussi la visiter !

Avenue Louise, 224

Le musée Horta

Dans une petite rue calme et tranquille, on peut découvrir la maison personnelle et l'atelier de Victor Horta. La maison a conservé une grande partie de sa décoration intérieure.

Rue Américaine, 27

L'hôtel Van Eetvelde

Ce superbe bâtiment se trouve au milieu d'espaces verts, près des immeubles de bureaux d'institutions européennes.

Avenue Palmerston, 2-4

Le Centre belge de la bande dessinée

On peut admirer ces grands magasins transformés en musée de la BD dans le centre historique de Bruxelles, dans un quartier ancien et animé.

Rue des Sables, 20

📄 Compréhension écrite

Entrée en matière

1 | Aimez-vous l'architecture ? Connaissez-vous des architectes célèbres ?

1re lecture

2 | De quel style architectural parle ce document ?

3 | Qui était Victor Horta ?

4 | Qu'est-ce que les 5 bâtiments présentés ont en commun ?

2e lecture

5 | Vrai ou faux ?

a. L'Art nouveau est sombre et classique.
b. L'hôtel Tassel a été le 2e bâtiment de Victor Horta.
c. Il y a des magasins près de l'hôtel Solvay.
d. Victor Horta a habité dans le bâtiment du musée Horta.
e. Près de l'hôtel Van Eetvelde, il y a des parcs et des bureaux.
f. Avant d'être un musée, le Centre belge de la bande dessinée était un cinéma.

Production orale

6 | Que pensez-vous du style Art nouveau ? Est-ce que cette brochure vous donne envie de visiter ces bâtiments ? Pourquoi ?

📝 Production écrite

7 | Sur le site Internet *Bâtiments du monde*, présentez un bâtiment ou monument que vous aimez.

 Oh, le cliché !

« Les Français vivent dans des maisons à la campagne. »
En France, 65 % des gens habitent bien dans une maison. Mais seulement 20 % des gens vivent à la campagne (Insee).
→ Ça vous étonne ?

À votre santé !

" Ça vous fera le plus grand bien ! "

Documents

A | Pour bien dormir...

1 Vous n'êtes pas en pleine forme au réveil ? Vous avez des douleurs musculaires ? Saviez-vous que la qualité de votre repos dépend en partie de votre manière de dormir ? Il est donc important d'être attentif à votre position de sommeil.

5 Voici quelques conseils pratiques de Nicolas, notre coach bien-être.

Sur le côté

Si vous avez mal au dos, il est conseillé de dormir sur le côté. Par contre, la colonne
10 vertébrale subit des tensions car elle n'est pas alignée avec le cou. Il faut donc poser votre tête au milieu de l'oreiller : cet oreiller doit toucher votre épaule. Je vous recommande également de placer un oreiller entre vos jambes

15 et un autre sous votre bras pour le surélever, vous relâchez ainsi les tensions dans le haut du corps.

Sur le dos

Placez votre tête au milieu de l'oreiller, le
20 cou sera bien calé. Pour éviter de tordre votre colonne vertébrale, mettez un oreiller sous vos genoux. Vos chevilles seront plus reposées : l'oreiller leur évite des tensions inutiles.

25 ### Sur le ventre

Je vous déconseille de dormir sur le ventre, c'est mauvais pour le dos. Évitez en général les positions qui lui imposent des tensions. Si vous préférez cette position, placez des oreillers sous votre corps : ventre,
30 cuisses, genoux et pieds.

Dans tous les cas, changez de position régulièrement pendant la nuit pour éviter les courbatures.

... et pour bien se réveiller :

35 Au réveil, restez allongé(e) quelques minutes et étirez-vous. Mettez-vous en position assise et attendez encore un instant pour habituer votre corps qui a été au repos toute la nuit.
40 Enfin levez-vous doucement pour ne pas avoir de vertiges quand vous êtes debout.

📄 Compréhension écrite

Entrée en matière

1 | Aimez-vous dormir ?

2 | Dans quelle position les personnes dorment sur chaque photo ?

1re lecture (1er paragraphe)

3 | Qui donne des conseils pour mieux dormir ?

4 | Que peut provoquer une mauvaise position de sommeil ?

2e lecture (en entier)

5 | À qui conseille-t-on la position sur le côté ?

6 | Où placer des oreillers pour mieux dormir sur le dos ?

7 | Est-il conseillé de dormir sur le ventre ? Pourquoi ?

💬 Production orale

8 | Et vous, dans quelle position dormez-vous ?

9 | **À deux !** Un(e) de vos amis vous explique qu'il/elle dort très mal. Vous lui donnez des conseils pour mieux dormir.

> **Pour** donner un conseil (1)
> - Il est important d'être attentif(ve) à votre position de sommeil.
> - Il est conseillé de dormir sur le côté.
> - Il faut poser sa tête au milieu de l'oreiller.
> - Je vous recommande de placer un oreiller entre vos jambes.
> - Je te déconseille de dormir sur le ventre.

POUR BIEN DORMIR

À NE PAS FAIRE ✗ — Regarder un écran, Faire du sport, Boire du café ou du thé

À FAIRE ✓ — Lire, Faire de la méditation, Manger léger

B ▎ Le bar à sieste 62

> Une sieste dans un fauteuil apesanteur massant.

Compréhension orale

Entrée en matière

1 ▎ À votre avis, qu'est-ce qu'un bar à sieste ?

1re écoute

2 ▎ Ce document est :
    a. une publicité. **b.** un reportage. **c.** une chronique.

2e écoute

3 ▎ Quel est le problème de Victor ?
4 ▎ Que propose le bar à sieste ?
5 ▎ Comment Victor se sent après sa sieste ?

Vocabulaire

6 ▎ Trouvez la signification de l'expression « redescendre sur terre » ?
    a. Revenir à la réalité. **b.** Retourner au travail.
7 ▎ Que signifie l'expression « faire le vide dans sa tête » ?
    a. Avoir mal à la tête. **b.** Ne penser à rien.

Production écrite ⇒ DELF

8 ▎ Vous avez découvert un bar à sieste dans votre quartier. Vous y êtes allé(e) et vous avez fait une sieste. Vous écrivez à un(e) ami(e) francophone pour lui raconter votre expérience. Vous donnez vos impressions sur cette expérience.

C ▎ Le cycle du sommeil

LES CYCLES DU SOMMEIL
Pour passer une bonne nuit, il faut compter 4 à 5 cycles d'environ 90 minutes chacun.

1 ENDORMISSEMENT
5 à 10 minutes
- Bâillements, engourdissement.

2 SOMMEIL LENT LÉGER
10 à 15 minutes
- Le cerveau est réceptif mais ne comprend plus.
- Respiration et rythme cardiaque plus lents.

3 SOMMEIL PROFOND
30 minutes
- Le cerveau ne perçoit plus rien.
- Respiration très lente.
- Muscles relâchés.

4 SOMMEIL TRÈS PROFOND
30 minutes
- Etape cruciale de récupération. Le corps se remet de la fatigue physique de la journée.

5 SOMMEIL PARADOXAL
10 à 15 minutes
- Respiration et rythme cardiaque irréguliers.
- Déclenchement des rêves. Lorsque ce cycle prend fin, on peut se réveiller ou reprendre un cycle de sommeil lent léger.

Sommeil paradoxal · *Sommeil lent léger* · *Sommeil profond* · *Sommeil très profond*

www.lefigaro.fr, André De Chastenet

Compréhension écrite

Entrée en matière

1 ▎ Que savez-vous du cycle du sommeil ?

Lecture

2 ▎ Quelles sont les cinq phases d'un cycle de sommeil ?
3 ▎ À partir de quelle phase le cerveau ne sent-il plus rien ?
4 ▎ Est-ce qu'on rêve pendant toutes les phases de sommeil ?

Production orale

5 ▎ Faire un beau rêve, c'est rêver de quoi ? de succès, de voyage, d'amour ?

Unité 7

Grammaire

Les pronoms COD et COI

Échauffement

1 ∎ Dans les phrases suivantes, que remplacent les pronoms soulignés ?

    a. Je <u>vous</u> recommande également de placer un oreiller entre vos jambes.

    b. Placez un oreiller sous votre bras pour <u>le</u> surélever.

    c. Vos chevilles seront plus reposées : l'oreiller <u>leur</u> évite des tensions inutiles.

    d. Je <u>vous</u> déconseille de dormir sur le ventre.

    e. Dormir sur le ventre, c'est mauvais pour le dos. Évitez en général les positions qui <u>lui</u> imposent des tensions.

Fonctionnement

Les pronoms COD et COI		
	Pronoms COD	**Pronoms COI**
je	me/m'	
tu	te/t'	
il/elle	le/la/l'	lui
nous	nous	
vous	vous	
ils/elles	les	leur

Emploi
Rappel :
• Le pronom COD remplace une personne ou une chose. Il répond à la question *quoi ?* ou *qui ?*   *Tu as acheté **l'oreiller parfait**.*   *Oui, je l'ai acheté.* (l'oreiller parfait)
• Le pronom COI remplace une personne ou une chose. Il répond à la question à *qui ?* ou à *quoi ?* On l'utilise quand le verbe se construit avec **à**. On le place avant le verbe.   – *Tu donnes des conseils **à Hamid** ?*   – *Oui, je **lui** conseille de dormir sur le côté.* (à Hamid)

⟫ Remarques

    • Les pronoms COD et COI des 1re et 2e personnes sont identiques.

    • Voici quelques verbes qui s'utilisent avec des pronoms COI :

apporter	expliquer
conseiller	lire
demander	offrir
donner	prêter/emprunter
écrire	répondre

} (quelque chose) **à quelqu'un**

Entraînement

2 ∎ Remplacez les mots soulignés par un pronom COD ou COI.

    Exemple : *Raoul lit une histoire <u>à ses filles</u> tous les soirs.*

    → *Raoul **leur** lit une histoire tous les soirs.*

    a. J'aime beaucoup faire <u>la sieste</u>.

    b. Vous écrirez un courrier <u>à ce spécialiste du sommeil</u>.

    c. J'offre une séance dans un bar à sieste <u>à mon frère</u> pour son anniversaire.

    d. J'emprunte un livre sur le sommeil <u>à Michèle</u>.

    e. Béatrice ne téléphone jamais <u>à ses parents</u> le soir.

3 ∎ Imaginez de quoi on parle dans ces phrases.

    a. On le prend le matin.

    b. On les attend longtemps.

    c. On lui demande tout le temps.

    d. On ne leur parle pas souvent.

    e. On ne la retrouve jamais.

🗨 Production orale

4 ∎ Que faites-vous dans les situations suivantes ? Utilisez des verbes qui s'utilisent avec un pronom COI.

    a. Un(e) de vos ami(e)s se sent fatigué(e).

    b. Un(e) de vos proches doit passer un examen important.

    c. Un(e) collègue de travail est très stressé(e).

✍ Production écrite

5 ∎ Avec un(e) ami(e), vous voulez offrir un cadeau à un(e) proche pour améliorer son bien-être. Vous écrivez à votre ami(e) pour lui proposer des idées. Utilisez un maximum de pronoms COD et COI.

Entraînez-vous !

Cahier d'activités

Vocabulaire

Le corps et la santé 63

Les parties du corps
- le bras
- le cerveau
- la cheville
- la colonne vertébrale
- le cou
- la cuisse
- le dos
- l'épaule (f.)
- le genou
- la jambe
- le pied
- la tête
- le ventre

1 | Placez sur la photo les mots qui correspondent aux bras et aux jambes.

La douleur
- avoir mal
- la courbature
- souffrir
- soulager
- la tension

2 | Complétez les phrases avec les mots de la liste.
- **a.** Ce matelas est vieux, elle va …… au dos.
- **b.** Vous êtes stressé, vous allez avoir des …… musculaires.
- **c.** J'ai fait trop de sport, j'ai des …… dans tout le corps.
- **d.** Ces tisanes permettent de …… mes douleurs.
- **e.** Mes jambes me font beaucoup …… .

Se sentir bien
- adopter de bonnes habitudes
- apaisé(e)
- être en pleine forme
- masser
- récupérer = se remettre
- relâcher ses muscles
- relaxé(e)
- reposé(e)
- se sentir léger, légère
- la sérénité

3 | Retrouvez dans la liste *Se sentir bien* les contraires des mots suivants.
- **a.** Tendu(e)
- **b.** Inquiétude
- **c.** Excité(e)
- **d.** Fatigué(e)
- **e.** Être malade

Le sommeil
- le bâillement
- la fatigue (physique)
- manquer de sommeil
- le repos
- la respiration
- le rêve
- le réveil
- le rythme cardiaque
- s'endormir
- se réveiller
- la sieste

4 | À quels mots de la liste correspondent les définitions suivantes ?
- **a.** Fin d'une nuit de sommeil.
- **b.** Signe qu'on a envie de dormir.
- **c.** Images du cerveau pendant la nuit.
- **d.** Petit moment de repos au cours de la journée.
- **e.** Avoir besoin de dormir.

Les mouvements et positions
- allongé(e)
- assis(e)
- debout
- s'étirer
- se lever

🖮 Production orale

5 | Dites pourquoi les habitudes suivantes sont de bonnes ou mauvaises habitudes pour la santé.
- **a.** Avoir une activité physique régulière.
- **b.** Rester assis(e) toute la journée.
- **c.** Dormir peu.
- **d.** Manger gras.
- **e.** S'étirer au réveil.

✏️ Production écrite

6 | Vous avez mal dormi et vous ne pourrez pas participer à une compétition sportive. Vous écrivez à votre coach pour lui expliquer ce qui vous arrive.

Entraînez-vous !

Cahier d'activités

Unité **7**

D ∎ Les meilleures plantes pour les tisanes

1 **Le thym :** le thym est une plante aromatique et un formidable remède. Il est le plus souvent utilisé pour les maux de gorge, la toux et le rhume, mais il est aussi efficace pour les problèmes digestifs.

5 **Le romarin :** c'est le romarin qui soulage le mieux les migraines. Il donne de l'énergie en cas de stress ou d'anxiété et il est bénéfique pour la concentration et la mémoire. C'est une plante qui donne du tonus.

10 **La lavande :** cette plante est antiseptique[1] et aide à s'endormir. Elle soigne également les indigestions, les problèmes de peau et les piqûres d'insectes.

L'eucalyptus : c'est la plus efficace des plantes contre les rhumes et les infections grâce à son pouvoir 15 antiseptique. L'eucalyptus est particulièrement efficace contre la fièvre.

Le millepertuis : c'est peut-être la plante la moins connue de cette liste mais c'est un excellent remède contre les insomnies et l'anxiété.

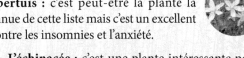

20 **L'échinacée :** c'est une plante intéressante pour ses propriétés[2] antibiotiques, elle est efficace pour aider le système immunitaire. Elle soulage entre autres les allergies ou encore l'asthme.

1 Désinfectante. 2 Qualités.

 **Compréhension écrite**

Entrée en matière

1 ∎ Utilisez-vous des plantes pour vous soigner ?

1re lecture

2 ∎ Connaissez-vous les plantes de ce document ?

2e lecture

3 ∎ Quelles plantes sont efficaces :
   a. contre le mal de tête ?
   b. en cas de problèmes de sommeil ?
   c. contre les allergies ?
   d. pour protéger le corps des infections ?

4 ∎ Quelle plante peut être utile aux étudiants ?

Vocabulaire

5 ∎ Retrouvez dans le texte une expression qui signifie « apporter de l'énergie ».

 **Production écrite**

6 ∎ Vous avez découvert une nouvelle plante médicinale. Imaginez son nom et ses bienfaits.

E ∎ Chez la pharmacienne 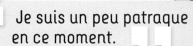 64

 Compréhension orale

Entrée en matière

1 ∎ Dans quelles situations va-t-on à la pharmacie ?

> Je suis un peu patraque en ce moment.

Écoute

2 ∎ Quels sont les symptômes de monsieur Rousseau ?

3 ∎ Pourquoi la pharmacienne lui propose du sirop ?

4 ∎ Pourquoi elle lui recommande des gouttes ?

5 ∎ Quelle infusion lui conseille-t-elle de boire ?

 Production orale

6 ∎ **À deux !** Vous ne vous sentez pas très bien, vous allez à la pharmacie. Le/La pharmacien(ne) vous pose des questions. Vous expliquez vos symptômes. Jouez la scène.

▸Pour parler des problèmes de santé

• Le pharmacien/La pharmacienne
  Qu'est-ce qui ne va pas ?
  Vous avez consulté votre médecin ?
  Vous toussez ?
  Vous avez mal à la gorge ?
  Vous avez de la fièvre ?

• Le/La malade
  Je suis un peu patraque.
  Je me sens fatigué(e).
  J'ai le nez bouché.
  J'ai mal à la tête.

Grammaire

Le superlatif

Échauffement

1 ▪ Dans les phrases suivantes, quelles expressions indiquent la supériorité (+) et l'infériorité (-) ?

    a. L'eucalyptus est la plus efficace des plantes contre le rhume.

    b. C'est peut-être la plante la moins connue de cette liste.

Fonctionnement

2 ▪ Complétez la règle de formation du superlatif de supériorité et du superlatif d'infériorité avec *plus* et *moins*.

Le superlatif
+ • Superlatif de supériorité : **le / la / les** + ... + **adjectif** + (**de** + nom)   *C'est l'infirmière **la plus sympathique de** l'hôpital.* • Superlatif d'infériorité : **le / la / les** + ... + **adjectif** + (**de** + *nom*) **–**   *C'est le sirop pour la toux **le moins bon**.*

> **Remarques**

Cas particuliers :

• **Le meilleur, la meilleure, les meilleurs, les meilleures** sont les superlatifs de **bon**, **bonne**, **bons** et **bonnes**.
*Ce sont **les meilleures** plantes pour les tisanes.*

• **Le mieux** est le superlatif de **bien**.
*C'est le romarin qui soulage **le mieux** les migraines.*

• **Meilleur** est un adjectif, il qualifie un **nom**. **Mieux** est un adverbe, il donne une précision sur un **verbe**.
*C'est **le meilleur bar à sieste** de la ville.*
*C'est ce sirop pour la toux qui **fonctionne** le mieux.*

Entraînement

3 ▪ Complétez les phrases suivantes avec *plus*, *mieux* ou *meilleur(e)*.

    a. Un bon lit, ce n'est pas le ...... important pour bien dormir.

    b. Après le déjeuner, c'est le ...... moment pour faire la sieste.

    c. Les tisanes ne coûtent pas cher. C'est le remède le ...... économique.

    d. C'est dans mon canapé que je dors le ....

    e. Tu dors sur le ventre ? Ce n'est pas la ...... des positions.

4 ▪ Transformez les phrases avec un superlatif comme dans l'exemple.

    Exemple : Cette plante est efficace contre le rhume. (+)
    → C'est la plante la plus efficace contre le rhume.

    a. Ce livre sur les plantes médicinales est intéressant. (-)

    b. C'est un bon documentaire sur le corps humain. (+)

    c. Ce médecin est célèbre. (+)

    d. Ce sirop est bien. (-)

    e. Ce lit est cher. (+)

Production orale

5 ▪ Dites si ces sports sont bons pour les parties du corps indiquées. Utilisez des superlatifs comme dans l'exemple.

Exemple : La natation est le meilleur sport pour le dos.

Les sports		Les parties du corps	
la natation	la course à pied	le dos	les chevilles
le yoga	l'escalade	les bras	les genoux
la boxe	le tennis	les jambes	le cou

Entraînez-vous !

Cahier d'activités

Unité 7

Les urgences

F ▎ 18 ou 112 ?  65

🎧 Compréhension orale

Entrée en matière

1 ▎ Quel est le but de cette affiche ?

1ʳᵉ écoute

2 ▎ Les personnes interrogées connaissent-elles les numéros d'urgence ?

2ᵉ écoute

3 ▎ Pourquoi fait-on le 18 plutôt que le 112 en cas d'urgence ?
4 ▎ Qui s'occupe de ce service téléphonique ?
5 ▎ Quand fonctionne ce service ?

> « C'est un numéro de téléphone, c'est ça ? »

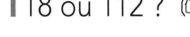

NUMÉROS D'URGENCE WWW.HOPTOYS.FR

POLICE-SECOURS **17**	SAPEURS-POMPIERS **18**
SAMU **15**	NUMÉRO D'URGENCE pour les personnes sourdes et malentendantes **114**
APPEL D'URGENCE EUROPÉEN **112**	

Les pictogrammes sont réalisés avec le logiciel Symwriter vendu sur www.hoptoys.fr

💬 Production orale

6 ▎ Quels sont les numéros d'urgence dans votre pays ?

G ▎ Le transport d'urgence au Québec

1 Jusqu'aux années 50, la ville de Montréal ne propose pas de service ambulancier municipal aux citoyens victimes d'accidents de la circulation. Ce sont les pompes funèbres qui prennent en charge les blessés.

5 Pour les aider, la mairie engage environ 120 policiers en 1959. Ils vont conduire des ambulances.
La première loi sur les services de transport d'urgence est de 1972. Les entreprises privées doivent avoir un permis pour proposer des services ambulanciers.

10 À partir de 1973, le transport ambulancier est réglementé. Les ambulanciers doivent être diplômés pour exercer leur métier et les entreprises de transport d'urgence doivent avoir des équipements adaptés.

15 En 1977, les habitants de Laval sont les premiers au Québec à avoir un numéro central d'urgence : le 911. À la centrale d'urgence, les appels sont traités et renvoyés vers les pompiers, les ambulanciers ou les policiers, selon le cas.

www.urgences-sante.qc

📄 Compréhension écrite

Lecture

1 ▎ Quel titre correspond à chaque paragraphe du document ?
   a. Une réglementation plus stricte.
   b. Un numéro pour les urgences.
   c. La naissance du service d'ambulance.
   d. Une première loi pour les services privés d'urgence.
2 ▎ Qui conduisait les premières ambulances ?
3 ▎ Quelles sont les conditions pour travailler comme ambulancier à partir de 1973 ?

📝 Production écrite

4 ▎ Aimeriez-vous travailler dans un service d'urgence (comme pompier(ère), ambulancier(ère)…) ? Expliquez pourquoi dans un court texte.

📸 Oh, le cliché !

« Les Français consomment beaucoup d'antibiotiques. »
Les Français sont parmi les plus gros consommateurs d'antibiotiques au monde et se trouvent au troisième rang européen. Depuis quelques années, les organisations de santé alertent sur cette surconsommation. (chiffres : *Centre européen de prévention et de contrôle des maladies*)
→ Et dans votre pays, quelle est la situation ?

La médecine et les urgences 66

Les maux
- l'allergie *(f.)*
- l'anxiété *(f.)*
- l'asthme *(m.)*
- la fièvre
- l'indigestion *(f.)*
- l'infection *(f.)*
- l'insomnie *(f.)*
- le mal de gorge
- la migraine
- le nez bouché
- le rhume
- le stress
- la toux

1 Dites quels mots de la liste correspondent :
   a. à la santé mentale.
   b. aux symptômes du rhume.

Se soigner
- l'antibiotique *(m.)*
- l'antiseptique *(m.)*
- calmer (une douleur)
- consulter un/une médecin
- les gouttes *(f.)*
- le remède
- le sirop
- le traitement

2 Complétez les phrases avec des mots de la liste.
   a. Si vous toussez, prenez ce ....
   b. Pour me soigner, je n'utilise que des ...... naturels.
   c. En cas de migraine, faites la sieste dans le noir, ça va ...... la douleur.
   d. Votre état ne s'améliore pas, vous devez aller ....
   e. Je dois prendre un ...... au printemps pour calmer mon allergie.

Expressions
- donner du tonus
- être patraque
- faire le plus grand bien

3 Complétez les phrases avec les expressions de la liste.
   a. Je ne me sens pas très bien, je vais ...... demain au travail.
   b. Faites la sieste, cela va vous ....
   c. Prenez ces vitamines, elles vont vous ....

Les urgences
- l'accident *(m.)*
- l'ambulance *(f.)*
- l'ambulancier, l'ambulancière
- l'appel *(m.)*
- le/la blessé(e)
- le numéro d'urgence
- le policier, la policière
- le pompier, la pompière
- le SAMU
- la victime

4 Complétez le texte avec des mots de la liste.
   Il y a eu un ...... de la circulation devant chez moi. J'ai tout vu et j'ai tout de suite appelé le 112, le .... Il y avait plusieurs ...... mais cela ne semblait pas très grave. Une ...... est arrivée rapidement pour les transporter aux urgences. Des ...... sont venus pour faciliter la circulation.

5 Trouvez l'intrus.
   a. anxiété – traitement – stress – insomnie
   b. rhume – fièvre – accident – toux
   c. gouttes – sirop – douleur – remède
   d. pompier – appel d'urgence – ambulancier – policier

✍️ Production écrite

6 Cette personne ne se sent pas bien. Décrivez ses problèmes de santé et proposez des solutions pour améliorer son état.

Entraînez-vous !

Cahier d'activités

Documents

L'EFFET PLACEBO DU SOIGNANT[1]

Saviez-vous qu'un patient qui a l'impression d'être soigné par un vrai médecin, c'est déjà 50% de sa guérison ?

Hé! Hé!

C'est ce gamin qui va me soigner ?

Hum! Hum!

- lunettes à monture noire
- Barbe naissante
- Voix "Uncle Ben's"
- Chemise de grand-père

Même parfois le stétho dans la poche

Je suis prêt.

Étant un peu renard[2] et doutant encore de ma technique, je "placébolise" mes patients avec mon allure de jeune-futur-vieux professeur de médecine.

Baptiste, interne[3] aux Urgences.

Que puis-je pour vous ?

Je me sens déjà mieux, docteur.

1 Personne qui soigne, médecin, infirmier... 2 Être malin. 3 Étudiant en médecine en fin de cursus.

D. MERMOUX, B. BEAULIEU, *Les Mille et Une Vies des urgences*, 2017

H I *Les Mille et Une Vies des urgences*

Compréhension écrite

Entrée en matière

1 I Expliquez ce qu'est l'effet placebo.

Lecture

2 I Décrivez le jeune homme en haut à gauche. Pourquoi les patients ne lui font pas confiance ?

3 I Qu'essaie de changer l'étudiant en médecine dans son apparence ?

4 I Où se trouve-t-il sur la dernière image ?

5 I Avec qui parle-t-il ?

6 I Qu'imagine-t-il ?

Vocabulaire

7 I Que signifie le mot « allure » ici ?
- **a.** Apparence.
- **b.** Compétence.
- **c.** Sensation.

Production orale ➔ DELF

8 I Dans sa transformation d'étudiant à médecin, quel élément est le plus convaincant selon vous ?

I I Médecine d'Outre-mer

Compréhension audiovisuelle

Entrée en matière

1 I Regardez la photo. Décrivez cette personne. Où se trouve-t-elle ?

1er visionnage (du début à « natif de La Réunion »)

2 I Décrivez les paysages.

3 I De quoi va-t-on parler dans ce documentaire à votre avis ?

2e visionnage (en entier)

4 I Quelles méthodes utilisent les Réunionnais pour se soigner ?

5 I Qui est Yohan ? Pourquoi va-t-il parcourir son île ?

6 I Qu'utilisent les Réunionnais contre l'hypertension et le diabète ?

Production orale

7 I Que pensez-vous des médecines traditionnelles ?

J ı Que faire en cas d'urgence ?

Compréhension écrite

1re lecture (1er paragraphe)

1 ı Quel est le constat des secouristes et formateurs ?

2 ı Quelle attitude est la bonne en cas d'urgence ?

2e lecture (le test)

3 ı Faites le test.

4 ı Lisez les réponses. Avez-vous appris des choses dans ce test ?

Production écrite

5 ı Doit-on enseigner les gestes de premiers secours selon vous ? Pourquoi ?

> **Pour** exprimer son point de vue
> - Pour nous/moi, ce n'est pas suffisant.
> - Je crois/pense/trouve que les formations ne sont pas assez nombreuses.
> - À mon avis, il faut appeler les secours.

À votre avis, que faut-il faire dans les situations suivantes ?

Seulement 20 % des Français sont formés aux gestes de premiers secours. Pour nous, secouristes et formateurs, ce n'est pas suffisant. Nous pensons que les formations gratuites aux gestes d'urgence ne sont pas assez nombreuses. Accident, brûlure, malaise… dans ce genre de situation, garder son calme est très important. Nous vous proposons un petit test.

1 Que faire en cas d'accident corporel ?
- a. Protéger, alerter, secourir.
- b. Alerter, protéger, secourir.
- c. Secourir, alerter, protéger.

2 En cas d'accident dans l'Union européenne, quel numéro d'urgence faut-il appeler ?
- a. Le 15   b. Le 18   c. Le 112

3 Comment vérifier qu'une personne inconsciente respire ?
- a. Vous la tournez en douceur sur le côté.
- b. Vous regardez si sa poitrine se soulève.
- c. Vous pratiquez du bouche-à-bouche.

4 Parmi les actions suivantes, lesquelles sont utiles pour faciliter l'arrivée des secours sur le lieu d'un accident ?
- a. Indiquer aux secours l'adresse exacte du lieu de l'accident.
- b. Laisser la victime et aller à la rencontre de l'ambulance.
- c. Envoyer quelqu'un à la rencontre de l'ambulance.

Réponses : 1. a. – 2. c. – 3. b. – 4. a./c.

Grammaire ⟩ Les pronoms interrogatifs

Échauffement

1 ı Trouvez les mots interrogatifs dans les phrases suivantes. Quels mots interrogatifs donnent le choix entre plusieurs éléments ?
- a. Dans quel ordre devez-vous agir ?
- b. Voici trois numéros d'urgence, lequel composez-vous ?
- c. Parmi les actions suivantes, lesquelles sont utiles pour faciliter l'arrivée des secours ?

Entraînez-vous !

  Cahier d'activités

Fonctionnement

2 ı Relisez les phrases de l'échauffement et complétez le tableau avec les pronoms interrogatifs qui manquent.

Les pronoms interrogatifs		
	masculin	**féminin**
singulier	……	*laquelle*
pluriel	*lesquels*	……

Emploi
On utilise les pronoms *lequel*, *laquelle*, *lesquels*, *lesquelles* dans des questions pour interroger sur l'identité de personnes ou de choses déjà mentionnées. Ils indiquent un choix entre plusieurs éléments. Ces pronoms s'accordent en genre et en nombre avec le nom qu'ils remplacent. *Tes malades vont-ils mieux ? **Lesquels** peuvent sortir de l'hôpital ?* (quels malades ?)
Rappel : Les adjectifs interrogatifs *quel*, *quelle*, *quels*, *quelles* permettent d'interroger sur un nom. ***Quelles** gouttes pour le nez tu prends ?*

Entraînement

3 ı Complétez les phrases avec *quel, quelle, quels, quelles* ou *lequel, laquelle, lesquels, lesquelles*.
- a. …… conseils peux-tu me donner pour ne pas tomber malade ?
- b. Tu as vu ces tisanes ? …… choisis-tu ?
- c. Un de tes enfants est malade ? …… ?
- d. À …… heure tu rentres ?
- e. Il y a beaucoup de traitements différents. …… sont les moins chers ?
- f. D'après toi, …… études médicales sont intéressantes ?

Unité 7

Phonie-graphie | La prononciation du mot *plus*

Discrimination

1 | Écoutez et observez : vous entendez [ply], [plys] ou [plyz] ? 67

   a. Le conseil le plus utile.

   b. Le médecin le plus compétent.

   c. Les médicaments que les Français achètent le plus.

   d. Les remèdes que les Français n'utilisent plus.

2 | Écoutez, dites si vous entendez [ply], [plys] ou [plyz] et répétez. 68

	[ply]	[plys]	[plyz]
a.	X		
b.			
c.			
d.			
e.			
f.			
g.			
h.			

Interprétation

3 | Écoutez un médecin qui donne des conseils à un(e) patient(e) puis lisez-les à voix haute. 69

Pour être en meilleure forme, vous devez dormir plus et manger équilibré. Les activités qu'il faut pratiquer le plus sont la marche et la natation. Si vous avez un rhume, le remède le plus efficace, c'est le thym. Si vous avez du mal à dormir, la lavande est la plante la plus calmante.

Entraînez-vous !

Cahier d'activités

l'essentiel

Grammaire

Les pronoms COD et COI

1 | Répondez et utilisez un pronom comme dans l'exemple.

   Exemple : *Tu demandes à ta sœur de nous laisser dormir ? → Oui, je lui demande.*

   a. Tu prends ton oreiller avec toi ? Oui, …

   b. Tu embrasses ton frère de ma part ? Oui, …

   c. Tu parleras à ton médecin de ce problème ? Non, …

   d. Tu emportes ton réveil ? Oui, …

   e. Tu donnes des conseils à tes enfants pour bien dormir ? Non, …

Le superlatif

2 | Formez des phrases avec un superlatif comme dans l'exemple.

   Exemple : *Position de sommeil / mauvaise (-)*

   → C'est la position de sommeil la moins mauvaise.

   a. Conseil / intéressant (-)

   b. Remède / bon (+)

   c. Tisanes / efficaces (+)

   d. Sirop / cher (-)

   e. Gouttes / faciles à utiliser (+)

Vocabulaire

Le corps et la santé

3 | Retrouvez à quelles parties du corps correspondent les définitions suivantes.

   a. C'est la partie centrale du dos. Elle relie la tête aux jambes.

   b. Il relie le bas de la jambe au haut de la jambe.

   c. C'est très souvent notre contact avec le sol.

   d. C'est le lieu de nos pensées.

   e. Il porte notre tête.

   f. Elle permet de bouger le pied sur le côté, le haut ou le bas.

La médecine et les urgences

4 | Complétez avec des mots de la liste : *blessés – pompiers – consultation – asthme – rhume – traitement – fièvre – mal*

   a. J'ai très …… à la tête.

   b. De plus en plus d'enfants souffrent d'……. .

   c. Le médecin m'a donné un …… pour me soulager.

   d. Il y a combien de …… dans l'accident ?

   e. Tu as pris ta température ? Tu as de la …… ?

   f. Les …… sont arrivés vite sur le lieu de l'accident.

Participer à une campagne de prévention

Vous allez participer à une campagne de prévention dans le domaine de la santé dans votre école/entreprise.

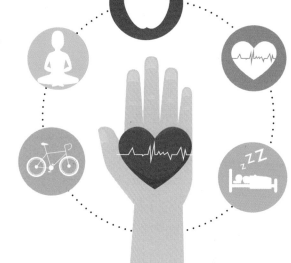

> **Objectifs**

- Participer à la réalisation d'un projet commun
- Chercher des informations sur Internet
- Discuter et sélectionner des informations
- Demander l'avis des autres et se mettre d'accord
- Transmettre des informations à l'oral

Démarche

Formez des groupes de trois ou quatre.

1 ▷ Préparation

- En groupes, choisissez un domaine de santé qui vous intéresse.
  Par exemple :
  - l'alimentation
  - la pollution
  - la sécurité routière
  - les risques auditifs (= perte de l'audition)
  - la sédentarité (= ne pas bouger assez)
- Ensuite, faites des recherches sur le thème choisi : informations, photos, infographies, etc.

2 ▷ Réalisation

- Mettez en commun les informations que vous avez trouvées. Des informations vous ont-elles surpris(es) ?
- Sélectionnez les informations que vous allez partager avec la classe pendant votre présentation. Réfléchissez bien au message que vous voulez faire passer et à quel public vous allez vous adresser.
- Élaborez un scénario de présentation : dans quel ordre donner les informations de prévention ? Organisez les tours de parole pour la présentation.
- Préparez le support : un diaporama, une affiche, un flyer, une vidéo par exemple.

3 ▷ Présentation

- En classe entière, présentez votre thème de campagne.
- Proposez aux autres étudiant(e)s de réagir à votre présentation : qu'est-ce qui les a surpris(es) ? qu'ont-ils appris ? ont-ils/elles des informations supplémentaires à partager ?

> **Pour** informer des risques **pour la santé**

- Évitez de…
- Attention à…
- Il est (dé)conseillé de…
- Il est important de…
- Pensez à…
- La meilleure manière de…, c'est…
- Le mieux, c'est de…

Unité 7

Préparation **Compréhension des écrits** ▷ Entraînez-vous à l'exercice 2 DELF A2 ____

Vous faites partie d'une association « Famille et Santé » et vous recevez ce courriel :

Lire les mails | Écrire

De : assofamillesante@edito.fr
À :
Objet : parcours de santé 2 février

Chers membres,

Nous vous invitons à notre premier événement de l'année : un parcours de santé en famille le dimanche 2 février.

Programme :
• 09 h 00 : Rendez-vous à l'association
• 09 h 30 : Départ pour deux heures de marche sportive
• 12 h 00 : Déjeuner (prévoir un pique-nique)
• 14 h 00 : Balade-découverte des plantes sauvages (animée par Léa)
• 15 h 00 : Atelier de fabrication de tisanes (avec Matteo)
• 16 h 00 : Activités sportives et jeux concours (avec Livia). Des cadeaux pour les gagnants : jeux de cartes, ballons, billes…
• 17 h 00 : Retour à l'association.

Merci de confirmer votre présence par e-mail à assofamillesante@gmail.com au plus tard le 2 février.

Nous recherchons aussi des personnes pour aider à l'organisation de nos prochains événements : yoga famille le 8 mars / week-end à la mer / soirée spéciale alimentation. Si vous êtes intéressé(e), contactez Sophie au 07 21 54 40 65.

À bientôt !
L'association Famille Santé

Pour répondre aux questions, cochez la bonne réponse. *(6 points)*

1. Quel est la première activité de l'événement organisé par l'association ?

2. Le premier événement a lieu...
- A ☐ le 2 février.
- B ☐ le 8 février.
- C ☐ le 2 mars.

3. L'activité sports et jeux est animée par...
- A ☐ Matteo.
- B ☐ Léa.
- C ☐ Livia.

4. Que peut-on gagner ?

5. Vous voulez participer au premier événement, vous devez...
- A ☐ envoyer un courriel.
- B ☐ téléphoner à Sophie.
- C ☐ aller à l'association.

6. L'association cherche aussi des personnes pour...
- A ☐ animer les prochains événements.
- B ☐ participer aux prochains événements.
- C ☐ préparer les prochains événements.

Dans les médias

Objectifs
- Exprimer sa préférence
- Exprimer son intérêt
- Faire une critique positive ou négative

" C'est passionnant ! "

Documents

A | L'actualité en BD

nos numéros   newsletter   contact   **S'ABONNER**

**L'actualité
en bande dessinée**

tous les trois mois

**en librairie ou
sur abonnement**

**18 € / 228 pages
d'enquêtes et de
reportages**

**réalisée en équipe
par des dessinateurs
et des journalistes**

La Revue Dessinée raconte l'actualité en bande dessinée.

Elle propose une information critique et engagée, grâce à des enquêtes, des reportages
et des documentaires réalisés en équipe par des dessinateurs et des journalistes.
La Revue Dessinée est une revue trimestrielle de 228 pages, parce qu'elle prend le temps
de mener des enquêtes pour offrir un autre regard sur la réalité.
Nous donnons une grande importance à la diversité des points de vue et des formes.
C'est pourquoi vous découvrirez dans nos pages toutes sortes de sujets, de l'économie
à l'écologie, sans oublier la politique, la société, la musique, le cinéma, les guerres et les utopies.

DÉCOUVREZ LA COLLECTION

Compréhension écrite

Entrée en matière

1 | Regardez le document. Quelle est la
caractéristique de la revue présentée ?

1re lecture

2 | Quels contenus journalistiques met-on en
BD dans cette revue ?

2e lecture

3 | Qui publie dans cette revue ?

4 | Pourquoi sort-elle tous les 3 mois ?

5 | Quels sujets y sont abordés?

Vocabulaire

6 | Proposer « une information critique et
engagée », c'est :
a. exprimer son opinion, prendre parti.
b. ne pas exprimer d'opinion.

Production écrite

7 | À votre avis, la BD est-elle un bon moyen
d'informer et de s'informer ? Peut-elle être
mieux que les photos ou les vidéos ? Pourquoi ?

B ⏐ Comment s'informent les jeunes ? 70

Compréhension orale

J'aime mieux lire la presse en ligne.

Entrée en matière

1 ⏐ Regardez le graphique. Quel support les jeunes Français utilisent le plus pour s'informer ? Qu'en pensez-vous ?

1ʳᵉ écoute

2 ⏐ Est-ce que les réponses des 3 jeunes interrogés correspondent au graphique ?

> **Au fait !**
> « Être au courant » signifie savoir, être informé(e).

2ᵉ écoute

3 ⏐ Pourquoi Alix ne regarde pas la télévision ?

4 ⏐ Pourquoi Floriane ne lit que les titres ?

5 ⏐ Pourquoi Abel aime s'informer via les réseaux sociaux ?

Supports consultés tous les jours ou presque pour s'informer par les 15-34 ans

69 % ordinateur
61 % tablette tactile
51 % téléviseur
19 % smartphone

Ministère de la Culture français, 2018

Production orale ⮕ DELF

6 ⏐ **À deux !** Vous parlez avec votre voisin(e) de votre manière de vous informer. Vous exprimez vos préférences.

> **Pour exprimer sa préférence**
> • J'aime mieux lire la presse en ligne.
> • Je préfère les réseaux sociaux aux médias traditionnels.
> • C'est mieux (que…).

C ⏐ Le succès de Twitch

Compréhension écrite

Entrée en matière

1 ⏐ Regardez l'image. À votre avis, qu'est-ce que Twitch ?
  a. Une plateforme interactive.
  b. Un logiciel de visioconférence.

1ʳᵉ lecture

2 ⏐ Qui étaient les premiers utilisateurs de Twitch ?

3 ⏐ Qui peut faire une émission sur Twitch ?

2ᵉ lecture

4 ⏐ Pourquoi les médias utilisent Twitch aujourd'hui ?

5 ⏐ Qu'est-ce que les gens aiment sur cette plateforme ?

Production écrite

6 ⏐ **À deux !** Vous voulez créer une chaîne ou une émission sur Twitch. Écrivez une présentation de votre projet et partagez-la avec la classe.

1 **Dans le domaine du journalisme numérique, la nouvelle tendance, c'est Twitch : une plateforme de diffusion de vidéos en direct (streaming).**

Au début, seuls les joueurs de jeux vidéo (*gamers*) utilisaient cette
5 plateforme. Ils filmaient et commentaient leurs parties en direct à travers le tchat. Aujourd'hui, les *gamers* ne sont plus seuls sur Twitch. Tout le monde peut créer sa chaîne pour parler de cuisine, de musique, de sport, de bricolage ou d'actualité. Grâce à Twitch, les médias classiques (la radio, la télévision et la
10 presse) essaient de toucher un public plus jeune et plus connecté. C'est pour cela que le magazine *Sciences & Avenir* et le journal régional *Ouest France* proposent chacun une émission sur la plateforme. Des journalistes indépendants font aussi des revues de presse¹ quotidiennes interactives, car c'est bien l'interaction qui
15 séduit le public actuel. Le succès de Twitch n'a donc rien d'étonnant.

Sources : larevuedesmedias.ina.fr, blogfr.influence4you.com et lefigaro.fr.

¹ *Résumés d'articles et points de vue publiés dans la presse.*

Unité **8**

Grammaire

La cause et la conséquence

Échauffement

1 Lisez les phrases. Donnez un titre à chaque colonne. Quels connecteurs introduisent une cause ? Quels connecteurs introduisent une conséquence ?

......	......
a. Je (ne) peux pas regarder le journal télé, **à cause des** <u>images qui sont souvent horribles.</u> **b. Grâce à** <u>Twitch</u>, les médias classiques essaient de toucher un public plus jeune et plus connecté. **c.** Des journalistes font des revues de presse interactives **car** <u>c'est bien l'interaction qui séduit le public actuel.</u>	**d.** Nous donnons une grande importance à la diversité. **C'est pourquoi** <u>vous découvrirez dans nos pages toutes sortes de sujets.</u> **e.** L'interaction séduit le public. <u>Le succès de Twitch n'a</u> **donc** <u>rien d'étonnant.</u> **f.** Tu reçois les nouvelles sur ton téléphone, **alors** <u>tu n'as pas besoin de les chercher.</u>

Fonctionnement

La cause	• **Parce que** s'utilise à l'oral et à l'écrit. **Car** s'utilise surtout à l'écrit. *Des journalistes utilisent Twitch **parce que** /car c'est interactif.* • **À cause de** + **nom** introduit une cause négative. *À **cause d'**Internet, la presse papier a des difficultés.* • **Grâce à** + **nom** introduit une cause positive. *Je suis toujours informée **grâce aux** réseaux sociaux.*
La conséquence	• **Donc** (s'utilise surtout à l'écrit). **Alors** (s'utilise surtout à l'oral). *J'adore l'actualité et la BD, **alors** je me suis abonné à La Revue Dessinée.* • **C'est pourquoi** /**C'est pour cela que** (écrit) /**C'est pour ça que** (oral). *Les articles sont trop longs, **c'est pourquoi** je ne lis que les titres.*

Entraînement

2 Associez les deux parties de phrases.

a. J'ai appris beaucoup de choses   1. à cause de la presse en ligne.
b. La presse papier va mal   2. grâce à mon émission préférée.
c. Cette journaliste est devenue célèbre   3. à cause du mauvais temps.
d. Ils ne peuvent pas faire leur reportage 4. grâce à ses articles engagés.

3 Reliez les phrases avec les expressions suivantes : *c'est pourquoi – alors – donc – c'est pour cela que.*

Exemple : *Beaucoup de personnes préfèrent la presse en ligne. Elles n'achètent plus le journal.*
→ *Beaucoup de personnes préfèrent la presse en ligne, c'est pourquoi elles n'achètent plus le journal.*

a. *La Revue Dessinée* est une revue originale. Elle a beaucoup de succès.
b. Les jeunes lisent la presse en ligne. Ils n'achètent plus le journal papier.
c. Il adore ce magazine. Il est abonné.
d. Ils n'aiment pas lire les articles en entier. Ils ne lisent que les titres.

⌨ Production orale

4 **À deux !** Vous répondez à une interview sur le choix de vos études, de votre métier ou du travail que vous faites en ce moment. Utilisez les connecteurs de l'oral : *parce que, alors, c'est pour ça que.*

Exemple : *– Pourquoi vous avez choisi ce métier ?*
– Parce que…

✏ Production écrite ⊝ DELF

5 Sur un forum, expliquez pourquoi vous n'utilisez plus certains supports ou médias. Utilisez les connecteurs de l'écrit : *parce que, car, c'est pourquoi, c'est pour cela que. (50-60 mots)*

Exemple : *J'ai arrêté de m'informer avec les réseaux sociaux, car il y a des vidéos horribles.*

Entraînez-vous !

Cahier
d'activités

Vocabulaire

L'info, la presse, la télé 🎙71

L'information
- la diffusion en direct /en streaming
- le documentaire
- l'enquête *(f.)* = le reportage
- le journalisme numérique
- le/la journaliste
- les médias
- la plateforme
- le(s) point(s) de vue
- publier un article
- la revue de presse

S'informer
- l'abonnement (à) *(m.)*
- être au courant (de)
- regarder les nouvelles /les informations *(f.)*
- s'abonner (à un média)
- suivre l'actualité

1 | Quels mots correspondent à ces définitions ?
- a. Faire paraître un article dans un journal.
- b. Une opinion.
- c. Être informé(e).
- d. Le travail de recherche fait par un(e) journaliste.
- e. Le journalisme qui utilise Internet comme support principal.

La presse écrite
- l'article *(m.)*
- le dessinateur, la dessinatrice
- le journal
- le magazine = la revue
- le numéro
- la presse en ligne ≠ la presse papier
- le titre

La télévision
- la chaîne
- le direct
- l'émission *(f.)*
- le journal télé(visé) = le JT
- le téléviseur, la télé(vision)

2 | Complétez les phrases avec les mots de *La télévision*.
- a. Sur cette ...... , les émissions sont très intéressantes.
- b. Je regarde toujours le ...... de 20 h.
- c. Ils chantent en direct dans cette ...... ?

3 | Écoutez les dialogues. On parle de la presse écrite ou de la télévision ? 🎙72

    a. ......   b. ......   c. ......   d. ......

Les rubriques de l'info
- actualité internationale /nationale /régionale
- culture
- écologie
- économie
- météo
- politique
- société
- sport

4 | Associez un titre à une rubrique.

  ⓐ **Des solutions pour la planète ?**

  ⓑ **Un meilleur contrôle parental sur Internet**

  ⓒ **1ᵉʳ tour des élections présidentielles**

  ⓓ **Le prix de l'essence augmente**

  ⓔ **QUI REMPORTERA LA FINALE DE LA LIGUE ?**

  ⓕ **Un film magnifique !**

① politique
② écologie
③ société
④ culture
⑤ économie
⑥ sport

🗨 Production orale

5 | Quelles sont les rubriques qui vous intéressent le plus ? Le moins ? Pourquoi ?

📝 Production écrite

6 | Interrogez votre voisin(e) puis écrivez quels sont ses goûts et ses habitudes pour s'informer.

Exemple : Elle suit l'actualité, elle veut savoir tout ce qui se passe dans le monde. C'est pourquoi elle lit la presse internationale…

Entraînez-vous !

Cahier d'activités

Unité **8**

cent quinze | 115

Documents

D | Les séniors sur les réseaux 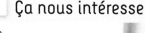 Ça nous intéresse !

 Compréhension orale

Entrée en matière

1 | Connaissez-vous des personnes âgées qui utilisent les réseaux sociaux ?

1re écoute

2 | Vrai ou faux ? Christine utilise les réseaux sociaux :
- a. pour savoir ce que fait son fils de 40 ans.
- b. pour regarder les vidéos de ses petits-enfants.
- c. pour poster des photos de ses plats préférés.

2e écoute

3 | Qu'est-ce que Christine pense des réseaux sociaux ? Pourquoi ?

> **Pour exprimer son intérêt**
> - Ça m'/nous intéresse !
> - Ça me/nous passionne.
> - Je m'intéresse à leur vie !
> - C'est fascinant ! C'est passionnant !
> - Je suis curieux/curieuse de savoir/de comprendre comment ça fonctionne.

Production orale

4 | **À deux !** Qu'est-ce qui vous intéresse sur les réseaux sociaux ? Qu'est-ce qui ne vous intéresse pas ? Discutez avec votre voisin(e).

E | Sciences et réseaux sociaux

Twitter, Facebook, Instagram, Snapchat, YouTube… Sont-ils seulement des passe-temps ? Ou peuvent-ils aussi être des dispositifs 5 *de communication scientifique ?*

Lutter contre les « infox »
Nous entendons beaucoup parler d'« Infox » aujourd'hui. Mais les scientifiques peuvent passer par 10 les réseaux sociaux pour faire barrage[1] à ces fausses nouvelles. Pour cela, il faut utiliser les mêmes codes et outils pour sensibiliser les internautes et leur apprendre à se méfier[2].

Un véritable intérêt pour la communication scientifique
15 Les réseaux sociaux permettent aux participants de congrès[3] de collaborer. Ils facilitent les façons de commenter ou de compléter une présentation à distance.

Aussi, ils sont un bon moyen 20 pour montrer la science « en train de se faire ». Sur le compte Twitter @EnDirectDuLabo, chaque semaine, un nouveau scientifique présente ses travaux 25 et sa façon de travailler.

Donc oui, les réseaux sociaux sont un outil puissant pour la communication scientifique. Mais, il est important qu'ils s'adaptent aux différents publics. Il faut aussi qu'on accompagne 30 ces publics pour qu'ils gardent un esprit critique.

www.raccoursci.com

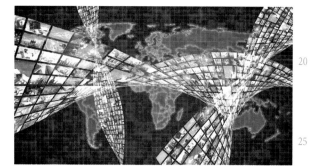

[1] Arrêter, contrer, s'opposer à. [2] Faire attention, ne pas faire confiance.
[3] Rencontres scientifiques, colloques.

Compréhension écrite

Entrée en matière

1 | Connaissez-vous des réseaux sociaux éducatifs ou scientifiques ?

1re lecture

2 | Selon l'article, les réseaux sont-ils un bon outil pour diffuser les sciences ?

2e lecture

3 | Vrai ou faux ? Avec les réseaux sociaux :
- a. les scientifiques peuvent apprendre aux internautes à identifier les fausses nouvelles.
- b. les congrès sont plus compliqués à préparer.
- c. les scientifiques peuvent montrer leurs travaux, projets, recherches en cours.

4 | Selon cet article, que faut-il faire pour bien diffuser les sciences ?

Grammaire

Le subjonctif (nécessité, opinion)

Échauffement

1 | Quelles phrases expriment une opinion, un jugement ? Et quelles phrases expriment une nécessité ?

    a. Il faut qu'on **accompagne** ces publics.

    b. Il est important que les réseaux sociaux **s'adaptent** aux différents publics.

    c. C'est normal qu'on **soit** sur les réseaux sociaux, nous aussi !

    d. C'est très bien que les personnes âgées **soient** plus connectées.

2 | Retrouvez l'infinitif des verbes en gras.

Fonctionnement

Emploi	Formation

• Les verbes ou expressions verbales qui expriment une nécessité (**il faut que**, **il est important que**) ou son contraire sont suivies du **subjonctif**.
  ***Il faut que** tu regardes cette vidéo !*
  ***Il ne faut pas que** tu utilises Instagram !*
	• Pour **je**, **tu**, **il/elle/on** et **ils/elles**, on conjugue le verbe à la 3e personne du pluriel du présent pour avoir le radical (*ils/elles informent*) et on ajoute les terminaisons : **-e**, **-es**, **-e** et **-ent**. Pour ces personnes, la conjugaison des verbes en **-er** au subjonctif présent est donc la même qu'au présent de l'indicatif.

• De manière plus générale, les tournures impersonnelles qui expriment une opinion ou un jugement de valeur (**il est** /**c'est** + **un adjectif** ou **bien** + **que**) sont suivies du **subjonctif**. ***C'est bien qu'**elle te montre comment ça marche.*	• Pour **nous** et **vous**, on conjugue le verbe comme à l'imparfait (*nous informions ; vous informiez*). que j'**informe** que nous **informions** que tu **informes** que vous **informiez** qu'il/elle/on **informe** qu'ils/elles **informent**

> **Remarque**
>
> Voici quelques verbes irréguliers au subjonctif.
>
> | Être | Avoir | Aller |
> |---|---|---|
> | que je sois | que j'aie | que j'aille |
> | que tu sois | que tu aies | que tu ailles |
> | qu'il/elle/on soit | qu'il/elle/on ait | qu'il/elle/on aille |
> | que nous soyons | que nous ayons | que nous allions |
> | que vous soyez | que vous ayez | que vous alliez |
> | qu'ils/elles soient | qu'ils/elles aient | qu'ils/elles aillent |

Entraînement

3 | Conjuguez les verbes entre parenthèses au subjonctif présent.

    a. Il faut que tu (*demander*) ...... à ta petite-fille comment ça marche.

    b. Il est indispensable qu'ils (*utiliser*) ...... ces médias.

    c. Il ne faut pas qu'elle (*être*) ...... tout le temps sur Instagram.

    d. Il est important que vous (*avoir*) ...... cette information.

4 | Transformez les phrases. Utilisez *Il faut* et *Il ne faut pas que*.

    Exemple : *Tu dois t'informer !* → *Il faut que tu t'informes !*
    Tu ne dois pas regarder cette émission. → *Il ne faut pas que tu regardes cette émission.*

    a. Tu dois faire attention sur les réseaux sociaux.

    b. Il doit passer moins de temps sur Internet.

    c. Vous ne devez pas poster de photos de vos enfants.

    d. Elles ne doivent pas donner d'informations personnelles.

🖮 Production orale

5 | Que pensez-vous des usages des réseaux sociaux ? Utilisez les expressions de l'opinion et de la nécessité : *c'est bien que – c'est important que – il faut que – il ne faut pas que.*

Entraînez-vous !

Cahier d'activités

Cultures

À l'écoute des médias

F | La maison de la Radio

Charlie ZANELLO,
Maison Ronde, 2020

📄 Compréhension écrite

Entrée en matière

1 | Regardez la couverture et la quatrième de couverture de la BD.
À votre avis, qu'est-ce qu'on appelle « la maison ronde » ? Pourquoi ?

Lecture

2 | Regardez les 3 vignettes extraites de la BD. Quels appareils utilisent ces personnes ?

3 | Associez chaque vignette à un message.

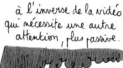

1. Avec les écrans, on ne peut pas faire plusieurs choses à la fois.

2. On peut écouter la radio et cuisiner.

3. La radio nous accompagne partout.

💬 Production orale

4 | Vous aimez écouter la radio ?
Vous l'écoutez souvent ? Où ?
Vous faites d'autres choses en même temps ?

Oh, le cliché !

« Les Français ne font pas confiance aux médias. »
52 % des Français font confiance aux informations à la radio, 48 % ont confiance dans les journaux et 42 % dans les informations à la télévision. Mais seulement 28 % des Français pensent que les informations d'Internet sont crédibles.
→ Et vous, vous faites confiance à quels supports ?

G | Le succès des podcasts 74

🎧 Compréhension orale

Entrée en matière

1 | Est-ce que vous écoutez des podcasts ?
Pourquoi ?

1re écoute

2 | Qui fait quoi ? Associez.
- a. Julie Nicolas
- b. Camille Juzeau

- 1. travaille à la radio et réalise des podcasts.
- 2. écoute des podcasts sur son téléphone.

2e écoute

3 | Est-ce que Julie Nicolas écoute beaucoup de podcasts ? Combien ?

4 | Est-ce que les podcasts ont du succès en France ? Combien de personnes ont écouté les 27 épisodes sur le voyage ?

✍️ Production écrite

5 | Présentez une chaîne de radio ou une série de podcasts que vous aimez et que vous recommandez à la classe.

Vocabulaire

Les médias audios et les réseaux sociaux 🎧75

La radio, les podcasts
- l'auditeur, l'auditrice
- les contenus sonores *(m.)*
- l'écoute *(f.)*
- écouter des podcasts
- l'émission de radio *(f.)*
- l'épisode *(m.)*
- le programme de radio
- raconter
- la voix

---

1 Lisez les définitions et retrouvez les mots qui correspondent.
  a. C'est une personne qui écoute la radio.
  b. C'est un chapitre, une partie d'une série, d'émissions ou de podcasts.
  c. C'est grâce à elle qu'on reconnaît une personne à la radio.

Les réseaux sociaux
- commenter
- être connecté(e)
- être en contact (avec)
- être sur un réseau social
- les fausses nouvelles, les infox
- l'internaute *(m./f.)*
- ouvrir un compte sur /s'inscrire sur un réseau social ≠ fermer son compte sur… /quitter un réseau social
- poster des photos
- regarder une vidéo
- suivre quelqu'un sur un réseau

---

2 Complétez les phrases avec des mots de la liste *Les réseaux sociaux*.
  a. C'est décidé. Elle va …… Tiktok.
  b. Je ne veux pas …… tout le temps. Parfois j'éteins mon smartphone tout le week-end.
  c. Comment on fait pour …… sur Instagram ? J'en ai de très belles de notre voyage en Grèce.
  d. C'est bien de …… les photos des gens qu'on suit ! C'est sympa d'écrire un petit message.

3 Écoutez et dites dans quel dialogue on parle de : 🎧76
  compte sur un réseau social – fausse nouvelle – suivre quelqu'un.
  a. ……   b. ……   c. ……

La communication
- diffuser une information
- un outil /un moyen de communication
- sensibiliser un public
- transmettre des connaissances

---

4 Complétez les phrases avec : *communication – diffusent – sensibiliser – transmettre.*
  a. Les radios …… de l'information.
  b. Grâce aux podcasts, on peut …… des connaissances.
  c. Internet est un moyen de …… très efficace.
  d. Des émissions essayent de …… les jeunes aux dangers des réseaux sociaux.

💬 Production orale

5 En groupes, lisez le document et dites ce que vous écoutez le plus souvent.

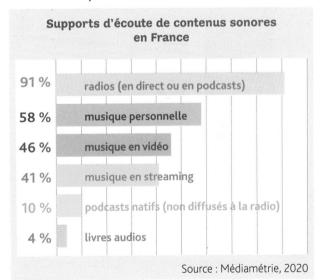

Supports d'écoute de contenus sonores en France

91 %	radios (en direct ou en podcasts)
58 %	musique personnelle
46 %	musique en vidéo
41 %	musique en streaming
10 %	podcasts natifs (non diffusés à la radio)
4 %	livres audios

Source : Médiamétrie, 2020

✍️ Production écrite

6 Sur un forum, vous répondez à la question : les réseaux sociaux sont-ils utiles pour diffuser des informations sérieuses ou complexes ?

Entraînez-vous !

 Cahier d'activités

Unité **8**

Documents

H | Critiques du film *Eiffel*

cinéma**FORUM** ACCUEIL FILMS À L'AFFICHE PROCHAINEMENT   Q

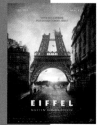

EIFFEL

RÉSUMÉ

Paris, 1886. Gustave Eiffel (Romain Duris) rentre de New York où il a construit la structure métallique de la Statue de la Liberté. Il retrouve Adrienne Bourgès (Emma Mackey), son amour de jeunesse. Il propose alors de construire la plus haute tour de son époque pour l'exposition universelle de 1889.

DISCUSSIONS

 Seb_32 Ce film est une bonne surprise, je le conseille à tous les fans de Romain Duris. Le rôle de Gustave Eiffel lui va très bien ! Et si vous ne connaissez pas l'actrice Emma Mackey, c'est l'occasion de la découvrir : vous allez l'adorer ! C'est aussi l'occasion de découvrir comment le projet de la Tour Eiffel est né et comment il s'est concrétisé. C'est passionnant !

 Caro F. Les vues du Paris de l'époque et les images de la construction de la tour Eiffel sont magnifiques. C'est très bien filmé, mais le scénario est mauvais. L'histoire d'amour entre Gustave Eiffel et Adrienne Bourgès prend beaucoup trop de place.

 Charles B. Je n'ai pas du tout aimé. Ce film n'est pas réaliste. L'âge des acteurs ne correspond pas. L'héroïne, Adrienne Bourgès, avait 46 ans en 1886 : vingt ans de plus qu'Emma Mackey. Et le film ne parle pas assez de Claire Eiffel, la fille de Gustave qui l'assistait au quotidien. Je pensais voir un bon film historique, mais il est très ennuyeux !

 Cinéphilou Les avis négatifs sur ce film m'étonnent, car je le trouve intéressant. C'est un film grand public, très sympa. Et, pour une fois, le héros n'est pas un politique ou un écrivain mais un ingénieur !

 Nath T. Les premières scènes, je les ai trouvées nulles. Mais ensuite, j'ai bien aimé. Mes enfants aussi ; le film leur a beaucoup plu !

📄 Compréhension écrite

Entrée en matière

1 | Regardez cette page Internet. Qui a écrit ces critiques ?
   a. Des journalistes.   b. Des gens qui ont vu le film.

1ʳᵉ lecture

2 | Combien de critiques sont positives, négatives ou les deux ?

2ᵉ lecture

3 | Qu'est-ce que chaque personne a aimé ou n'a pas aimé dans le film ?

Vocabulaire

4 | Trouvez dans le document les mots qu'on utilise pour parler :
   a. de l'histoire d'un film.
   b. des personnages principaux d'un film.
   c. d'un film destiné à un maximum de personnes.

✍️ Production écrite

5 | Écrivez une critique positive et/ou négative d'une série ou d'un film que vous avez vu.

> **Pour** faire une critique **positive**
> • Ce film est une bonne surprise.
> • C'est passionnant !
> • C'est très bien filmé !
> • Je trouve ce film intéressant.
> • J'ai bien aimé.
> • Ce film m'a (beaucoup) plu.

> **Pour** faire une critique **négative**
> • Je n'ai pas du tout aimé.
> • Le scénario est mauvais.
> • Ce film n'est pas réaliste.
> • C'est (très) ennuyeux.
> • Je l'ai trouvé(e) nul(le).

I | La tour Eiffel grandit !

 **Compréhension audiovisuelle**

Entrée en matière

1 | Savez-vous combien mesure la tour Eiffel ? Connaissez-vous d'autres monuments très hauts ?

1er visionnage

2 | La tour Eiffel a grandi de combien de mètres ?

3 | Comment ont-ils transporté l'antenne en haut de la tour Eiffel ?

2e visionnage

4 | À quoi va servir cette antenne ?

5 | Pourquoi l'installation n'a pas été facile ?

Production orale

6 | Que pensez-vous de la tour Eiffel ? Comment la trouvez-vous ?

> **Au fait !**
> La tour Eiffel est restée le plus haut monument du monde pendant 40 ans, jusqu'à la construction du Chrysler Building en 1930.

Grammaire La place des pronoms COD et COI

Échauffement

1 | Observez les pronoms en gras. Qu'est-ce qu'ils remplacent ?

   a. Ce film, je **le** conseille à tous les fans de Romain Duris.

   b. Le rôle de Gustave Eiffel **lui** va très bien !

   c. Les première scènes, je **les** ai trouvées nulles.

   d. Mes enfants aussi : le film **leur** a beaucoup plu !

Fonctionnement

Présent et autres temps simples	Le pronom COD ou COI se place **avant le verbe**. *Vous **la** connaissez. / Vous ne **la** connaissez pas.*
Passé composé et autres temps composés	Le pronom COD ou COI se place **avant l'auxiliaire être ou avoir**. *Je **les** ai aimés. / Je ne **les** ai pas aimés.*
Futur proche, passé récent et présent continu	Le pronom COD ou COI se place **après le verbe conjugué** et **avant le verbe à l'infinitif**. *Je vais **le** regarder. / Je ne vais pas **le** regarder.*

> **Rappel**
>
> | | Pronoms COD | Pronoms COI |
> |---|---|---|
> | je | me/m' | |
> | tu | te/t' | |
> | il/elle | le/la/l' | lui |
> | nous | nous | |
> | vous | vous | |
> | ils/elles | les | leur |

Entraînement

2 | Complétez les phrases avec un pronom COD ou COI.

   a. La télé ? Elle ne ...... regarde jamais.

   b. Un journaliste a interviewé ma sœur. Il ...... a posé des questions intéressantes.

   c. Les journaux, elle préfère ...... lire en ligne.

   d. Ses amis ? Il ...... parle tous les jours sur les réseaux sociaux.

3 | Transformez les phrases. Remplacez les mots soulignés par un pronom COD ou COI.

   a. Nous allons voir <u>ce film</u> au cinéma.

   b. Cette chaîne ne va pas diffuser <u>notre série préférée</u>.

   c. Je n'ai pas vu <u>le dernier épisode</u>.

   d. J'ai conseillé <u>à mes parents</u> de regarder cette série.

Entraînez-vous !

 Cahier d'activités

Unité **8**

Entraînement

Discrimination

1 ▪ Écoutez et observez la phrase. Quelles lettres ne sont pas prononcées ? 77

Quel support les jeunes Français utilisent le plus pour s'informer ?

2 ▪ Écoutez et dites quel mot vous entendez. 78

	mot avec la consonne finale prononcée	mot avec la consonne finale non prononcée
a.	française	français
b.	première	premier
c.	importante	important
d.	ronde	rond
e.	curieuse	curieux
f.	grande	grand
g.	étudiante	étudiant
h.	heureuse	heureux

3 ▪ Quelle est la dernière lettre des mots avec une consonne finale prononcée ? Cette lettre se prononce-t-elle ?

Entraînez-vous !

Cahier d'activités

Articulation

4 ▪ Écoutez et répétez les phrases. Marquez bien la consonne finale quand elle est prononcée. 79

- a. Il est français. Elle est française.
- b. Le premier film. La première série.
- c. Un réseau indépendant. Une presse indépendante.
- d. Un micro rond. La maison ronde.
- e. Je suis curieux. Je suis curieuse.
- f. Un grand succès. Une grande nouvelle.
- g. L'étudiant européen. L'étudiante européenne.
- h. Un garçon heureux. Une fille heureuse.

Interprétation

5 ▪ Écoutez les critiques du film *Le Prince oublié* et lisez-les à voix haute. 80

1re critique

Le titre de ce film est très joli et le thème est original, mais il y a trop d'effets spéciaux. Cette histoire est difficile à suivre.

2e critique

Omar Sy joue très bien le rôle du père qui ne laisse pas sa fille grandir, parce qu'il veut rester son unique héros. C'est important de parler des relations entre parents et enfants.

Grammaire

La cause et la conséquence

1 ▪ Complétez avec : *grâce à – à cause des – car – c'est pourquoi*.
- a. Elle adore les podcasts, …… elle télécharge tous les épisodes.
- b. La série est un succès …… l'acteur principal qui joue très bien.
- c. Il faut se méfier des réseaux sociaux …… on y trouve parfois de fausses nouvelles.
- d. …… réseaux sociaux, il ne sort plus de chez lui.

Le subjonctif présent

2 ▪ Mettez les verbes au subjonctif présent.
- a. Il est important que tu (*s'informer*) …… .
- b. Il faut que nous (*publier*) …… cet article.
- c. C'est bien que vous (*écouter*) …… des podcasts.
- d. C'est génial qu'ils (*avoir*) …… tous ces moyens de communication !

Vocabulaire

L'info, la presse, la télé

3 ▪ Trouvez l'intrus.
- a. l'article – le numéro – le téléviseur – le journal
- b. économie – politique – titre – société
- c. publier – l'émission – s'abonner – suivre
- d. national – international – régional – culturel

Les médias audios et les réseaux sociaux

4 ▪ Dites si ces affirmations sont vraies ou fausses.
- a. Les auditeurs regardent la télévision.
- b. On peut suivre des stars sur les réseaux sociaux.
- c. On doit se méfier des infox.
- d. Il lit des contenus sonores.

l'essentiel

Faire la critique d'un média

Vous allez faire la critique positive ou négative d'un média dans un podcast ou une présentation orale.

> **Objectifs**
> • Comprendre une critique positive et/ou négative
> • Prendre des notes à partir d'un document audio
> • Réagir à un document audio et exprimer une opinion
> • Faire une critique positive et/ou négative

Démarche

Formez des groupes de trois ou quatre.

1 ▷ Préparation

• Répartissez-vous les documents suivants.

Le document sur les podcasts : Foumilayo ASSANVI, *Mondoblog*, 2020. **81**

Le document sur les réseaux sociaux : GAUTA (Maxime Briand), 2020. **82**

Le document sur la télévision : RAKEE GREEN LIFESTYLE, 2021. **83**

• Écoutez le document choisi et répondez aux questions.
  a. Est-ce qu'on parle de ce média de manière positive ou négative ?
  b. Pour quelles raisons ? Avec quels arguments ?

• Mettez vos réponses en commun.

• Êtes-vous d'accord avec les raisons données dans le document ? Pourquoi ?

> **Stratégies** **Pour prendre des notes à partir d'un audio**
> • Écoutez plusieurs fois le document.
> • Essayez d'abord de comprendre quel est le thème, le sujet, de quoi on parle.
> • Le titre du document peut vous aider à repérer les mots-clés ou les idées principales.
> • N'essayez pas de tout écrire : concentrez-vous sur les mots importants, les idées essentielles.
> • L'intonation de la voix peut vous aider à repérer les mots-clés, quand la personne qui parle insiste sur un mot.
> • Le ton vous aide aussi à savoir quand une idée finit ou qu'une nouvelle idée commence.
> • Comparez et relisez vos notes ensemble. Écoutez une dernière fois le document. Est-ce que les éléments importants sont là ? Est-ce que l'ensemble est cohérent ?

Unité **8**

2 ▷ Réalisation

· Avec votre groupe, choisissez un des médias proposés dans les documents ou un autre média : la presse people, les revues scientifiques, le cinéma, etc.

· Pour vous, qu'est-ce qui est bien ou pas dans ce média ? Quels sont ses points positifs et ses points négatifs ? Complétez le tableau.

Points positifs	Points négatifs

· Mettez vos notes en commun. Êtes-vous plutôt pour ou contre le média choisi ?

· En fonction de vos réponses, préparez une critique positive et/ou négative du média choisi.

· Répartissez-vous les différentes parties de la critique pour l'enregistrement ou la présentation : qui va dire quoi ?

· Enregistrez un podcast à faire écouter à la classe ou préparez un diaporama pour faire une présentation en direct de votre critique.

3 ▷ Présentation

· Exposez ou faites écouter votre critique positive et/ou négative à la classe.

· Demandez à vos camarades de réagir et de dire s'ils sont d'accord ou pas avec votre critique.

> **Pour** faire la critique d'un média
>
> ### Grâce à ce média...
> · C'est intéressant d'écouter des podcasts, parce que...
> · La télé, c'est très bien parce que...
> · Nous trouvons les journaux très intéressants, car...
> · C'est pour ça que le cinéma est un art passionnant.
>
> ### À cause de ce média...
> · Regarder la télévision, ce n'est pas très intéressant pour nous.
> · Les réseaux sociaux, c'est nul, parce que...
> · On trouve les journaux ennuyeux, parce que...

Consommer responsable

Objectifs
- Exprimer un souhait, un désir
- Donner un conseil (2)
- Demander et proposer un service

 Je veux arrêter de jeter.

Documents

A▎Réduisons nos achats !

 Lina_712

Ma liste de souhaits
du défi « Rien de neuf »

Des millions d'objets existent déjà. Utilisons-les et arrêtons d'acheter des objets neufs !

➡ Je voudrais emprunter plus de livres à la bibliothèque. En général, je ne les relis pas et ils restent sur une étagère.
FAIT ☑

➡ J'aimerais arrêter d'acheter du matériel de sport. C'est cher et je dépense trop d'argent pour mes loisirs.
(PRESQUE)

➡ Je souhaiterais économiser de l'argent mais je suis toujours attirée par les soldes et les produits en promotion. J'espère que je vais apprendre à résister !
À FAIRE !

>

♡ ⬭ ⬈ ● ⬜

#riendeneuf #consommationresponsable #occasion #partage

Le principe du défi « Rien de neuf » est d'essayer de réduire au maximum ses achats d'objets neufs (électroménager, meubles, vêtements...) pendant un an. Ça ne concerne pas l'alimentation ou les produits de beauté. Ça permet de réfléchir à sa consommation et de découvrir des alternatives au neuf (achat d'occasion, don, partage...). C'est un défi écologique, économique et stimulant !

`S'abonner`

 Renato_à_Paris
J'ai envie d'essayer ce défi. Tu pourrais me donner plus d'informations s'il te plaît ?
2 j   3 J'aime   Répondre

 Pat_bouquine
Tu peux aussi partager tes livres avec tes amis.
2 j   4 J'aime   Répondre

 Jo_le_sportif
Tu as pensé à la location ? Beaucoup de magasins louent du matériel de sport (vélos, tentes, kayaks...). C'est un bon moyen d'économiser.
1 j   2 J'aime   Répondre

 Sam_Eddie
Je te comprends ! Avant, j'avais le même problème avec les offres « un produit acheté = un produit gratuit ». Ça te dirait d'en discuter ?
1 j   3 J'aime   Répondre

Compréhension écrite

Entrée en matière

1 ▎ Observez le document. Qu'est-ce que c'est ?

1ʳᵉ lecture

2 ▎ Quel est le principe du défi « Rien de neuf » ?
   a. Limiter ses achats d'objets neufs pendant un an.
   b. Ne pas acheter de produits neufs pendant un an.

2ᵉ lecture

3 ▎ Vrai ou faux ?
   a. Ce défi concerne tous les produits.
   b. Avec ce défi, on découvre de nouvelles manières de consommer.
   c. Avec ce défi, on peut économiser de l'argent.

4 ▎ Lina_712 participe au défi. Complétez le tableau avec ses trois souhaits.

Souhait déjà réalisé	Souhait pas encore réalisé	Souhait bientôt réalisé
......	......	......

5 ▎ Lisez les commentaires et répondez.
   a. Comment lire sans acheter de livres neufs ?
   b. Comment faire du sport sans acheter de matériel neuf ?

Vocabulaire

6 ▎ Associez les mots de sens contraire.
   a. neuf   1. la location
   b. dépenser   2. d'occasion
   c. l'achat   3. économiser

✎ Production écrite

7 ▎ Vous avez décidé de participer à ce défi. Vous postez votre liste de souhaits sur Instagram et vous expliquez pourquoi vous faites ces souhaits.

> **Pour** exprimer un souhait, un désir
>
> • J'espère que je vais apprendre à résister.
> • J'ai envie d'essayer ce défi.
> • Je veux/Je voudrais emprunter des livres.
> • Je souhaite/Je souhaiterais économiser de l'argent.
> • J'aimerais arrêter d'acheter du matériel de sport.

B | Neuf ou d'occasion ? 84

Compréhension orale

Entrée en matière

1 | Connaissez-vous des sites de vente entre particuliers ?

1ʳᵉ écoute

2 | Qui est Antoine Jouteau ?

3 | Que peut-on publier sur Leboncoin ?

4 | Quelle est la particularité des objets vendus sur ce site ?

2ᵉ écoute

5 | Vrai ou faux ?

  a. Leboncoin est d'origine française.

  b. Trente millions de personnes se connectent sur ce site chaque jour.

  c. On achète des objets d'occasion pour faire de bonnes affaires et pour mieux consommer.

  d. Aujourd'hui, on achète plus de produits neufs que de produits d'occasion.

> « On voit ce marché de l'occasion qui explose. »
>
> Antoine JOUTEAU

Production orale

6 | Et vous, vous achetez des produits neufs ou d'occasion ? Quels objets et pourquoi ?

C | À vendre !

Compréhension écrite

Entrée en matière

1 | Est-ce que vous écrivez sur des forums de discussion ? Pourquoi ?

1ʳᵉ lecture

2 | Quel est le problème de Lou ?

3 | Que font Clem et Greg pour l'aider ?

2ᵉ lecture

4 | Que faut-il écrire dans l'annonce ?

5 | Comment faire de belles photos ?

6 | Que faut-il faire avant de fixer un prix de vente ?

Vocabulaire

7 | Dans le texte, trouvez un synonyme d'« une acheteuse ».

Production écrite ➙ DELF

8 | Félix a posté ce message sur un forum. Vous lui répondez et vous lui donnez des conseils pour vendre ses meubles.

> Bonjour !
> Je vais bientôt déménager et je veux vendre mes meubles sur Internet. Comment faire ?
> Merci pour votre aide !
> Félix

Lou 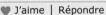 Publié il y a 18 heures

Bonjour !
J'essaie de vendre des vêtements sur Leboncoin mais sans succès 😟 Est-ce que vous auriez des conseils à me donner ?

♥ J'aime | Répondre   5 réponses

Clem il y a 17 heures

Salut Lou ! Déjà, ton annonce doit être complète. Il faut préciser la marque, la taille et la couleur de chaque vêtement. Et pour les photos, il y a quelques trucs pour mettre tes vêtements en valeur. Par exemple, c'est mieux de porter les vêtements pour les photographier. 📷

Lou il y a 16 heures

C'est vrai que mes photos ne sont pas géniales…

Clem il y a 16 heures

Tu devrais les refaire ! Et pour avoir une belle lumière, je te conseille de les prendre vers midi.

Greg il y a 14 heures

Le prix aussi est important. Tu pourrais lire *Je saute sur l'occasion* de Pascal Poulin. Dans la deuxième partie, il donne des conseils pour choisir son prix et négocier. Regarde aussi les annonces proposées par les autres vendeurs ! C'est sûr que, pour le même article, les acheteurs paieront toujours le minimum…

Lou il y a 11 heures

Merci pour vos conseils ! J'ai modifié mon annonce et j'ai déjà trouvé une cliente pour une robe !!

▸ Pour donner un conseil (2)

- Il faut préciser la marque.
- C'est mieux de porter les vêtements.
- Tu devrais refaire les photos.
- Je te conseille de prendre tes photos vers midi.
- Tu pourrais lire ce livre.
- Regarde aussi les autres annonces !

 Unité 9

Grammaire

Le conditionnel présent (1)

Échauffement

1 Dans les phrases suivantes, trouvez les verbes conjugués au conditionnel présent. Quel est leur infinitif ?

   a. J'aimerais arrêter d'acheter du matériel de sport.
   b. Tu pourrais me donner plus d'informations s'il te plaît ?
   c. Ça te dirait d'en discuter ?
   d. Tu devrais refaire tes photos !

Fonctionnement

2 Relisez les phrases de l'échauffement et complétez.

On utilise le conditionnel présent pour :	
faire une demande polie	phrase **b**
exprimer un souhait	phrase ……
donner un conseil	phrase ……
proposer quelque chose	phrase ……

Formation	
Comme le futur simple, le conditionnel présent se forme sur l'**infinitif du verbe**. On ajoute les terminaisons de l'imparfait : -ais, -ais, -ait, -ions, -iez, -aient.	aimer → j'**aimer**ais
	choisir → je **choisir**ais
	prendre → je **prendr**ais

▸ Remarques

- Les verbes irréguliers sont les mêmes qu'au futur :
  aller → **j'irais, tu irais**…
  avoir → **j'aurais, tu aurais**…
  devoir → **je devrais, tu devrais**…
  être → **je serais, tu serais**…
  faire → **je ferais, tu ferais**…
  pouvoir → **je pourrais, tu pourrais**…
  savoir → **je saurais, tu saurais**…
  venir → **je viendrais, tu viendrais**…
  voir → **je verrais, tu verrais**…
  vouloir → **je voudrais, tu voudrais**…
  il faut → **il faudrait**
- Les verbes **vouloir** et **pouvoir** sont souvent utilisés au conditionnel pour être plus poli(e).
  Je **voudrais** un café.
  Pourrais-tu m'expliquer ?
- Le verbe **pouvoir** au conditionnel présent permet aussi de faire une proposition.
  On **pourrait** aller au cinéma ce week-end !

Entraînement

3 Trouvez le verbe conjugué au conditionnel présent.

   a. Nous *pouvons / pourrions* participer à ce défi.
   b. Elle *aimait / aimerait* acheter un pull.
   c. Qu'est-ce que tu *souhaiteras / souhaiterais* faire ?
   d. Ils *pouvaient / pourraient* lire ce livre !
   e. Vous *devrez / devriez* négocier le prix.

4 Conjuguez les verbes entre parenthèses au conditionnel présent.
Dites si c'est une demande polie, un conseil, une proposition ou un souhait.

   Exemple : Je *(souhaiter)* **souhaiterais** *acheter un nouveau téléphone. (un souhait)*

   a. Nous *(aimer)* …… essayer.
   b. Elles *(souhaiter)* …… emprunter des livres.
   c. Ça te *(dire)* …… de faire des achats avec moi ?
   d. Je *(vouloir)* …… une baguette s'il vous plaît !
   e. On *(pouvoir)* …… louer des kayaks !
   f. Tu *(devoir)* …… regarder ce forum.
   g. Vous *(avoir)* …… des idées, s'il vous plaît ?

🖮 Production orale

5 **À deux !** Vous parlez de vos souhaits et vous vous donnez des conseils pour les réaliser.
   Exemple : J'aimerais être riche ! → *Tu devrais dépenser moins d'argent.*

📝 Production écrite

6 Écrivez un message à votre voisin(e) pour lui proposer de faire quelque chose.
Utilisez le conditionnel présent.

Entraînez-vous !

Cahier d'activités

Vocabulaire

La consommation 📱 85

Consommer
· acheter
· l'argent (m.)
· dépenser
· donner
· économiser
· emprunter
· jeter
· louer
· négocier
· partager
· payer
· vendre

Le produit
· cher
· la couleur
· gratuit
· la marque
· neuf ≠ d'occasion
· le prix
· en promotion
· la taille

Les personnes
· l'acheteur, l'acheteuse
· le client, la cliente
· le consommateur, la consommatrice
· le particulier
· l'utilisateur, l'utilisatrice
· le vendeur, la vendeuse

Les catégories de produits
· l'alimentation (f.)
· l'électroménager (m.)
· le matériel de sport
· le meuble
· le multimédia
· le produit de beauté
· le vêtement

1 | Complétez les phrases avec les verbes suivants : *donner – partager – économiser – emprunter – jeter – payer – louer – négocier*
  a. Nous dépensons trop d'argent. Nous devons ...... pour partir en voyage.
  b. Le prix n'est pas fixe, tu peux le ....
  c. On pourrait ...... une voiture ce week-end ! Ce n'est pas très cher.
  d. Tu ne vas pas ...... ces chaussures ! Tu pourrais les ...... à quelqu'un.
  e. Excusez-moi, est-ce que je pourrais ...... votre stylo ?
  f. Comment voulez-vous ...... ? par carte bancaire ?
  g. Vous devriez ...... vos livres avec votre famille.

2 | Complétez l'annonce avec les mots suivants : *couleur – d'occasion – marque – neuf – prix – taille*

Vends vélo ......, acheté ...... il y a six mois.
...... adulte, ... noire, ... Peugeot
...... 250 euros.

💬 Production orale

3 | Parlez du dernier objet que vous avez acheté.

4 | Associez les deux parties de la phrase (plusieurs réponses).
  a. Un vendeur
  b. Une cliente
  c. Un consommateur
  d. Une utilisatrice

  1. travaille dans un magasin.
  2. va plusieurs fois sur un site Internet.
  3. achète quelque chose.

5 | À quelle catégorie appartiennent ces produits ?

Documents

D | Le fait maison, c'est tendance

Depuis quelques années, les Français ont une grande passion pour les activités créatives et le fait maison. Ils sont de plus en plus nombreux à pratiquer la cuisine, le jardinage, le bricolage, la décoration d'intérieur ou la mécanique.

5 Alors comment expliquer cette nouvelle tendance ? D'abord, beaucoup de personnes aiment créer. Elles font ça par plaisir. Elles cuisinent en écoutant de la musique, elles tricotent en regardant la télévision et elles se détendent. D'autres personnes choisissent le fait maison pour des raisons économiques. Ça

10 coûte souvent moins cher de fabriquer un objet ou de réparer un objet cassé plutôt que de l'acheter dans un magasin. Enfin, c'est aussi une pratique écologique, meilleure pour la planète.

Les fans du fait maison s'échangent des idées en mettant en ligne des milliers de tutoriels et d'articles de blog chaque jour.
15 Les magasins de bricolage et de loisirs créatifs connaissent aussi beaucoup de succès. De nombreuses merceries ouvrent pour vendre du matériel de couture et de tricot. Elles proposent aussi souvent des ateliers créatifs (fabrication de mouchoirs en tissu, d'écharpe en laine, etc.). Pour finir, le fait maison
20 se développe aussi dans les grands magasins. Ils s'adaptent à cette pratique en vendant des kits pour fabriquer ses repas, ses produits de beauté et ses produits ménagers.

 Compréhension écrite

Entrée en matière

1 | Lisez le titre de l'article. Qu'est-ce qui peut être fait maison ?

1ʳᵉ lecture

2 | À quelles activités s'intéressent de plus en plus de Français ?

2ᵉ lecture

3 | Pourquoi les Français aiment le fait maison ?

4 | Comment font-ils pour s'échanger des idées ?

5 | Quelles conséquences le fait maison a sur les commerces ?

Vocabulaire

6 | Quelles activités correspondent à ces images ?

 Production écrite

7 | Vous organisez un atelier créatif dans votre école. Vous préparez une affiche pour présenter cet atelier (date, lieu, activité...).

E | Atelier créatif

Compréhension audiovisuelle

Entrée en matière

1 | Regardez le titre et l'image. À votre avis, quel est le thème de la vidéo ?

1ᵉʳ visionnage

2 | Dans quel type de magasin se trouve cet atelier ?

3 | Les clientes fabriquent quel accessoire ? À partir de quel objet ?

2ᵉ visionnage

4 | Pourquoi ces ateliers sont écologiques ?

5 | Pourquoi sont-ils des « lieux de vie » ?

Vocabulaire

6 | Associez les synonymes.
- a. recycler
- b. mettre à la poubelle
- c. recoudre
- 1. réparer
- 2. réutiliser
- 3. jeter

7 | Un vêtement abîmé est un vêtement...
- a. en bon état.
- b. en mauvais état.

 **Production orale**

8 | Est-ce que vous aimeriez participer à cet atelier ? Pourquoi ?

Grammaire

Le gérondif

Échauffement

1 ▎ Lisez les phrases suivantes. Trouvez les verbes au gérondif, comme dans la phrase a.

a. Elles cuisinent <u>en écoutant</u> de la musique.

b. Elles tricotent en regardant la télévision.

c. Les fans du fait maison s'échangent des idées en mettant en ligne des tutoriels.

d. Les grands magasins s'adaptent à cette pratique en vendant des kits.

Fonctionnement

Emploi du gérondif	
Le gérondif indique que deux actions sont simultanées, qu'elles se passent en même temps.	*Il travaille **en chantant**.*
Il exprime aussi la manière de faire quelque chose (et répond à la question « Comment ? »).	*Elle est venue à l'atelier **en courant**.*

Formation		
On forme le gérondif avec **en** + **base du verbe** (*radical du verbe conjugué avec « nous » au présent*) + **-ant**.		
infinitif	présent	gérondif
Regarder →	nous **regard**ons →	**en regard**ant
Faire →	nous **fais**ons →	**en fais**ant

⟡ **Remarques**

- Les verbes **être** (**en étant**), **avoir** (**en ayant**) et **savoir** (**en sachant**) sont irréguliers.
- Les **pronoms compléments** se placent entre **en** et le **verbe** :
  *Je fais du jardinage **en lui parlant**.*

Entraînement

2 ▎ Associez les éléments pour créer des phrases.

a. J'apprends la mécanique

b. Il a vendu son vélo

c. On mange mieux

d. Nous bricolons

e. Vous avez fait des économies

1. en fabriquant vos produits de beauté.

2. en cuisinant soi-même.

3. en regardant des tutoriels.

4. en mettant une annonce sur Leboncoin.

5. en chantant nos chansons préférées.

3 ▎ Transformez les phrases suivantes en utilisant le gérondif comme dans l'exemple.

Exemple : *Il fait la cuisine. Il discute avec sa fille.* → *Il fait la cuisine **en discutant** avec sa fille.*

a. On fait de la couture. On écoute la radio.

b. Ils ont vendu leur canapé. Ils ont mis une annonce en ligne.

c. Nous avons trouvé du tissu. Nous sommes allés à la mercerie.

d. Elle a réparé sa voiture. Elle a fait de la mécanique.

e. Je regarde des blogs créatifs. Je bois un café.

✎ Production écrite

4 ▎ Comment peut-on mieux consommer ? Faites une liste de propositions en utilisant le gérondif.

Exemple : *On peut mieux consommer en achetant moins d'objets neufs.*

Entraînez-vous !

Cahier
d'activités

Unité

9

Les bons plans pour bricoler

F ▌ Les bricothèques

1 Vous devez monter un meuble ? Installer une étagère ? Poncer une table en bois ? Mais vous manquez d'outils et, surtout, vous n'avez pas envie de dépenser de l'argent… Emprtez-les !

5 Une bricothèque fonctionne un peu comme une bibliothèque, avec une grosse différence : ici pas de romans sur les étagères, mais des outils, plein d'outils ! Scie, ponceuse, échelle, tondeuse…Vous avez l'embarras du choix[1] ! Il suffit de prendre un abonnement annuel (une

10 dizaine d'euros en général) et de verser une caution[2]. La durée de l'emprunt est en général de trois à quatre jours. Certaines bricothèques proposent même des ateliers gratuits animés par des bénévoles.

15 Si vous vivez trop loin d'une bricothèque, pourquoi ne pas emprunter ou louer des outils à vos voisins ? Et vous pouvez aussi mettre votre matériel en location.

Une façon simple d'éviter de grosses dépenses inutiles !

https://www.femmeactuelle.fr

1 Beaucoup de choix. 2 Une garantie.

📄 Compréhension écrite

1re lecture

1 ▌ Qu'est-ce qu'une bricothèque ?

2e lecture

2 ▌ Comment fonctionnent les emprunts dans les bricothèques ?

3 ▌ Quelle autre activité peut-on faire dans certaines bricothèques ?

4 ▌ Quelle autre solution d'emprunt est proposée ?

5 ▌ Quels outils sont cités dans le texte ?

📝 Production écrite

6 ▌ Imaginez un nouveau lieu (une « …thèque ») où on emprunte des choses : des vêtements, du matériel de sport, des meubles… Présentez le fonctionnement de ce lieu dans un court article.

G ▌ Réparer, c'est facile ! 📱86

🎧 Compréhension orale

Entrée en matière

1 ▌ Que faites-vous quand un de vos appareils électroménagers ne fonctionne plus ?

1re écoute

2 ▌ Qui est l'homme interviewé ?

3 ▌ Que propose l'entreprise Spareka ?

2e écoute

4 ▌ À Spareka (plusieurs réponses) :
  a. on aide à trouver la panne.
  b. on vend des appareils électroménagers.
  c. on explique comment réparer les pannes avec des tutoriels.
  d. on envoie des techniciens à domicile pour réparer les pannes.

Spareka
Réparer c'est facile

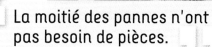

La moitié des pannes n'ont pas besoin de pièces.

⌨️ Production orale

5 ▌ À deux ! Le four d'un(e) ami(e) est en panne. Vous lui proposez de le réparer avec Spareka. Jouez la scène.

🔄 Oh, le cliché !

« En France, les magasins sont fermés le dimanche. »
En dehors des zones touristiques et des grandes villes, peu de magasins ouvrent le dimanche. Mais les magasins de bricolage et de jardinage sont ouverts !
→ Et dans votre pays, les magasins sont ouverts quels jours ?

Vocabulaire

Le travail manuel 📱87

Les travaux manuels
- l'atelier (m.)
- la couture
- créer
- la cuisine
- la décoration
- la mécanique
- monter un meuble
- le tricot
- le tutoriel

1 | À quelle activité correspondent ces phrases ?

   a. J'ai acheté de la laine.

   b. Il a installé une étagère sur le mur.

   c. Nous avons un problème avec notre voiture.

   d. Tu prépares un bon repas pour tes amis.

   e. Je fais un sac en jean.

   f. Avec ces cadres, notre salon est plus joli.

Les matières
- en bois
- en carton
- en coton
- en cuir
- en fer
- en jean
- en laine
- en papier
- en plastique
- en tissu
- en verre

2 | Regardez les images. En quelle matière sont ces objets ?

La réparation
- abîmé(e)
- cassé(e)
- changer une pièce
- la panne
- la pièce
- poncer
- réparer
- le technicien, la technicienne

3 | Complétez avec les mots suivants : *la panne – changer une pièce – cassé – réparer – technicien*

Mon frigo est .... J'ai essayé de le ...... mais je n'ai pas trouvé .... Je crois qu'il faut ...... et c'est compliqué. Je ne sais pas le faire. Je vais demander à un ...... de faire cette réparation.

L'équipement
- l'échelle (f.)
- l'outil (m.)
- la ponceuse
- la scie
- la tondeuse

4 | Quel objet on utilise pour :

   a. couper du bois ?

   b. peindre le haut d'un mur ?

   c. couper l'herbe du jardin ?

⌨ Production orale

5 | D'après ce graphique, quels travaux manuels pratiquent les Français ? Et vous, lesquels pratiquez-vous ? Pourquoi ?

Parmi les catégories ci-dessous, dans quel domaine favorisez-vous le « fait maison » ?

- Cuisine 51%
- Jardinage 45%
- Bricolage 42%
- Décoration d'intérieur 39%
- Mécanique auto 7%

www.webloyalty.fr

📝 Production écrite

6 | Vous avez besoin d'emprunter un outil à votre voisin(e). Vous lui écrivez un message. Vous lui parlez de l'objet que vous voulez fabriquer. Vous lui expliquez pourquoi vous avez besoin de cet outil.

Entraînez-vous !

 Cahier d'activités

Documents

H ▎Échangez des services

Lire les mails | Écrire

De :	Fanny Latour
À :	
Objet :	Vous rejoindre

Bonjour,

J'ai lu un article sur votre accorderie et je suis très intéressée par son fonctionnement. Moi aussi, je souhaiterais échanger des services avec d'autres habitants de la ville. Pourriez-vous m'expliquer comment faire ?
Pour me présenter en quelques mots, je m'appelle Fanny, j'ai 28 ans et je viens d'arriver dans la région.
Avant je vivais à la campagne dans une maison avec un grand jardin. Maintenant, j'habite dans un appartement en ville et le jardinage me manque. J'adore ça et j'ai la main verte ! Je propose donc de faire du jardinage le soir et le week-end.
En plus de ça, j'aime aussi conduire et j'utilise souvent ma voiture pour visiter la région. Donc je peux faire du covoiturage. C'est sympa de voyager à plusieurs !
En échange, j'ai besoin d'aide en allemand parce que je travaille pour une entreprise allemande. J'ai un très bon niveau en grammaire et à l'écrit, mais j'aimerais améliorer l'oral. Je cherche donc quelqu'un avec qui pratiquer cette langue.
J'attends votre réponse avec impatience. J'ai très envie de rejoindre votre accorderie !

Bien cordialement,
Fanny Latour

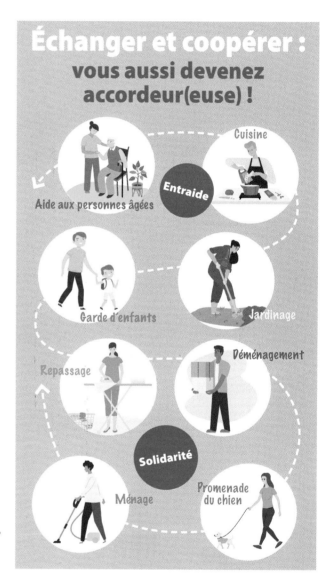

Échanger et coopérer : vous aussi devenez accordeur(euse) !

Aide aux personnes âgées · Entraide · Cuisine · Garde d'enfants · Jardinage · Repassage · Déménagement · Solidarité · Ménage · Promenade du chien

Compréhension écrite

Entrée en matière

1 ▎Regardez l'affiche. Que font les membres d'une accorderie ?

1ʳᵉ lecture

2 ▎Dans quel objectif Fanny Latour écrit à l'accorderie ?

2ᵉ lecture

3 ▎Fanny propose quels services ? Pourquoi ?

4 ▎Qu'est-ce qu'elle recherche en échange ? Pourquoi ?

Vocabulaire

5 ▎Quelles expressions du document signifient :
  a. être bon en jardinage ?
  b. voyager à plusieurs dans une voiture ?

Production orale ⊙ DELF

6 ▎**À deux !** Vous avez besoin de faire du bricolage dans votre appartement. Vous demandez de l'aide à votre voisin(e). Vous lui proposez un service en échange. Jouez la scène.

Pour...

demander un service :
• Pourriez-vous m'expliquer ?
• J'ai besoin d'aide en allemand.
• Je cherche quelqu'un avec qui pratiquer l'allemand.

proposer un service :
• Je souhaiterais échanger des services.
• Je propose de faire du jardinage.
• Je peux faire du covoiturage.

I ┃Un monde de troc

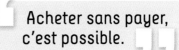
Acheter sans payer, c'est possible.

 ## Compréhension orale

Entrée en matière

1 ┃Qu'est-ce que vous faites des objets que vous n'utilisez plus ?

1re écoute

2 ┃Ce document est :
- a. un extrait de journal.
- b. un reportage.
- c. une interview.

3 ┃Que font ces personnes ?

2e écoute

4 ┃Que faut-il apporter quand on vient à cet événement ? Et que peut-on prendre ?

5 ┃Qu'est-ce que l'homme a apporté ? Qu'est-ce qu'il a pris ?

6 ┃Comment serait le monde rêvé de la journaliste ? et le monde idéal de l'homme ?

Vocabulaire

7 ┃L'homme participe à cet événement pour « vider ses placards ». Cela signifie qu'il veut :
- a. posséder moins de choses.
- b. posséder plus de choses.

TROCPARTY

Amenez un objet, partez avec un autre !

 ## Production écrite

8 ┃Vous écrivez un message à un(e) ami(e) pour lui proposer de vous accompagner à une Troc Party. Vous lui expliquez comment fonctionne cet événement et vous précisez quels objets vous allez apporter.

Grammaire ❯ Le conditionnel présent (2)

Échauffement

1 ┃Observez les phrases suivantes. Elles présentent des faits réels ou imaginaires ?
- a. Imaginez un monde où il n'y aurait pas d'argent, où on ferait les magasins sans payer, où tout serait gratuit !
- b. Dans un monde idéal, tout le monde ferait du troc.

Fonctionnement

Emploi du conditionnel présent (2)
On utilise **le conditionnel** pour imaginer des choses qui ne sont pas réelles, pour faire des hypothèses. **Exemple :** *Je rêve d'avoir des week-ends de quatre jours. J'***aurais*** plus de temps pour moi, je ***pourrais*** faire des travaux manuels et j'***apprendrais*** à jardiner.*

Entraînement

2 ┃Conjuguez les verbes entre parenthèses au conditionnel présent.
- a. Nous n'(*acheter*) …… pas de choses inutiles.
- b. On (*échanger*) …… nos vêtements.
- c. Je (*faire*) …… du troc de livres.
- d. Tous les gens (*être*) …… des consommateurs responsables.
- e. Il n'y (*avoir*) …… pas de problèmes écologiques.
- f. La planète (*se porter*) …… bien.

Production orale

3 ┃Imaginez un monde sans argent. Comment serait-il ?

Exemple : Dans un monde sans argent, il n'y aurait pas de banques.

Entraînez-vous !

Cahier d'activités

Unité **9**

Discrimination

1 | Écoutez et dites si vous entendez [g] ou [ʒ]. 89

	[g]	[ʒ]
a.		X
b.		
c.		
d.		
e.		

Articulation

2 | Écoutez puis répétez les expressions suivantes. 90

- a. Un grand jardin
- b. Des objets gratuits
- c. Un blog partagé
- d. Un magasin de bricolage
- e. Un dialogue de jeunes
- f. Des règles écologiques
- g. Contre le gaspillage

Graphies

3 | Aidez-vous des mots suivants et complétez : *jardinage, écologique, magasin, échange, gymnastique, négocier, dialogue, gratuit*

a. Quand j'entends [g], j'écris ……, ……, …… ou ……

b. Quand j'entends [ʒ], j'écris ……, ……, …… ou ……

Interprétation

4 | Écoutez le texte suivant et lisez-le à voix haute. 91

Sujet : Échanges de services **Posté le 10 novembre**

 Gabrielle
Bonjour,
Je souhaiterais échanger des services avec des gens de ma région, la Bourgogne. J'adore le jardinage, j'aime aussi le bricolage. Pour économiser de l'argent, je peux prêter des objets ou échanger des services selon vos goûts et préférences. J'attends votre réponse avec impatience.

Entraînez-vous !

Cahier
d'activités

---

l'essentiel

Grammaire

Le conditionnel

1 | Conjuguez les verbes au conditionnel présent.
- a. Vous (*devoir*) …… essayer le troc, c'est très bien !
- b. Nous (*aimer*) …… économiser plus d'argent.
- c. On (*pouvoir*) …… proposer nos services dans une accorderie !
- d. Une « vêtothèque » (*être*) …… un lieu où on (*emprunter*) …… des vêtements.
- e. Tu m'(*aider*) …… à réparer ma voiture, s'il te plaît ?

Le gérondif

2 | Complétez librement les phrases en utilisant le gérondif.
- a. Elle a décoré sa maison…
- b. Il a amélioré son français…
- c. Nous avons appris à coudre…
- d. Vous pouvez gagner de l'argent…
- e. J'ai réparé mon frigo…

Vocabulaire

La consommation

3 | Complétez avec les mots suivants : *client – dépenser – gratuit – négocier – neuf – particulier*
- a. Quand on donne un objet, cet objet est …… .
- b. Un …… peut vendre des objets d'occasion sur Internet.
- c. Un produit d'occasion n'est pas …… .
- d. On peut …… de l'argent dans les magasins.
- e. Ce meuble est cher. Je vais essayer de …… le prix.
- f. Un …… achète des choses dans un magasin.

Les travaux manuels

4 | Trouvez l'intrus.
- a. la couture – le technicien – le tricot
- b. le bois – le jean – le tutoriel
- c. l'atelier – la laine – le tissu
- d. changer la pièce – créer – réparer
- e. abîmé – cassé – fabriqué
- f. la décoration – la ponceuse – la scie

Organiser un troc

Vous allez faire des échanges d'objets et de services dans votre classe.

> **Objectifs**
> • Discuter en groupes
> • Échanger des informations à l'écrit
> • Donner des explications supplémentaires à l'oral
> • Organiser des trocs

Démarche

Formez des groupes de trois ou quatre.

1 ▷ Préparation

• L'enseignant(e) fait quatre colonnes au tableau.
Chaque colonne correspond à une action différente :
- Colonne 1 : proposer un objet.
- Colonne 2 : rechercher un objet.
- Colonne 3 : proposer un service.
- Colonne 4 : rechercher un service.

• En groupes, réfléchissez au principe du troc et discutez
des types d'objets et de services que vous pouvez échanger.

• Chaque étudiant(e) prépare au moins deux annonces
de trocs à coller au tableau (une annonce pour
proposer un objet ou un service et une annonce pour
rechercher un objet ou un service).

• Écrivez ces annonces sur des petits papiers post-it et
collez ces papiers dans la bonne colonne du tableau.
Attention à bien signer vos annonces !

> **Pour écrire une annonce**
> • Je donne...
> • Je cherche...
> • Je propose de... [+ infinitif]
> • Je voudrais... [+ nom ou + verbe à l'infinitif]

2 ▷ Réalisation

• En classe entière, lisez les annonces des autres
étudiant(e)s :
- Est-ce que vous pouvez proposer un objet et/ou un
service à quelqu'un ?
- Est-ce qu'un objet et/ou un service vous
intéresse(nt) ?

• Discutez avec les auteur(e)s des annonces qui vous
intéressent pour avoir plus d'informations et pour
organiser ces trocs.

> **Pour demander des renseignements
> sur un objet ou un service**
> • J'aimerais avoir des informations sur...
> • Comment est... ?
> • De quelle couleur elle est ?
> • Il est grand/petit ?
> • Elle est lourde/légère ?
> • En quelle matière il est ?
> • Tu pourrais m'aider à..., s'il te plaît ?
> • Ça te dirait de... [+ verbe à l'infinitif] ?
> • Quand est-ce que tu es libre ?

3 ▷ Présentation

• En groupes, faites le bilan des trocs qui ont intéressé les autres étudiant(e)s
puis présentez-les à la classe.

Unité 9

DELF A2

Stratégies **Production écrite**

Ces stratégies sont utiles pour préparer et réussir le DELF A2 (cf. épreuve blanche p. 181). L'épreuve dure 45 minutes.

Qu'est-ce que vous devez faire ?

- **Exercice 1** (écriture créative) : vous décrivez un événement ou racontez une expérience personnelle et vous donnez vos impressions. Utilisez l'imparfait (pour faire une description) et le passé composé (pour raconter), des verbes qui expriment des sentiments (détester, aimer, adorer…) et des adjectifs positifs ou négatifs.
- **Exercice 2** (courrier de réponse) : vous répondez à un message pour inviter, remercier, vous excuser, demander, informer ou féliciter. Le message peut être une carte postale, un faire-part, un courriel, une lettre. Par exemple, vous répondez à un message :
  - pour accepter une invitation : vous remerciez, vous demandez des choses…
  - pour refuser une invitation : vous donnez des explications, vous proposez des choses…

Quelques conseils pour vous aider

- Lisez bien la consigne, elle vous indique si vous devez écrire une lettre, une carte postale, un courriel, un message ou un faire-part. Elle vous indique également le contexte (informel ou formel).
- Écrivez des phrases simples et courtes, avec des mots que vous connaissez.
- Faites attention à la présentation de vos textes, surtout pour la lettre (utilisez des formules de politesse comme « bonjour », « merci », « excusez-moi », « au revoir »).
- Relisez votre texte pour vérifier l'orthographe et la grammaire.
- Comptez et écrivez le nombre de mots en bas de votre production. Il faut écrire 60 à 80 mots.

Préparation

▷ Entraînez-vous à l'exercice 1 **DELF A2** _____

Vous avez fait un échange d'appartement pendant vos dernières vacances grâce à un site Internet. Vous écrivez un commentaire sur le site pour raconter votre expérience (équipement de la maison, décoration, quartier, communication avec la personne…) et donner aussi vos impressions (avantages et/ou inconvénients de ce type d'hébergement de vacances). *(13 points)*

▷ Entraînez-vous à l'exercice 2 **DELF A2** _____

Vous recevez un message de votre amie Anne-Sophie.

De : anne-so.dauphine@gmail.com
À :
Objet : Boutique de troc

Salut !
Une nouvelle boutique de troc vient d'ouvrir dans mon quartier. Je sais que tu adores ce genre de magasins ! Ça te dit d'y aller avec moi ?
Anne-Sophie

Vous lui répondez pour accepter sa proposition. Vous proposez un rendez-vous (jour, lieu). Vous posez des questions sur le magasin (horaires), sur le type de troc (vente, dépôt, échange) et sur le type d'objets (vêtements, meubles…). *(12 points)*

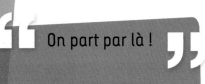

Envies d'ailleurs ?

Objectifs
- Structurer son propos
- Demander des renseignements sur un voyage
- Parler d'une visite touristique
- Exprimer et répondre à l'agacement

" On part par là ! "

Documents

A I Voyage sur-mesure !

Florence spécialiste Vietnam

DEMANDEZ UN DEVIS
ou
Personnalisez cette idée de voyage avec un(e) spécialiste
01 19 10 27 25
Du lundi au samedi de 10 h à 13 h et de 14 h à 18 h

Idée de circuit de 12 jours

1 Jours 1-2 **HANOÏ**
2 Jour 3 **BAIE D'HALONG**
3 Jour 4 **HANOÏ**
4 Jours 5-6-7 **HUÉ**
5 Jours 8-9-10-11-12 **HOI AN**

ASIE > Voyage Vietnam
9,6/10 ★ ★ ★ ★ ★
(122 avis sur le Vietnam)

PARTAGER

Le monde en voyages

PROMOS ¦ SÉJOURS ¦ **CIRCUITS** ¦ VOYAGES À THÈMES ¦ DESTINATIONS

VIETNAM

voir nos 5 idées de voyages au Vietnam

Balade au pays du dragon   DEMANDER UN DEVIS

Vous passerez un séjour unique au Vietnam ! Entre amis, en famille, ou en couple, vous pourrez d'abord découvrir la capitale, Hanoï. Ensuite, direction la Baie d'Halong pour une croisière inoubliable. Après, vous pourrez prendre un vol pour aller dans la ville de Hué et visiter ses magnifiques monuments. Enfin, selon l'itinéraire choisi, vous pourrez aller à Hoi An. À vous sa campagne, ses rizières et ses plages !

Pendant votre voyage, nous vous proposons de rencontrer des locaux si vous passez par la ville où ils habitent. Avec un(e) guide, vous en apprenez plus sur l'histoire de la ville et ses incontournables. Avec un(e) Welcome Host, francophone et expert(e) de sa ville, vous la découvrez sous l'angle du quotidien et l'appréhendez non plus comme un(e) touriste mais comme un(e) habitant(e) : vous découvrez une ville autrement !

Compréhension écrite

Entrée en matière

1 I Regardez le document. Comment s'appelle cette agence de voyage ?

1re lecture

2 I Vrai ou faux ?
   a. L'agence propose un circuit appelé « Balade au pays du dragon ».
   b. Ce circuit sera le même pour tous les voyageurs intéressés.

2e lecture

3 I Pendant leur voyage, les touristes peuvent passer un peu de temps avec qui ?

4 I Quelles sont les particularités de ces personnes ?

5 I Pourquoi c'est différent de découvrir une ville avec elles ?

Vocabulaire

6 I Une agence de voyage fait un devis au client :
   a. pour donner les détails et le prix d'un voyage.
   b. pour confirmer que le voyage est payé.

Production écrite

7 I Un ami français va vous rendre visite dans votre pays. Vous lui écrivez un mail pour lui proposer un circuit.

> **Pour** structurer **son propos**
> • D'abord, …
> • Après …
> • Ensuite, …
> • Enfin, …

Lire les mails   Écrire

De :
À :
Objet :   Circuit

Salut Raphaël !
Tu arrives bientôt, alors, j'ai préparé un circuit !
D'abord…

B I Allô, j'écoute ! 92

> Je voudrais avoir
> des renseignements.

Compréhension orale

Entrée en matière

1 I Lisez la phrase extraite du document. À qui s'adresse-t-elle ?

1re écoute

2 I Vrai ou faux ?
- **a.** Joan veut faire un voyage au Vietnam.
- **b.** Le circuit « La balade au pays du dragon » l'intéresse.
- **c.** Il ne souhaite pas faire de changement dans le circuit.

2e écoute

3 I L'agence propose quel hébergement ?

4 I Quel repas est compris ?

5 I Est-ce que Joan a choisi la bonne période pour voyager ?

6 I Que va faire la spécialiste du Vietnam après cet appel téléphonique ?

Production orale ⊙ DELF

7 I À deux ! Vous travaillez dans une agence de voyage. Un(e) client(e) veut faire un voyage sur-mesure dans votre pays et vous téléphone. Il/Elle vous demande des renseignements sur l'hébergement, le vol, le prix et les repas. Vous le/la renseignez. Inversez les rôles.

> **Pour demander des renseignements sur un voyage**
> - Je voudrais avoir des renseignements s'il vous plaît.
> - Vous pouvez me donner des précisions sur l'hébergement ?
> - Est-ce que les vols sont inclus dans le prix ?
> - Les repas sont compris ?
> - Quelle est la meilleure période pour visiter le Vietnam ?

C I Quelles aventures !

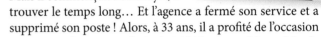 **Charlotte. T**

1 J'ai adoré ce livre ! Je suis moi aussi passionnée de voyage en van. Les anecdotes que l'auteur raconte montrent très bien la réalité du
5 quotidien quand on fait ce type de voyage. Le passage que j'ai préféré, c'est quand il raconte comment cette aventure a commencé pour lui : il travaillait dans une agence
10 à Montréal, dans un bureau qui avait une vue sur la montagne. Mais il commençait à s'ennuyer, à trouver le temps long… Et l'agence a fermé son service et a supprimé son poste ! Alors, à 33 ans, il a profité de l'occasion
15 pour partir faire un road trip de 4 000 km entre Montréal et le Mexique ! J'ai adoré lire ses récits, ça m'a rappelé les voyages que j'ai faits en Argentine et au Chili. C'était extraordinaire. On sort de sa zone de confort, mais quelle liberté ! Julien Roussin-Côté est aussi le fondateur du magazine en
20 ligne *Go-Van* consacré à la culture de la *Van life*. Il était en route vers le Mexique quand il a eu l'idée de créer cette plateforme de voyageurs en van. On peut y partager des idées, des histoires, des conseils, des destinations sympas, des photos, des vidéos, etc. Il anime aussi une émission de
25 télévision *La belle vie avec Go-Van*.

Compréhension écrite

Entrée en matière

1 I Regardez la couverture du livre. De quel type de voyage parle-t-on dans ce livre ?

1re lecture

2 I Pourquoi Charlotte T. a beaucoup aimé ce livre et les récits de l'auteur ?

2e lecture

3 I Quel événement a permis à Julien Roussin-Côté de se lancer dans un voyage en van de 4 000 km ?

4 I Qu'est-ce qu'il a créé pour les voyageurs en van ? À quoi ça sert ?

Vocabulaire

5 I Trouvez dans le texte l'expression qui signifie « changer ses habitudes pour faire de nouvelles choses ».

 Production orale

6 I Est-ce que vous avez déjà fait un voyage en van ? Est-ce que vous aimeriez en faire un ? Pourquoi ?

Unité 10

Grammaire

Le passé composé et l'imparfait dans le récit

Échauffement

1 ı Relisez cette partie du récit du voyage en van. Relevez les verbes à l'imparfait et les verbes au passé composé.

Il travaillait dans une agence à Montréal, dans un bureau qui avait une vue sur la montagne. Mais il commençait à s'ennuyer, à trouver le temps long… Et l'agence a fermé son service et a supprimé son poste ! Alors, à 33 ans, il a profité de l'occasion pour partir faire un road trip de 4 000 km entre Montréal et le Mexique ! Il était en route vers le Mexique quand il a eu l'idée de créer cette plateforme de voyageurs en van.

2 ı Associez.

a. L'imparfait permet   **1.** d'introduire une action.

b. Le passé composé permet   **2.** de décrire une situation (lieux, personnes, etc.).

Fonctionnement

Le passé composé et l'imparfait

Rappel :
• L'imparfait permet de faire des descriptions, de décrire une situation.
   *Il **travaillait** dans une agence à Montréal, dans un bureau qui **avait** une vue sur la montagne. Mais il **commençait** à s'ennuyer.*
• Le passé composé permet d'introduire des actions (dans la situation).
   *Et l'agence **a fermé** son service et **a supprimé** son poste !*

Dans un récit au passé, on utilise l'imparfait et le passé composé : • L'imparfait présente **une action qui dure**. Le passé composé introduit **une nouvelle action, un changement**. • Le passé composé est souvent accompagné <u>d'un indicateur de temps</u> comme *soudain, tout à coup* ou *quand*.   ***Il était en route vers le Mexique*** <u>quand</u> *il a eu l'idée de créer cette plateforme de voyageurs en van*.

Entraînement

3 ı Choisissez la forme correcte.

a. Nous *étions / avons été* dans l'avion. Soudain, je *me sentais / me suis senti* mal.

b. Elle *marchait / a marché* en montagne quand elle *entendait / a entendu* un animal.

c. Vous *cherchiez / avez cherché* un vol pas cher et vous *voyiez / avez vu* cette offre.

d. J'*étais / ai été* dans un musée. J'ai vu / Je voyais Marc passer.

4 ı Conjuguez les verbes entre parenthèses à l'imparfait ou au passé composé.

a. On (*se balader*) …… dans les rues de la ville. Un orage (*éclater*) ……, on (*courir*) …… pour se mettre à l'abri.

b. Les touristes (*visiter*) …… un musée. Ils (*apprécier*) …… les œuvres d'un peintre très connu. Tout à coup, un tableau (*tomber*) ……, alors le guide (*aller*) …… chercher le gardien.

c. Le bateau de croisière (*avancer*) …… vers la côte, nous (*regarder*) …… la mer, nous (*ne pas voir*) …… la terre. Soudain, nous (*apercevoir*) …… Nice !

d. Il (*être*) …… sur la plage, il (*regarder*) …… la mer, quand il (*voir*) …… des dauphins sauter dans l'eau, c'(*être*) …… magique !

5 ı Transformez l'histoire au passé. Utilisez l'imparfait et le passé composé.

Nous sommes dans les Andes. Nous marchons depuis des heures. Nous sommes fatigués mais heureux de notre voyage. Sur le chemin du retour, je perds l'équilibre et je tombe. Je me blesse au genou, mais ce n'est pas grave, on peut reprendre la route et finir notre randonnée.

📝 Production écrite ➜ DELF

Entraînez-vous !

6 ı Vous racontez un moment fort que vous avez vécu en voyage. Précisez la situation (le lieu, les personnes, la météo, l'activité) et dites ce qui s'est passé. *(60 mots minimum)*

Cahier d'activités

Vocabulaire

Le voyage 93

L'hébergement
· l'auberge de jeunesse (f.)
· le camping
· chez l'habitant
· l'hôtel (m.)
· passer la nuit (chez quelqu'un)

Le séjour
· le circuit
· la croisière
· le départ ≠ l'arrivée (f.)
· la destination
· la direction
· faire le tour de France, du monde
· l'itinéraire
· le/la touriste

L'avion
· l'aéroport (m.)
· atterrir ≠ décoller
· les bagages (m.)
· le billet
· la compagnie aérienne
· le vol (direct)

Les prestations du séjour
· la chambre double
· la chambre simple
· compris = inclus
· la demi-pension
· la pension complète
· le petit déjeuner
· le repas

1 Regardez les images. De quel type d'hébergement il s'agit ?

2 Complétez les phrases suivantes avec les mots de l'hébergement et du séjour.
- a. Je vais être logé .... J'adore dormir chez l'habitant.
- b. Cet été, on va faire une .... Une semaine sur un bateau, le bonheur !
- c. J'ai réfléchi à un ...... pour notre voyage au Japon. On commence par la ville d'Osaka !
- d. Pendant notre voyage, on a rencontré beaucoup d'autres .... On passait quelques jours ensemble et on se séparait.
- e. Où vous allez ...... ? au camping ou dans une auberge de jeunesse ?
- f. Tu as une idée pour la ...... de notre prochain voyage ? qu'est-ce que tu penses de la Tunisie ou du Maroc ?

3 Qu'est-ce que c'est ?
- a. Ce sont mes sacs, mes valises.
- b. C'est mon titre de transport quand je voyage.
- c. C'est une entreprise de transport.
- d. C'est se poser au sol pour un avion.
- e. C'est quitter le sol pour un avion.
- f. C'est le lieu où les gens prennent l'avion.
- g. C'est un voyage en avion.

4 Associez les situations aux phrases.
- a. Nous sommes deux.
- b. On mangera le soir à l'hôtel mais pas le midi.
- c. Je voyage seul.
- d. On veut prendre tous nos repas à l'hôtel.
- e. On ne mange que le matin à l'hôtel.

1. Tous les repas sont inclus dans la pension complète ?
2. On va prendre la demi-pension.
3. Vous avez une chambre double ?
4. Une chambre avec le petit déjeuner s'il vous plaît.
5. Il vous reste une chambre simple ?

📝 Production écrite

5 Un(e) ami(e) vous propose de faire une croisière pendant une semaine sur la Méditerranée mais vous n'aimez pas les voyages en bateau. Vous lui écrivez un message pour lui expliquer le type de voyages, d'hébergements, de déplacements, de rencontres que vous aimez.

Entraînez-vous !

Cahier d'activités

Unité **10**

Documents

D I Un bus amphibie !

 **10 Compréhension audiovisuelle**

Entrée en matière

1 I Regardez l'image. À votre avis, qu'est-ce qu'un bus amphibie ?

Visionnage

2 I Vrai ou faux ?
  a. Sarah est guide touristique et travaille pour les Canards de Paris.
  b. Marcel le Canard est un bus classique qui se déplace sur les routes.
  c. Ce bus permet de visiter Paris et les Hauts-de-Seine.

3 I Quel problème on évite grâce à ce bus amphibie ?

Vocabulaire

4 I « Flotter » c'est :
  a. rester au-dessus de l'eau.   **b.** se déplacer sur une route.

Production orale

5 I Est-ce que vous aimeriez visiter une ville en bus amphibie ? Pourquoi ?

> Le Lady Dive est le premier bus amphibie et il est canadien.
> Il y a aussi un bus amphibie en Belgique, le Crocodile rouge.

E I Ça vous a plu ?

| Avis 🔍 | | HÔTELS | **ACTIVITÉS** | RESTAURANTS | |

Jami a écrit un avis (Hier)   1 avis ⭐⭐⭐⭐⭐
Amphicoincoin
C'est une visite de Paris que nous avons adorée ! Quelle bonne idée de proposer un bus touristique qui roule et qui flotte ! Dans ce « bus bateau » on découvre la capitale autrement : les informations sur l'histoire et le patrimoine de la ville, on les a eues en faisant un quiz ! Les questions sur les fontaines de la Concorde et sur le pont des Arts étaient très intéressantes. Merci à la guide pour cette visite originale et ludique !

Antonia V a écrit un avis (Hier)   1 avis ⭐⭐⭐⭐
N'hésitez pas si vous passez dans le coin-coin !
Quelle excursion ! On fait souvent des visites guidées, mais en bus amphibie, ça change ! Et les anecdotes que la guide a racontées étaient très drôles ! C'est mieux qu'avec un audioguide, mais 35 euros pour 1 h 45 de visite, c'est un peu cher pour ce que c'est… la visite d'1 h 30 qu'on a faite des ruines romaines du quartier latin ne coûte que 15 euros.

Eva a écrit un avis (14 oct.)   3 avis ⭐
À éviter
Après le Vercors, les volcans d'Auvergne, les grottes de Lascaux et les falaises d'Étretat, j'ai fini mon tour de France à Paris. À l'hôtel, j'ai vu la brochure du bus amphibie et à l'office de tourisme, on m'a donné toutes les informations pratiques. Mais quelle déception ! Cette visite ne m'a pas plu, pour moi, elle est sans intérêt. Et puis j'ai eu froid, c'était horrible ! Et je n'ai pas pu profiter des monuments… C'était trop rapide pour moi ! Disons que ce n'est pas mon style de visite !

Compréhension écrite

Entrée en matière

1 I Observez le document. De quoi s'agit-il ?

Lecture

2 I Pourquoi Jami trouve cette visite différente ?

3 I Qu'est-ce qui a plu à Antonia ?

4 I Pourquoi Eva n'a pas aimé cette visite ?

Production écrite

5 I Vous avez visité deux lieux touristiques. La première visite vous a enchanté(e), mais la deuxième vous a déçu(e). Vous écrivez des commentaires sur un site.

> **Pour** parler d'une visite touristique…

de manière positive :
• C'est original et ludique.
• C'est une visite que nous avons adorée.
• Quelle excursion !
• Ça change !
• Quelle bonne idée !
• C'est mieux qu'avec un audioguide !

de manière négative :
• Quelle déception !
• C'était horrible.
• C'est sans intérêt.
• Ça ne m'a pas plu.
• C'est cher pour ce que c'est !

L'accord du participe passé

Échauffement

1 ▪ Observez les participes passés dans ces phrases. Que remarquez-vous ?

    a. C'est une visite de Paris que nous avons **adorée** !

    b. Les informations sur l'histoire et le patrimoine de la ville, on les a **eues** en faisant un quiz !

    c. Les anecdotes que la guide a **racontées** étaient très drôles !

Fonctionnement

L'accord du participe passé
• Avec l'**auxiliaire *être***, le participe passé s'accorde toujours avec le sujet. ***Eva est allée** à Paris pour finir son tour de France.*
• Avec l'**auxiliaire *avoir***, le participe passé s'accorde avec le COD seulement s'il est placé avant le verbe. ***La visite**, on **l'a faite** en bus amphibie !* ***Les informations que** la guide **a données** étaient très intéressantes.*

Entraînement

2 ▪ Choisissez la réponse correcte.

    a. Elle a *visité / visitée* la capitale l'année dernière.

    b. Les anecdotes qu'ils ont *entendu / entendues* étaient passionnantes.

    c. Il est toujours en contact avec les gens qu'il a *rencontré / rencontrés* en voyage.

    d. En vacances, ils ont *vu / vus* beaucoup de monuments.

    e. Ces îles, nous les avons *découvert / découvertes* avec des locaux.

    f. C'est une ville qu'il a *adoré / adorée*.

    g. Ils ont *mangé / mangés* une glace sur la plage.

3 ▪ Accordez les participes passés.

    a. C'est une brochure qu'il a trouvé… à l'hôtel.

    b. Les explications ? Nous les avons eu… grâce à la guide !

    c. Je ne l'ai pas encore visité…, mais tout le monde dit que cette capitale est magique.

    d. La croisière que nous avons fait… en Méditerranée était fantastique !

    e. Les commentaires qu'il a lu… sur le site étaient très positifs.

    f. Ce sont des spécialités que la guide nous a conseillé… .

4 ▪ Répondez aux questions en utilisant un pronom COD. Écrivez puis lisez vos réponses.

    Exemple : *Tu as découvert <u>cette région</u> cet été ? – Oui, je l'ai découvert**e** cet été. / Non, je ne l'ai pas découvert**e** cet été.*

    a. Tu as peint <u>cette plage de Guadeloupe</u> ? – Oui, ……

    b. On a pris <u>les brochures</u> ? – Non, ……

    c. Il a mis <u>sa casquette</u> dans la valise ? – Oui, ……

    d. Tu as compris <u>les anecdotes</u> ? – Oui, ……

    e. Tu as écrit <u>la carte de remerciement</u> pour nos hôtes ? – Non, ……

    f. Vous avez éteint <u>les lumières</u> de votre chambre d'hôtel ? – Oui, ……

    g. Elle a fait <u>sa demande de visa</u> ? Oui, ……

    h. Vous avez dit <u>cette phrase</u> en chinois ? Non, ……

> **Remarque**
>
> On entend la marque du féminin des participes en **-t** et en **-s** :
> *Ces fleurs, nous les avons offer<u>tes</u> à nos hôtes.*
> *Regarde la jolie photo que j'ai pri<u>se</u> !*

Entraînez-vous !

Cahier d'activités

Des vacances grandeur nature

F I Les Français ont envie de nature !

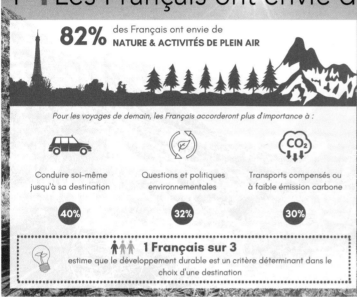

82% des Français ont envie de **NATURE & ACTIVITÉS DE PLEIN AIR**

Pour les voyages de demain, les Français accorderont plus d'importance à :

Conduire soi-même jusqu'à sa destination
40%

Questions et politiques environnementales
32%

Transports compensés ou à faible émission carbone
30%

1 Français sur 3 estime que le développement durable est un critère déterminant dans le choix d'une destination

1 La tendance est claire : 82 % des Français ont envie de nature ! Ce désir de nature et de grands espaces montre que les Français sont de plus en plus sensibles à l'écologie. Les Français ont aussi un grand intérêt
5 pour le tourisme local.
Parmi les Français interrogés qui disent que l'écologie et le tourisme local sont importants dans leurs choix de voyage, 52 % sont des femmes.
Le touriste responsable français est un adepte de la
10 tendance du slow tourisme (ou tourisme lent) : il veut pouvoir communiquer avec les locaux quand il voyage, il veut rencontrer de nouvelles personnes et vivre des expériences culturelles sur place.
Enfin, pour le logement, les Français souhaitent des
15 hébergements plus locaux ou authentiques.

https://interfacetourism.fr

 **Compréhension écrite**

Lecture

1 I Quelle est la tendance concernant les Français et le tourisme ?
2 I Est-ce que les Français interrogés veulent partir loin de chez eux ?
3 I Qu'est-ce que le touriste responsable souhaite quand il est en voyage ?
4 I Où les Français préfèrent-ils dormir ?

 Production orale

5 I Et vous, quel type de tourisme vous aimez ?

G I Voyager en solo ! 94

 Compréhension orale    Je m'émerveille.

Entrée en matière

1 I Est-ce que vous préférez voyager seul(e), en famille, avec des ami(e)s ? Pourquoi ?

Écoute

2 I Avec qui Pascale est-elle partie ?
3 I Pour Pascale, quels sont les avantages de ce type de vacances ?
  a. On va vers les autres.
  b. On s'intéresse à la région où on est.
  c. On reste tranquille, coupé des autres et du monde.
4 I Est-ce que Pascale apprécie son séjour ? Justifiez votre réponse.

Oh, le cliché !

« Les Français restent en France pour les vacances. »

Pour 56 % des Français qui partent en vacances, la destination favorite reste leur pays : la France. C'est le pourcentage le plus élevé d'Europe. (Sondage Ipsos)
→ Et chez vous, les gens préfèrent aussi passer leurs vacances dans leur pays ?

Vocabulaire

Le tourisme 95

La visite touristique
- l'audioguide *(m.)*
- la brochure touristique
- le bus touristique
- l'excursion *(f.)*
- le/la guide
- l'histoire *(f.)*
- les informations pratiques *(f.)*
- l'office de tourisme *(m.)*
- la visite guidée

1 Devinettes.
- **a.** C'est la personne qui donne les explications aux touristes, aux visiteurs d'un musée.
- **b.** C'est un véhicule qui fait le tour d'une ville en passant par les principaux monuments.
- **c.** C'est le récit des événements du passé.

2 Associez chaque photo à un mot de la liste.

Les sites
- la cascade
- la falaise
- la fontaine
- la grotte
- le pont
- les ruines *(f.)*
- le volcan

3 Choisissez la bonne réponse.
- **a.** On a la chance de pouvoir admirer de magnifiques *cascades / fontaines* dans les montagnes françaises.
- **b.** On a visité des *ruines / grottes*. C'était sombre et il faisait assez froid !
- **c.** On est passés sur le *pont / volcan* pour traverser la rivière.
- **d.** Du haut de la *falaise / grotte* on peut voir toute la ville.
- **e.** Il y a beaucoup de *volcans / ruines* de l'époque romaine dans le Sud de la France.
- **f.** Elles sont impressionnantes ces *falaises / cascades* au bord de la mer.

Les types de tourisme
- le tourisme de proximité/local
- le tourisme lent = le slow tourisme
- le tourisme durable/responsable

4 Associez chaque phrase à un type de tourisme.
- **a.** Depuis plusieurs années, ils prennent le temps de voyager.
- **b.** Ils voyagent en respectant l'environnement et les gens sur place.
- **c.** Cette année, ils voyagent dans leur région.

💬 Production orale

5 **À deux !** Échangez avec votre voisin(e) sur votre manière de visiter une ville et sur les visites qui vous intéressent.

Entraînez-vous !

Cahier d'activités

Unité **10**

Documents

H I Les applis s'invitent en voyage...

Protection solaire, plages, cartes postales, préparation des valises...
Les applications qui permettent de faciliter les vacances sont nombreuses.
Voici notre sélection !

UV du jour

Pour qui ?
Ceux qui ne font pas assez attention au soleil.

À quoi ça sert ?
À connaître l'indice UV du jour et savoir combien de temps vous pouvez rester au soleil sans protection et sans risque.

Plages pour tous

Pour qui ?
Ceux qui cherchent une plage avec des critères précis.

À quoi ça sert ?
À trouver des plages surveillées, des plages accessibles aux personnes handicapées, ou encore des plages où les chiens sont autorisés.

Carte à la carte

Pour qui ?
Ceux qui aiment bien envoyer des cartes postales depuis leur téléphone ou leur tablette.

À quoi ça sert ?
À envoyer de vraies cartes postales, originales et personnalisées.

Ma valise facile

Pour qui ?
Ceux qui oublient souvent quelque chose.

À quoi ça sert ?
À faire votre valise ! Vous indiquez votre destination, la durée de votre séjour, la date de votre départ, les activités prévues, etc. et l'application vous aide à faire votre valise et vous indique les papiers indispensables pour votre voyage.

 Compréhension écrite

Entrée en matière

1 I Vous utilisez beaucoup votre téléphone portable en voyage ? Pour quoi faire ?

1ʳᵉ lecture

2 I Selon le document, pourquoi c'est utile de télécharger ce type d'applications ?

2ᵉ lecture

3 I Lisez les commentaires suivants. Proposez une application du document à chaque personne.
    a. Charlotte : « Il y a trop de monde, on ne peut pas poser sa serviette ! Et les chiens sont interdits... »
    b. Barbara : « Moi, j'ai une peau qui bronze bien ! »
    c. Jules : « J'aime bien écrire un petit mot à ma famille et mes amis quand je suis en vacances. »
    d. Alex : « Je dois toujours racheter des choses sur place. La dernière fois, c'était ma brosse à dents ! »

Production écrite

4 I Présentez une application de voyage pour compléter cet article : pour qui ? pour quoi faire ?

I ┃Vous voyagez avec ou sans appli ? 96

Compréhension orale

> Attends, je cherche mon appli *Guide de voyages...*

Entrée en matière

1 ┃ Comment vous préférez visiter une ville ?
En organisant vos visites ou en vous promenant dans les rues ?

1re écoute

2 ┃ Où sont Chloé et Raphaël ?

3 ┃ Qu'est-ce que le guide, Ali, leur propose de faire pendant vingt minutes ?

4 ┃ Que choisissent de faire Chloé et Raphaël ?

2e écoute

5 ┃ Qu'est-ce que Raphaël reproche à Chloé ?

6 ┃ Est-ce que Chloé change d'attitude ?

💬 Production orale

7 ┃À deux ! Vous êtes en voyage avec un(e) ami(e). Mais il/elle a une attitude qui vous agace. Jouez la scène puis inversez les rôles.

> **Pour exprimer l'agacement**
> • Tu exagères !
> • Mais c'est pas possible !

> **Pour répondre à l'agacement**
> • Ça va !
> • Du calme !

Grammaire ▶ Les pronoms démonstratifs

Échauffement

1 ┃ Lisez les phrases suivantes. Quels mots remplace le pronom souligné ?

a. Attends, je cherche mon appli *Guide de voyages*. <u>Celle</u>-ci est vraiment bien !

b. Tu as vu ce bâtiment ? Et <u>celui</u>-ci ! Il est magnifique !

c. Regarde ces maisons, elles sont jolies ! Et <u>celles</u> qui sont dans cette rue ont l'air encore plus belles !

d. On pourra s'arrêter dans une boutique d'artisanat ? Oui, <u>celle</u> qui est au coin de la rue me semble sympa.

Fonctionnement

Les **pronoms démonstratifs** remplacent un nom (une personne ou une chose). Ils permettent d'éviter une répétition. Le pronom prend le genre et le nombre du nom qu'il remplace.

masculin singulier	féminin singulier	masculin pluriel	féminin pluriel
celui	celle	ceux	celles

> **Remarques**
>
> • On utilise le pronom démonstratif suivi de **-ci** ou **-là** quand on veut différencier ou opposer deux personnes ou deux objets :
> *Celle-ci est vraiment bien !*
> *Celui-là est magnifique !*
>
> • On peut les employer dans la même phrase :
> *Celui-ci est joli mais celui-là est encore plus beau !*

Entraînement

2 ┃ Complétez avec un pronom démonstratif.

a. Je vais te présenter mon amie Pascale, tu sais, ... qui est partie en voyage en solo.

b. J'ai visité beaucoup de pays, mais ...... que j'ai préféré, c'est le Sénégal.

c. Ces deux circuits sont intéressants. ...... est plus long, mais ...... est plus culturel.

d. ...... qui aiment le tourisme local visiteront leur région cet été !

e. Mes photos sont moins belles que ...... de ma sœur.

f. Je télécharge quelle application ? ...... ou ...... ?

Entraînez-vous !

Cahier d'activités

Unité **10**

Entraînement

Discrimination

1 | Écoutez et dites si vous entendez [ə], [e] ou [ɛ]. **97**

	[ə]	[e]	[ɛ]
a.	X		
b.			
c.			
d.			
e.			
f.			

Articulation

2 | Écoutez et lisez à voix haute les phrases suivantes. **98**

   a. J'espère venir cet été en Espagne pendant les vacances.
   b. Elle a offert à son frère un séjour à Genève.
   c. Ça te dit d'aller à la mer demain ?
   d. Vous avez réservé un séjour d'une semaine en Bretagne.
   e. Elles ont voyagé à vélo de Grenoble à Venise.
   f. Il est allé la même année au Québec et au Mexique.

Graphie

3 | Aidez-vous des mots suivants et complétez : *séjour, frère, même, venir, aller, mer, et, avez, les*

   a. Quand j'entends [ə], j'écris ......
   b. Quand j'entends [e], j'écris ......, ..., ..., ... ou ......
   c. Quand j'entends [ɛ], j'écris ......, ... ou ......

Interprétation

4 | Écoutez le texte puis lisez-le à voix haute. **99**

> Chère Juliette,
>
> Je t'écris de Bretagne où je passe mes vacances près de la mer chez mes parents. Je me promène tous les jours et j'adore manger des spécialités. C'est une belle région ! Je rêve de m'y installer. J'espère que tu vas bien.
>
> Je t'embrasse,
>
> Léa

Entraînez-vous !

Cahier d'activités

l'essentiel

Grammaire

Le passé composé et l'imparfait

1 | Conjuguez les verbes à l'imparfait ou au passé composé. Attention aux accords des participes passés.

   a. Il (*faire*) ...... beau, nous (*être*) ...... en mer sur un bateau, quand on (*voir*) ...... un nuage noir dans le ciel. Quelques minutes plus tard, un orage (*éclater*) ....
   b. C'est une très belle région qu'on (*habiter*) ...... pendant 10 ans. On l'(*quitter*) ...... pour aller vivre dans le sud.
   c. C'(*être*) ...... un voyage exceptionnel. On (*visiter*) ...... l'Afrique pendant six mois. On (*rencontrer*) ...... des gens très accueillants.

Les pronoms démonstratifs

2 | Répondez aux questions avec un pronom démonstratif.

   a. Tu vois le bateau de Karine ? → Oui, c'est ...... qui est blanc et bleu.
   b. Tu préfères quelle excursion ? → ...... qui nous amène au sommet de la montagne.
   c. Tu as acheté les billets ? → Oui ! ...... pour le musée et ...... pour le bus touristique.
   d. Tu utilises beaucoup d'applications ? → Non, seulement ...... que je trouve indispensables !
   e. Tu veux acheter quelle carte postale ? ...... ou ...... ?

Vocabulaire

Le voyage

3 | Trouvez l'intrus.

   a. guide – habitant – hôtel – touriste
   b. auberge de jeunesse – destination – direction – départ
   c. circuit – demi-pension – itinéraire – croisière
   d. aéroport – vol direct – billet – pension complète
   e. compagnie aérienne – décoller – inclus – atterrir

Le tourisme

4 | Classez ces mots dans les deux catégories : *l'audioguide – la cascade – le volcan – l'office de tourisme – la fontaine – la brochure – la grotte – la guide – les informations pratiques – la falaise*

   a. La visite touristique
   b. Les sites touristiques

Écrire un article de blog

Vous allez écrire un article sur votre blog pour raconter votre dernier voyage.

> **Objectifs**
>
> • Comprendre des informations écrites
> • Rédiger et publier des informations sur un blog
> • Réagir à un article de blog en écrivant un commentaire

Démarche

Formez des groupes de trois ou quatre.

1 ▷ Préparation

• Chaque groupe choisit une destination différente : la Guadeloupe, Montréal ou Lausanne.

• Chaque personne lit le document sur la destination choisie puis répond aux questions suivantes :
  - Où se trouve cet endroit ?
  - Qu'est-ce qu'on peut y faire, y visiter ?

• En groupes, mettez vos réponses en commun.

2 ▷ Réalisation

• Avec les informations du document, préparez en quelques lignes une présentation du lieu où vous avez fait votre voyage.

• Imaginez et rédigez quatre anecdotes qui ont eu lieu pendant votre voyage et que vous voulez partager sur votre blog (anecdotes liées à une visite, une activité, une rencontre, un hébergement…).

• Cherchez des photos pour illustrer ces quatre anecdotes.

• Publiez sur votre blog la présentation du lieu de votre voyage, les photos et les anecdotes.

> **Stratégie** **Conseils pour raconter une anecdote**
>
> • Précisez :
>   - où vous étiez et avez qui ;
>   - le moment de la journée et le temps qu'il faisait ;
>   - ce que vous faisiez.
> • Dites ce qui s'est passé, quel événement s'est produit dans cette situation.
> • Dites quelle réaction vous avez eue, quelle réaction les autres ont eue.
> • Dites quel souvenir vous en gardez.

3 ▷ Présentation

• Les personnes de la classe lisent votre article de blog et vous envoient un petit commentaire.

> **Pour** **réagir à un article dans un commentaire**
>
> • J'ai bien ri !
> • Quel beau voyage !
> • Quelle aventure !
> • Merci pour ces anecdotes et ces belles photos !
> • Bravo pour ce blog !

❶ La Guadeloupe

La Guadeloupe, ou *Karukera* en créole, est un archipel des Antilles situé au sud de la mer des Caraïbes. Vue du ciel, la Guadeloupe a la forme d'un papillon. Ses deux plus grandes îles, Grande-Terre et Basse-Terre, forment ses ailes. Grande-Terre (590 m²) est l'endroit idéal pour faire des balades en bateau sur une eau bleue magnifique, presque transparente. Parfois, les dauphins accompagnent les bateaux… Sur l'île de Basse-Terre (848 m²), les passionnés de nature pourront visiter le parc national de la Guadeloupe et ses chutes du Carbet ou encore gravir le volcan de la Soufrière.

La petite île de Marie-Galante fera le bonheur des amateurs de marche grâce à ses nombreux sentiers de randonnée. Mais elle plaira aussi, comme les îles La Désirade ou Les Saintes, aux amateurs de plongée sous-marine qui pourront admirer les fonds marins et les récifs coralliens.
Sur ce territoire français d'Outre-mer vous profiterez des richesses naturelles, des plaisirs de la mer et des spécialités culinaires bien épicées !

❷ Montréal

Située au Québec, à l'est du Canada, Montréal est une des villes multiculturelles les plus attractives du pays et du monde. Elle est à la fois moderne et historique. Son quartier le Vieux Montréal date du XVIIe siècle. On peut y voir la basilique Notre-Dame et les ruines archéologiques de la ville dans le musée Pointe-à-Callière. Ses rues pavées vous mènent aussi vers des boutiques et des restaurants très modernes. Le Vieux-Montréal est un quartier en constante évolution, c'est l'un des plus dynamiques de la ville, comme le quartier du Vieux-Port, situé au bord du fleuve Saint-Laurent. Il abrite le Centre des sciences de Montréal et la célèbre tour de l'horloge. Du sommet de la tour, on a une magnifique vue sur les environs. En été, il est possible de faire une croisière sur le Saint-Laurent ou une excursion vers les îles du parc Jean-Drapeau. En plein milieu du Saint-Laurent, deux îles forment un espace vert d'environ 2,6 km² pour le divertissement et le sport. Piscine, plage, location de barques, rollers, vélos, etc. Et il y a des pique-niques avec de la musique électronique les dimanches en été, un parc d'attractions, un casino, deux musées… Montréal est une ville vivante et pleine d'histoire !

❸ Lausanne

Située sur les bords du lac Léman, Lausanne est une ville très agréable à vivre. Elle n'est qu'à une heure des montagnes du Jura et des Alpes suisses. Et la campagne est accessible en très peu de temps.
La vie culturelle de Lausanne est d'une incroyable richesse pour une ville de cette taille. On y trouve de nombreux musées, comme le Musée Olympique, la Collection de l'art brut, ou encore le Musée de l'Elysée (musée de photographie). Et grâce aux nombreux festivals, aux petites scènes et théâtres qui animent les quartiers, tout le monde peut profiter de la culture.

Dans la ville de Lausanne, il y a trois collines : la Cité, le Bourg et Saint-Laurent. Se promener dans cette ville, c'est donc sportif ! On monte et on descend les petites rues, on prend des escaliers… Au cœur de la Cité, qui est le quartier historique de la ville, la cathédrale de Lausanne domine la ville. C'est l'un des plus beaux monuments d'art gothique d'Europe. La Cité, c'est aussi le quartier des petits bistrots typiques et de l'artisanat. Et si vous souhaitez profiter du lac, vous pouvez faire une balade en barque sur ses eaux tranquilles.

De jolis parcours

" C'est ce qui nous plaît beaucoup dans ce métier. "

Documents

A I Les anciens élèves racontent 100

ANCIENS DES LYCÉES
FRANÇAIS
DE L'ÉTRANGER

APPEL À TÉMOINS

Qu'êtes-vous devenus ?

> " J'ai passé mon bac scientifique au lycée français d'Istanbul. "

Compréhension orale

Entrée en matière

1 I Lisez le titre et regardez l'illustration. Quel est le thème de l'interview ?

1ʳᵉ écoute

2 I Quelles sont les étapes du parcours de Deniz ? Choisissez les bonnes réponses.
   a. Il a étudié au lycée français d'Istanbul.
   b. Il a eu son bac littéraire.
   c. Il s'est inscrit à l'université de Lille.
   d. Il a raté sa première année d'informatique.
   e. Il est retourné en Turquie.
   f. Il a fait un an de pause dans ses études.
   g. Il a fait une formation en Suisse.
   h. Il a réussi ses examens.

2ᵉ écoute

3 I Qu'est-ce que Deniz a préféré au lycée ?
4 I Pourquoi a-t-il fait une année de césure ?

5 I Est-ce qu'il a apprécié cette expérience ?
6 I Pour Deniz, qu'est-ce qui est difficile dans les études supérieures ?

Vocabulaire

7 I Qu'est-ce que « redoubler » veut dire ?
   a. Refaire une année d'études parce qu'on a raté ses examens, ou pas pu les passer.
   b. Suivre des cours en plus pour avoir de meilleures notes.

Production orale ⊙ DELF

8 I **À deux !** Présentez votre parcours scolaire, d'études ou professionnel à votre voisin(e).

⊙ Pour parler de sa formation

• J'ai passé mon bac scientifique.
• J'ai obtenu mon baccalauréat à/au...
• Je me suis inscrit(e) en...
• J'ai raté ma première année d'informatique.
• J'ai fait une année de césure.
• J'ai réussi mes examens.
• Je suis étudiant(e) en...

B I Lettre à ce prof qui a changé ma vie

LETTRE À CE PROF QUI A CHANGÉ MA VIE
ENSEIGNER LA LIBERTÉ

40 PERSONNALITÉS S'ENGAGENT

Bénéfices reversés à ...

POCKET Robert Laffont

1 **Aline Afanoukoé est une journaliste, animatrice de radio et télévision, et comédienne française. Dans *Lettre à ce prof qui a changé ma vie*, elle remercie sa professeure de français.**

Chère Madame Lévy,

Intégrer le collège Georges-Pompidou et vous avoir comme professeure a été une véritable révélation !

5 Car vous n'avez pas seulement été mon extraordinaire prof de français motivante, captivante, optimiste et bienveillante, c'est vous qui m'avez fait découvrir le théâtre ! Vous m'avez ouvert la porte de cet univers merveilleux et infini (…).

Madame Lévy, je vous remercie pour tout ce que vous m'avez apporté, merci pour votre rigueur et cette façon parfois trop sévère de me noter ! Merci pour vos appréciations, vos commentaires, ce sont

10 eux qui m'ont permis d'avancer.

Merci pour votre enseignement, merci pour ces livres et pistes de lecture qui m'ont guidée (…).

C'est grâce à tout ce bagage que je me suis forgé une solide base de réflexion. (…)

Chère Madame Lévy, je ne vous oublierai jamais. (…)

On a tous un professeur qui nous a marqués. Votre importance dans la vie d'un élève, votre courage

15 et votre dévouement ne sauraient être remis en question.

Je pense à vous tous et je vous dis MERCI.

Aline Afanoukoé

COLLECTIF, *Lettre à ce prof qui a changé ma vie*, 2020

Compréhension écrite

Entrée en matière

1 I Gardez-vous de bons souvenirs de vos ancien(ne)s professeur(e)s ?

1ʳᵉ lecture

2 I À qui s'adresse la lettre d'Aline Afanoukoé ?

3 I Pourquoi écrit-elle à cette personne ?

2ᵉ lecture

4 I Comment cette enseignante a-t-elle changé la vie d'Aline Afanoukoé ?

Vocabulaire

5 I Relevez les mots du texte sur le thème de l'école.

Production écrite ⊘ DELF

6 I Écrivez une lettre à quelqu'un qui a changé votre vie pour lui dire merci. *(60 mots minimum)*

> **Pour remercier**
> • Je vous remercie pour tout.
> • Merci pour votre enseignement.
> • Je vous dis merci.

C I Le parcours de Lenna Jouot 🔲101

> « C'est une passionnée de sport et de communication. »

Compréhension orale

Entrée en matière

1 I Observez le document. Qu'apprend-on sur Lenna Jouot ? Dans quel document trouve-t-on ces informations en général ?

1ʳᵉ écoute

2 I Vrai ou faux ?
- **a.** Lenna Jouot a posté son CV sur les réseaux sociaux.
- **b.** Elle a demandé des conseils pour faire son CV.
- **c.** Elle a eu tout de suite un grand succès.
- **d.** Son CV imite un journal sportif célèbre.

2ᵉ écoute

3 I Quels éléments du CV de Lenna sont cités dans l'interview ?

4 I Est-ce que Lenna a trouvé une entreprise pour travailler en alternance ?

Vocabulaire

5 I Quelle expression utilise le journaliste pour dire que Lenna adore le sport et la communication ?

💬 Production orale

6 I Lisez l'encart « Au fait ! ». Que pensez-vous de la formation en alternance ? Est-ce une bonne façon se former ? Pourquoi ?

7 I Que pensez-vous du CV de Lenna ? Avez-vous déjà fait, ou aimeriez-vous faire, un CV original ? Discutez-en à deux.

> **Au fait !**
> La formation en alternance permet d'apprendre un métier en travaillant. L'étudiant(e) étudie une ou deux semaines par mois et travaille le reste du temps dans une entreprise.

Unité **11**

Grammaire

La mise en relief

Échauffement

1 ▪ Observez les phrases. Dans les parties soulignées, sur quel élément insiste-t-on ?

a. <u>Ce sont des matières que</u> j'ai toujours aimées.

b. <u>C'est une expérience que</u> je ne regrette pas.

c. L'ambiance, <u>c'est ce que</u> j'ai préféré au lycée.

d. <u>C'est un prof qui</u> a changé ma vie.

e. <u>C'est vous qui</u> m'avez fait découvrir le théâtre.

f. <u>Ce sont eux</u> qui m'ont permis d'avancer.

Fonctionnement

Pour insister sur...	un sujet	un complément
un nom ou groupe nominal	• **C'est /Ce sont + nom +** qui... *C'est la prof **qui** a changé ma vie.* *Ce sont les profs **qui** ont changé ma vie.*	• **C'est /Ce sont + nom + que...** *C'est une expérience **que** je ne regrette pas.* *Ce sont des expériences **que** je ne regrette pas.*
un pronom tonique	• **C'est + moi, toi, lui/elle, nous, vous +** qui... *C'est **vous** qui m'avez fait découvrir le théâtre.* • **Ce sont + eux/elles +** qui... *Ce sont **elles** qui m'ont motivé.*	• **C'est + moi, toi, lui/elle, nous, vous +** que... *C'est **vous** qui m'avez fait découvrir le théâtre.* • **Ce sont + eux/elles +** que... *Ce sont **eux** que j'ai guidés.*
un pronom démonstratif	• **C'est + ce /cela /ça +** qui... *C'est **ce** qui me plaît ici.*	• **C'est + ce /cela /ça +** que... *C'est **ce** que j'ai préféré au lycée.*

> **▸ Remarques**
>
> • **Que** devient **qu'** devant une voyelle.
>
> • À l'oral, on utilise souvent **c'est** avec la 3ᵉ personne du pluriel.
> *C'est **elles** qui ont eu les meilleures notes.*
> *C'est **des amis** que j'ai rencontrés à la fac.*
>
> • On peut utiliser **ce qui** ou **ce que** en début de phrase, si on ajoute **c'est /ce sont** plus loin.
> *Ce **qui** est le plus difficile, c'est l'organisation du travail.*
> *Ce **que** j'ai préféré au lycée, ce sont les fêtes de fin d'année.*

Entraînement

2 ▪ Choisissez le pronom correct.

a. C'est l'université *qui / que / qu'* a les meilleurs résultats.

b. C'est la littérature *qui / que / qu'* il étudie.

c. Ce sont les matières *qui / que / qu'* l'intéressent le plus.

d. C'est l'examen *qui / que / qu'* j'ai raté l'an dernier.

3 ▪ Complétez les phrases avec *Ce qui*, *Ce que* ou *Ce qu'*.

a. …… ce prof m'a donné, c'est l'amour des livres.

b. …… est formidable, c'est l'ambiance de ce lycée.

c. …… il faut faire, c'est un CV original.

4 ▪ Mettez le sujet en relief avec un pronom tonique.

Exemple : *Il fait une formation en alternance.*
→ *C'est lui qui fait une formation en alternance.*

a. <u>Vous</u> réussissez tous les examens.

b. <u>Mes voisins</u> ont étudié à l'étranger.

c. <u>Nous</u> étudions le droit.

📝 Production écrite

5 ▪ Qu'avez-vous aimé ou pas aimé dans votre parcours scolaire ou d'études ? Qu'est-ce qui était facile ou difficile ? Utilisez les structures de mise en relief.

Entraînez-vous !

Cahier d'activités

Vocabulaire

Les études 102

Le système scolaire français
· l'école primaire   · le lycée
· le collège   · l'université (f.)

1 | Complétez le parcours scolaire et d'études en France avec les mots *collège*, *lycée*, *université*.

Enseignement supérieur	........, écoles et formations professionnelles		tous âges
Enseignement secondaire	...... général, technologique ou professionnel	terminale	15-18 ans
		première	
		seconde	
	......	troisième	11-15 ans
		quatrième	
		cinquième	
		sixième	
Enseignement primaire	École élémentaire	cours moyen 2 (CM2)	6-11 ans
		cours moyen 1 (CM1)	
		cours élémentaire 2 (CE2)	
		cours élémentaire 1 (CE1)	
		cours préparatoire (CP)	
	École maternelle	grande section	3-6 ans
		moyenne section	
		petite section	

🗨 Production orale

2 | Quelles sont les ressemblances et différences avec le système scolaire de votre pays ?

La scolarité
· apprendre
· le cours
· enseigner
· la matière
· la (salle de) classe / en classe

Les personnes
· un(e) élève (de la maternelle jusqu'au lycée)
· un(e) étudiant(e) (= à l'université, dans l'enseignement supérieur)
· un(e) professeur(e) = un(e) enseignant(e)
· le/la prof de français, de maths

Les études
· l'année de césure
· avoir bac +4
· commencer ≠ arrêter ses études
· être en 1re/2e/ 3e année
· être étudiant(e) en informatique
· la fac de droit
· faire des études littéraires
· la formation en alternance

L'évaluation
· avoir une bonne /mauvaise note
· la mention (assez bien /bien /très bien)
· noter = mettre une note
· passer le bac /un examen
· rater un/son examen ou une/son année
· redoubler une classe /une année
· réussir un/son examen ou une/son année

Les diplômes
· le baccalauréat = le bac
· un bachelor (bac +3, diplôme privé)
· une licence (bac +3, diplôme national)
· un master 1 /M1 (bac +4)
· un master 2 /M2 (bac +5)

3 | Complétez le message.
Je viens de m'inscrire en première ...... de psychologie à l'université. Mon objectif, c'est de réussir ma licence en trois ans. Si j'étudie bien, j'aurai peut-être une ...... bien ou très bien ! Après la licence, je vais faire un master 1 puis un .... Et peut-être un doctorat après ces cinq années d'...... supérieures ! Je ferai une pause pendant mes études. L'année de ......, c'est important pour découvrir d'autres choses.

4 | Associez chaque émoticône à un verbe de la liste.
a. Réussir un examen.   c. Rater un examen.
b. Avoir une mauvaise note.   d. Passer un examen.
                 e. Avoir une bonne note.

①   ②

③

④   ⑤

Entraînez-vous !

Cahier d'activités

Unité **11**

Documents

D | Faire son CV 103

> « Ça sert encore à quelque chose de faire un CV ? »

Compréhension orale

Entrée en matière

1 | Aimez-vous faire ou actualiser votre CV ?

1re écoute

2 | À quoi sert ce podcast ?

3 | Christel de Foucault se demande :
 a. si le CV va continuer d'exister.
 b. comment on fait un CV.
 c. quand il faut envoyer son CV.

2e écoute

4 | Quelles sont les difficultés de ces personnes ?

1. Les séniors
2. Les jeunes
3. Les recruteurs

 a. n'ont pas beaucoup d'expérience.
 b. ont trop d'expérience.
 c. reçoivent des CV difficiles à lire.

Production orale

5 | D'après vous, est-ce que c'est utile aujourd'hui de faire un CV ? Pourquoi ?

E | Premier contact professionnel

> Bonjour, je voudrais savoir ce que je dois indiquer sur mon profil professionnel. Merci d'avance.

> Votre profil doit avoir un titre (votre ou vos professions), présenter vos expériences et vos compétences. Si vous mettez une photo, elle doit être neutre.

> Merci pour votre réponse. Je me demande aussi comment écrire le premier message, pour entrer en contact avec un employeur ou une employeuse. Vous avez des exemples ?

> Vous pouvez écrire : « Bonjour Madame, / Bonjour Monsieur, j'ai regardé les offres d'emplois de votre entreprise et je suis très intéressé(e) par le poste de [*nom du poste*]. Acceptez-vous de m'ajouter à vos contacts ? Bien cordialement, [*signature*] ». Ou bien : « Madame, / Monsieur, j'ai lu votre annonce pour le poste de [*nom du poste*] dans votre société et je voudrais vous envoyer mon CV. Pouvez-vous m'accepter dans votre réseau ? Bien à vous, [*signature*] ».

Compréhension écrite

Entrée en matière

1 | Connaissez-vous des réseaux sociaux utiles pour chercher du travail ?

Lecture

2 | Selon ce forum, quels sont les éléments d'un profil de réseau social professionnel ?

3 | Retrouvez dans les échanges les formules pour :
saluer - dire quel poste nous intéresse – faire une demande polie – conclure un message formel.

Production orale

4 | Que pensez-vous de cette façon de chercher du travail ?

Production écrite

5 | Avec votre voisin(e), échangez des messages comme sur un réseau professionnel : vous faites une demande de connexion, votre voisin(e) vous accepte, vous lui répondez, etc.

> **Pour** écrire un message formel
>
> • Madame, / Monsieur,
> • Bonjour Madame, / Bonjour Monsieur,
> • Je voudrais + *infinitif*
> • Je me demande comment...
> • Acceptez-vous de + *infinitif* ?
> • Pouvez-vous + *infinitif* ?
> • Merci d'avance.
> • Merci pour votre réponse.
> • Bien à vous, / Bien cordialement,

Grammaire

Le discours rapporté au présent

Échauffement

1 ▪ Lisez ces phrases et dites si elles sont au style direct ou indirect (discours rapporté). À quoi le voyez-vous ?

a. Ils disent que c'est plus facile d'avoir un CV d'une page.

b. Je voudrais savoir ce que je dois indiquer sur mon profil.

c. Je me demande comment écrire le premier message.

d. « Est-ce que le CV est mort ? »

e. « Tu dois faire un CV en une page. »

f. « Je n'ai pas d'expérience. »

Fonctionnement

Emploi
Pour rapporter les paroles de quelqu'un, on utilise **le discours indirect**.

Formation	
Pour rapporter **une phrase déclarative**, on peut utiliser **dire, répondre, affirmer, ajouter, annoncer, déclarer, expliquer, répéter**, etc. **+ que** *« C'est plus facile pour <u>nous</u> d'avoir un CV d'une page. »* → ***Ils disent que** c'est plus facile pour <u>eux</u> d'avoir un CV d'une page.*	Pour rapporter **une question**, on peut utiliser les verbes **demander, vouloir savoir, aimer savoir**, etc. + un mot interrogatif (**où, qui, quand, comment, pourquoi**…). *« **Pourquoi** ce poste <u>vous</u> intéresse ? »* → ***Elle me demande pourquoi** ce poste <u>m'</u>intéresse.*
Attention ! N'oubliez pas de changer les pronoms quand c'est nécessaire.	

Pour mettre les questions avec **est-ce que**, **qu'est-ce que**, **qu'est-ce qui** au discours indirect, il faut faire des modifications.

Interrogatif	Discours direct	Discours indirect
Est-ce que /pas d'interrogatif → **si**	*« **Est-ce que** le CV est utile ? »*	*Elle se demande **si** le CV est utile.*
Qu'est-ce que → ce que	*« **Qu'est-ce que** vous pouvez apporter à l'entreprise ? »*	*On vous demande **ce que** vous pouvez apporter à l'entreprise.*
Qu'est-ce qui → ce qui	*« **Qu'est-ce qui** est important dans un CV ? »*	*Ils se demandent **ce qui** est important dans un CV.*

Entraînement

2 ▪ Transformez les phrases au discours rapporté.

a. « Je voudrais être dans ce réseau professionnel. » → Elle dit…

b. « Ce poste m'intéresse. » → Il affirme…

c. « Nous avons beaucoup d'expérience dans l'enseignement. » → Ils expliquent…

d. « Je vais créer un profil sur LinkedIn. » → Elle annonce…

3 ▪ Associez pour reconstituer les phrases.

a. Nous nous demandons

b. Des recruteurs affirment

c. Elle demande au candidat

d. J'explique

1. quelle est sa formation.

2. que le CV est encore utile.

3. ce qui m'intéresse dans ce poste.

4. si les réseaux sociaux sont nécessaires.

✍ Production écrite

4 ▪ Écrivez sur un papier trois choses que vous voudriez savoir sur le parcours de votre voisin(e). Donnez ensuite le papier à une autre personne de la classe.

Exemple : Où est-ce que Rita a fait ses études ?

Entraînez-vous !

Cahier d'activités

🗨 Production orale

5 ▪ Vous avez reçu un papier avec trois questions sur le parcours d'une personne de la classe. Allez voir cette personne et transmettez-lui les questions.

Exemple : Jana veut savoir où tu as fait tes études.

6 ▪ Allez voir la personne qui vous a donné le papier et rapportez-lui les réponses.

Exemple : Rita dit qu'elle a étudié à Bratislava.

Unité **11**

Culture Cultures

Espaces partagés

Un espace de coworking au cœur de la Marina du Marin

1 Situé dans un important port de plaisance de la Caraïbe, Blue Working offre un environnement inspirant pour le travail collaboratif. Cet espace de coworking vous permet de travailler de manière productive, créative et conviviale, selon vos envies et besoins.

5 Les espaces de travail partagés favorisent la collaboration et les échanges entre coworkers. À Blue Working, vos journées sont à la fois productives et équilibrées : de nombreux restaurants et bars, une salle de sport, des sentiers de randonnées et des plages magnifiques sont à quelques minutes seulement.

10 Ses membres sont des entrepreneurs, des experts, des formateurs et bien d'autres acteurs. C'est un réseau où on partage les connaissances et les expériences. La Marina du Marin accueille des milliers de voyageurs internationaux chaque année. Notre communauté vous permet donc d'élargir votre réseau professionnel.

www.blueworking.com

F ▎Coworking sur l'île de la Martinique

📄 Compréhension écrite

Entrée en matière

1 ▎Connaissez-vous le principe du coworking ? Utilisez-vous des espaces partagés pour étudier ou travailler ?

Lecture

2 ▎Où se trouve Blue Working ?

3 ▎Que propose ce coworking ?

💬 Production orale

4 ▎Aimeriez-vous travailler à Blue Working ? Pourriez-vous y travailler de manière efficace ? Pourquoi ?

G ▎Le Salon Partagé 📱104

👂 Compréhension orale

Entrée en matière

1 ▎Quelles professions sont très fréquentes dans les coworkings ?

1ʳᵉ écoute (jusqu'à « au même endroit. »)

2 ▎Qui peut travailler au Salon Partagé ?

2ᵉ écoute (à partir de « Est-ce que vous louez... »)

3 ▎Quels services propose ce coworking ?

4 ▎Quels sont ses autres avantages ?

✏️ Production écrite

5 ▎Où préférez-vous travailler ou étudier ? Dans un bureau ? Chez vous ? À l'extérieur ? Décrivez votre environnement idéal de travail.

> Les clients peuvent recevoir tous leurs soins au même endroit.

📷 *Oh, le cliché !*

« Les Français ne travaillent pas beaucoup. »
La France est bien placée dans le classement mondial, avec 25 jours de vacances et 11 jours fériés, donc 36 jours de repos par an. Mais en Autriche, à Malte, en Grèce et en Bolivie, les salariés ont, en principe, un total de 37 ou 38 jours de repos dans l'année.
→ Et vous, vous avez plus ou moins de jours de repos que les Français ?

Vocabulaire

Le monde du travail 105

Les secteurs professionnels
- la beauté
- le bien-être
- la communication
- la formation
- l'informatique (f.)
- le management
- le marketing
- le nettoyage
- le numérique
- la restauration
- le sport

Les professions
- l'agent(e) d'entretien
- le/la chef(fe) d'entreprise = l'entrepreneur(e)
- le coiffeur, la coiffeuse
- l'esthéticien(ne)
- le formateur, la formatrice
- l'ingénieur(e)
- le/la manucure
- le masseur, la masseuse
- le/la secrétaire
- le tatoueur, la tatoueuse

1 Associez les professions à leurs domaines.
- a. l'agent d'entretien
- b. la coiffeuse
- c. le formateur
- d. l'ingénieure du numérique

1. la formation
2. le nettoyage
3. l'informatique
4. la beauté

Le travail
- l'ambiance de travail
- le coworking
- l'emploi = le job (fam.) = le poste = le travail
- l'employé(e) = le/la salarié(e)
- l'entreprise = la société
- les horaires (f.,m.)
- le local
- le matériel
- le tarif
- le travail à distance ≠ en présentiel
- le travail en équipe = collaboratif
- le travailleur indépendant, la travailleuse indépendante

Le CV et la recherche d'emploi
- les activités extra-professionnelles (f.) = les centres d'intérêt (m.)
- l'annonce = l'offre d'emploi (f.)
- le/la candidat(e)
- chercher /trouver du travail
- la compétence (f.)
- le curriculum vitae = le CV
- l'entretien d'embauche (m.)
- l'expérience (f.)
- le parcours
- la recherche d'emploi
- le recrutement

2 Complétez le message avec des mots de la rubrique *Le CV et la recherche d'emploi*.
Vous pouvez consulter les ...... d'......, par exemple sur Internet. Choisissez un poste qui vous intéresse. Actualisez votre .... Si vous êtes un(e) ...... intéressant(e) pour l'......, elle va vous contacter et vous proposer un ...... d'embauche.

3 Complétez cet autre CV de Lenna Jouot avec les noms des rubriques : *centres d'intérêt – expériences professionnelles – formation – compétences.*

Lenna Jouot
06 ......
lenna.jouot@......

......
- 2020-2022 : Master Management et Marketing du sport (INSEEC MSc & MBA)
- 2017-2020 : Bachelor communication et création digitale (Sup de Pub - INSEEC U)
- 2015-2017 : Licence de droit (Université de Poitiers)
- 2015 : Baccalauréat littéraire (Lycée Guez de Balzac, Angoulême)

......
- Septembre 2020 à ce jour : Assistante chef de projet, Publicis Sport, Paris
- Juin 2020-août 2020 : Assistante communication marketing, Ligue de Surf Nouvelle-Aquitaine Biarritz
- Mai 2019-août 2019 : Responsable communication, Ovale Citoyen, Bordeaux

......
- Anglais : niveau B1
- Espagnol : niveau A2
- Maîtrise du pack Office et de la suite Adobe

......
football, rugby, surf

 Production écrite
4 À votre tour, faites votre CV en français.

Production orale
5 **À deux !** Interrogez votre voisin(e) comme un recruteur ou une recruteuse pour connaître des éléments de son CV. Ensuite, échangez les rôles.

- Au Québec, on ne met pas d'informations personnelles dans son CV (âge, état civil, photo, etc.).
- En Suisse, on présente chaque expérience professionnelle de façon précise : entreprise ou institution, lieu, dates, fonction(s), réalisations concrètes, etc.

Unité 11

Documents

H | Nouveau métier, nouvelle vie

📱11 Compréhension audiovisuelle

Entrée en matière

1 | Associez une profession à chaque image :
boucher, bouchère – consultant(e) – pâtissier, pâtissière – pianiste.

1re écoute

2 | Quelle photo correspond à chaque situation ?
- **a.** Roland et Benjamin avant leur reconversion.
- **b.** Roland et Benjamin après leur reconversion.
- **c.** La première vie professionnelle de Rita.
- **d.** La deuxième vie professionnelle de Rita.

2e écoute

3 | Pourquoi ces personnes changent-elles de vie professionnelle ?
(2 réponses)
- **a.** Pour réaliser leurs rêves d'enfants.
- **b.** Pour travailler avec leurs mains.
- **c.** Pour gagner plus d'argent.
- **d.** Pour passer plus de temps en famille.

Vocabulaire

4 | Que signifient ces expressions ? Associez.

a. Ils ont troqué.	**b.** Mettre un terme à sa carrière.
1. Ils ont acheté.	**1.** Continuer sa carrière.
2. Ils ont échangé.	**2.** Arrêter sa carrière.

💬 Production orale

5 | Pensez-vous qu'on peut faire le même métier toute sa vie ? Avez-vous (déjà eu) envie de vous reconvertir ou de vous réorienter ?

📝 Production écrite

6 | Choisissez deux professions très différentes et racontez le parcours d'une personne qui passe d'un métier à l'autre.

Exemple : *Avant, j'étais une star des réseaux sociaux. J'avais beaucoup d'argent. J'aimais beaucoup mon travail, mais il était stressant. Alors j'ai fait une formation et j'ai changé de métier. Maintenant, je suis fromagère...*

> **» Pour | parler de ses projets professionnels**
> - Je vais mettre un terme à ma carrière pour devenir...
> - Je vais devoir me former et obtenir un diplôme de...
> - Après deux ans de formation, je vais...
> - Ce qui me plaît dans ce métier, c'est...

1 | Êtes-vous prêt(e) à changer de métier ?

 Compréhension écrite

Entrée en matière

1 | Observez le document. Qu'est-ce que c'est ?

Lecture

2 | Avec ce document, à quelles questions pouvez-vous répondre ? Choisissez les bonnes réponses.
- **a.** Est-ce que mon travail me plaît ?
- **b.** Est-ce que je dois changer de travail ?
- **c.** Pourquoi suis-je stressé(e) au travail ?

3 | Répondez aux questions du test.

 Production orale

4 | Commentez les résultats avec votre voisin(e). Sont-ils évidents pour vous ?

> **Pour exprimer une évidence**
> - Évidemment !
> - C'est sûr.
> - C'est évident.
> - C'est certain.

Vous pensez à changer d'orientation professionnelle ? Vous y pensez vraiment ? Faites le point.

Quelle est votre relation avec votre travail ?
- a. C'est toute votre vie ! ☐
- b. Vous vous y intéressez plus ou moins. ☐
- c. Vous pensez avant tout aux vacances. ☐

Votre rêve d'enfant ?
- a. Avoir un métier passionnant. Vous y êtes arrivé(e) ! ☐
- b. Avoir un travail amusant. Vive la récré ! ☐
- c. Être ministre. Évidemment, vous y avez renoncé… ☐

Votre collègue vous dit qu'il veut changer de travail. Quelle est votre réaction ?
- a. Ça alors ! Mais tu as un très bon poste… ☐
- b. Vraiment ? Tu y as bien réfléchi ? ☐
- c. Moi aussi, j'ai besoin de changement, c'est certain. ☐

Vous recevez un message très urgent.
- a. Vous y répondez tout de suite. ☐
- b. Vous y répondez plus tard. ☐
- c. Vous n'y répondez pas. ☐

Réponses
Un maximum de A : heureux(se) au travail. C'est sûr, vous n'avez pas envie de vous reconvertir.
Un maximum de B : prêt(e) pour le changement ? Vous faites votre travail mais vous ne vous y intéressez pas vraiment.
Un maximum de C : c'est évident, vous devez changer de travail ! Pour commencer, vous pouvez faire un bilan de compétences.

Grammaire — Le pronom COI *y*

Échauffement

1 | Observez les phrases. Notez l'infinitif du verbe et sa préposition.
> **Exemple :** *Vous vous y intéressez.* → *s'intéresser à quelque chose*
- **a.** Il y pense depuis toujours.
- **b.** Vous y êtes arrivé(e) !
- **c.** J'y ai bien réfléchi.
- **d.** Je n'y réponds pas.

Fonctionnement

Emploi
On utilise le pronom **y** pour remplacer le complément d'un verbe suivi de la préposition **à**. **Y** a donc la fonction de complément d'objet indirect.   – *Tu réponds **à ce message** ?*   – *Oui, j'**y** réponds tout de suite !*

Formation	
• Dans les **phrases affirmatives et négatives**, **y** se place **avant le verbe**. *J'**y** ai bien réfléchi. Je n'**y** ai pas réfléchi. Je ne m'**y** intéresse pas.*	• Avec **l'impératif**, **y** se place **après le verbe**. *Pensez-**y** !*

Attention ! On utilise toujours **à** + **un pronom tonique** (**moi, toi, lui, elle, nous, vous, eux, elles**) pour désigner des personnes.
Il pense à son collègue. (personne) → *Il pense **à lui**.*
Il pense à ses vacances. (chose ou idée) → *Il **y** pense.*

Entraînement

2 | Transformez les phrases avec le pronom COI *y* ou la préposition *à* suivie du pronom tonique.
- **a.** Je réponds toujours aux mails.
- **b.** Je réponds à mes clients.
- **c.** On fait attention à la santé des employés.
- **d.** Je pense à mes collègues.

 Production orale

3 | Utilisez ces verbes pour poser des questions à votre voisin(e) :
s'intéresser à – penser à – répondre à – faire attention à – réfléchir à – s'habituer à – jouer à.
> **Exemple :** *Tu joues au foot pendant la pause déjeuner ?*
> *– Non, je n'y joue pas, je n'ai pas le temps.*

Entraînez-vous !

 Cahier d'activités

Unité 11

Entraînement

Discrimination

1 । Écoutez les suites de mots et dites dans quel ordre vous entendez les sons suivants. 106

	[ø] de « bleu »	[o] de « mot »	[u] de « cours »
a.	1	2	3
b.			
c.			
d.			
e.			
f.			

Articulation

2 । Écoutez et répétez les phrases. 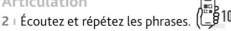 107

    a. Il se souvient de ses cours à Toulouse.

    b. Je me rappelle ce joli jeu de mot de ma professeure de biologie.

    c. Vous avez besoin de vos diplômes pour trouver du travail.

    d. Tous les examens ont fini tôt ce matin.

    e. Sur les réseaux sociaux, on peut poster des CV complètement fous !

Graphies

3 । Écoutez et repérez les différentes graphies. 108

    a. Quelles sont les 3 graphies du son [ø] ?
Ma sœur veut se perfectionner et recherche une entreprise qui peut l'accepter en stage.

    b. Quelles sont les 3 graphies du son [o] ?
Pour développer son réseau professionnel, il faut travailler dans un coworking.

    c. Quelles sont les 2 graphies du son [u] ?
Je vous remercie de m'avoir dit où chercher pour trouver du travail.

Interprétation

4 । Écoutez le texte et lisez-le à voix haute. 109

Cher Monsieur Roux,

Au collège, vous avoir comme professeur a été un grand bonheur. Vous m'avez donné la motivation et le courage de continuer jusqu'au bout. Je vous remercie pour tout ce que vous m'avez apporté.

Bien à vous,

Léo Redoux

Entraînez-vous !

Cahier d'activités

---

l'essentiel

Grammaire

La mise en relief

1 । Mettez en relief les mots soulignés.

    a. Il veut faire du journalisme.

    b. Il se forme pour devenir boulanger.

    c. Il a travaillé dans cet hôpital pendant 20 ans.

    d. Je préfère le travail manuel.

Le discours rapporté

2 । Mettez les phrases suivantes au discours rapporté.

    a. Est-ce que tu veux changer de métier ?
→ Il demande à son amie…

    b. Qu'est-ce que tu as mis dans la partie « compétences » de ton CV ? → Le coach demande à Anita…

    c. Qu'est-ce qui est difficile dans le métier de comédien ? → Peter voudrait savoir…

    d. Quand as-tu actualisé ton CV ? → Lin demande à Léa…

Vocabulaire

Les études

3 । Complétez les phrases avec les mots suivants :
collège – doctorat – licence – master – matières.

    a. Karima a 12 ans. Elle est au …… . Ses …… préférés sont les langues et l'histoire.

    b. Nina voudrait faire une …… de physique en trois ans, puis un …… en deux ans et un …… .

Le monde du travail

4 । Trouvez l'intrus dans chaque liste.

    a. la candidate – le CV – le matériel – l'entretien

    b. la restauration – le formateur – le marketing – le sport

    c. les centres d'intérêt – l'expérience – le nettoyage – les compétences

    d. la tatoueuse – le parcours – la cheffe d'entreprise – le secrétaire

Faire une enquête sur le travail idéal

Vous allez enquêter sur le travail idéal de la classe.

» Objectifs

- Expliquer des données précises
- Demander l'avis de quelqu'un
- Prendre des notes
- Synthétiser et présenter des résultats

» **Pour** mettre en relief

- L'important, c'est de…
- Le plus important, c'est de…
- Ce qui est important, c'est…
- … c'est ce qui est important.

Démarche

Formez des groupes de trois ou quatre.

1 » Préparation

- En groupes, lisez les résultats de cette enquête et répondez aux questions.
  - Cette étude présente le travail idéal pour qui ?
  - Pour les personnes interrogées, qu'est-ce qui est nécessaire dans un travail ?
  - Dans quel ordre ? Qu'est-ce qui est le plus important pour elles ?

C'EST QUOI POUR VOUS, LE JOB IDÉAL ?

91% Reconnaissance du travail accompli

95% Bonnes relations avec son manager et ses collègues

Les critères indispensables pour les salariés

81% Equilibre vie privée / vie professionnelle
- 79% Horaires de travail flexibles
- 52% Temps de transport réduit
- 49% Possibilité de télétravailler

74,5% Travailler dans une entreprise socialement responsable

© 2018 - PageGroup

2 » Réalisation

- Dans votre groupe, posez-vous les questions suivantes.
  - Est-ce que ces critères sont aussi importants pour vous ? Commentez-les un par un.
  - D'après vous, quels autres éléments sont nécessaires dans un travail ?
- Notez tous les critères du groupe, y compris ceux du document s'ils vous conviennent.
- Rangez-les par ordre d'importance et faites un "top 10" des critères du travail idéal.

3 » Présentation

- Présentez votre top à la classe.
- Prenez des notes sur les réponses des autres groupes.
- Êtes-vous d'accord avec leurs classements ? Discutez-en ensemble.
- Synthétisez les différentes propositions pour faire le portrait-robot du travail idéal de la classe.

» **Pour** parler du travail

- Avoir /Prendre des vacances
- Avoir /Faire un travail amusant, collectif, créatif, facile, productif, utile…
- Être utile /Servir à quelque chose
- Gagner de l'argent
- Partager des connaissances
- Passer son temps (quelque part)
- Passer son temps à (faire quelque chose)
- Profiter de sa famille
- Se former /Suivre une formation
- Travailler avec ses mains
- Travailler en équipe

Unité **11**

DELF A2

Stratégies — Production orale

Ces stratégies sont utiles pour préparer et réussir le DELF A2 (cf. épreuve blanche p. 181). L'épreuve dure 6 à 8 minutes, après 10 minutes de préparation.

Qu'est ce que vous devez faire ?

Il y a 3 exercices. Vous avez 10 minutes avant l'épreuve pour préparer les exercices 2 et 3.

- **Exercice 1 : entretien dirigé (1'30).** Vous vous présentez. L'examinateur ou examinatrice vous pose des questions simples sur votre quotidien : âge, ville, famille, activités, goûts, etc. Il/Elle peut vous demander de parler d'une expérience passée ou de vos projets.
- **Exercice 2 : monologue suivi (2'00).** Présenter une personne, un événement, une activité, etc. L'examinateur ou examinatrice vous pose ensuite des questions pour compléter ce que vous avez dit.
- **Exercice 3 : exercice en interaction (3'30).** Vous jouez un rôle comme au théâtre, avec l'examinateur ou examinatrice, pour organiser un événement ou pour résoudre une situation de la vie quotidienne. Vous demandez des informations et faites des propositions.

Quelques conseils pour vous aider

- Pour les **exercices 2 et 3**, vous tirez deux sujets au sort et vous en choisissez un seul. Lisez bien les deux sujets pour faire le bon choix, car vous ne pourrez pas changer d'avis.
- Pendant le temps de préparation, écrivez juste des idées, pas de longues phrases.
- Pour l'**exercice 2**, partez des questions posées pour structurer, organiser votre petit exposé. Pour relier vos idées, utilisez des mots comme *et, mais, alors, donc*.
- Pour l'**exercice 3**, posez-vous ces questions :
- Quel est votre rôle ? Étudiant(e), employé(e), ami(e), etc.
- Quel est le rôle de l'examinateur ou examinatrice ? Ami(e), directeur ou directrice, professeur(e), etc.
- Qu'est-ce que vous devez faire ? Organiser un événement, demander des informations, etc.
- Si vous ne connaissez pas un mot, expliquez-le avec d'autres mots que vous connaissez.

Préparation ▷ Entraînez-vous à l'exercice 2 DELF A2

Monologue suivi : choisissez un sujet et parlez pendant deux minutes. (5 points)

Sujet A	Sujet B
Parlez de votre professeur(e) préféré(e). Qu'est-ce qu'il ou elle enseignait ? Où ? Quand ? Comment ? Quels souvenirs gardez-vous de cette personne ?	Avez-vous déjà passé un entretien pour un travail ou des études ? Où ? Quand ? Pourquoi ? Comment avez-vous vécu cette expérience ? Racontez.

▷ Entraînez-vous à l'exercice 3 DELF A2

Exercice en interaction : choisissez un sujet et jouez la scène avec l'examinateur ou l'examinatrice. (6 points)

Sujet A	Sujet B
Un(e) ami(e) francophone vient travailler dans votre pays. Il ou elle vous pose des questions sur le monde du travail : offres d'emploi, recrutement, salaires, vacances, etc. L'examinateur ou examinatrice joue le rôle de l'ami(e).	Vous êtes en France et vous voulez étudier dans une école professionnelle. Vous passez un entretien avec le directeur ou la directrice. Vous vous présentez et vous lui dites pourquoi vous voulez étudier dans cette école et faire ce métier.

Soif de nature

Objectifs

» Exprimer la peur, l'inquiétude
» Exprimer sa capacité de faire quelque chose
» Exprimer son approbation
» Protester
» Dire ce qu'on sait faire

" *Chacun a un rôle à jouer.* "

A | Nettoyons les déchets !

1 Quotidiennement, nous constatons que les déchets sont partout autour de nous, dans nos villes, mais aussi dans les parcs naturels et les espaces protégés. Ils polluent les plages, les mers et les océans. On les

5 retrouve même dans les déserts ou en Antarctique. Cela nous fait peur.

Nous sommes inquiets car des centaines de milliers d'animaux meurent chaque année à cause de la pollution plastique. Nous avons peur pour notre faune

10 et notre flore.

Comme nous, vous vous inquiétez de l'avenir de notre Terre ? Mobilisons-nous et prenons nos responsabilités ensemble ! Le Groupement Astre a décidé d'agir à son échelle. Ce sont les petits gestes qui comptent.

15 Multiplions-les pour faire changer les choses !

Nous vous proposons de participer au Trashtag Challenge.

Vous avez sans doute vu passer ce concept sur les réseaux sociaux. Cela consiste à nettoyer un endroit

20 plein de déchets et à poster des photos avant/après.

Individuellement ou collectivement, avec vos collègues ou votre famille, participez au nom de votre entreprise.

Un jury sélectionnera les meilleures photos et vidéos

25 et les publiera sur nos réseaux !

Et rappelez-vous, le meilleur déchet est celui que l'on ne produit pas !

https://www.astre.fr

Compréhension écrite

Entrée en matière

1 | Trouvez sur l'affiche un synonyme de « défi ».

1re lecture

2 | Qui organise le défi Trashtag ?

3 | Quel est l'objectif de ce défi ?

2e lecture

4 | Où est-ce qu'il y a des déchets ?

5 | Quelles sont les conséquences des déchets sur les animaux ?

6 | Quelles actions fait-on quand on participe au Trashtag Challenge ? (plusieurs réponses)

  a. Publier des photos avant et après le défi.

  b. Photographier un endroit sale.

  c. Créer une équipe de cinq personnes.

  d. Photographier des animaux et des fleurs.

  e. Enlever les déchets.

  f. Informer ses collègues.

Vocabulaire

7 | Associez chaque mot à son synonyme.

  a. les animaux   1. se mobiliser

  b. les plantes   2. la flore

  c. agir   3. multiplier

  d. les actions   4. les gestes

  e. augmenter   5. la faune

8 | Expliquez la phrase suivante : « Le meilleur déchet est celui qu'on ne produit pas. »

 Production orale

9 | **À deux !** Est-ce que vous vous inquiétez de l'avenir de notre Terre ? Discutez !

> **Pour** exprimer la peur, l'inquiétude

- Cela nous fait peur.
- Nous sommes inquiets.
- Nous avons peur pour notre faune et notre flore.
- Vous vous inquiétez de l'avenir de notre Terre ?

B I La fête de l'environnement 110

 Compréhension orale

La Nouvelle-Calédonie vue du ciel

> **Nous vivons sur un territoire exceptionnel.**

Entrée en matière

1 I Observez la photo et lisez la phrase extraite du document. Quel est le thème de l'interview ?

Écoute

2 I Pourquoi est-ce qu'on organise une fête de l'environnement ?

3 I Comment est la nature en Nouvelle-Calédonie ?

4 I Quel est le programme de la fête de l'environnement ? (plusieurs réponses)
- **a.** Nettoyer les plages.
- **b.** Marcher dans la nature.
- **c.** Découvrir des choses sur la nature.
- **d.** Voir des films sur l'écologie.
- **e.** Apprendre à économiser les ressources.

 Production orale ⊙ DELF

5 I Vous êtes membre du Centre de protection de l'environnement. Un(e) ami(e) veut participer à une action de protection de la nature et vous pose des questions. Vous lui présentez la fête de l'environnement. Vous lui expliquez pourquoi il faut y participer.

C I Agir pour la biodiversité

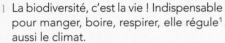

1 La biodiversité, c'est la vie ! Indispensable pour manger, boire, respirer, elle régule[1] aussi le climat.

Les causes de la disparition des espèces 5 sont connues : destruction des milieux naturels, surexploitation des ressources, changement climatique, pollutions, etc. Il n'est pas trop tard. État, entreprises, associations, citoyens : chacun a un rôle 10 à jouer, chacun peut aider à préserver la biodiversité.

- Ne jetez pas les appareils cassés. Réparez-les !

- Choisissez des produits ménagers 15 écologiques, ou fabriquez-en vous-même avec des ingrédients naturels.

- Ne laissez pas vos déchets dans la nature, triez-les et jetez-les à la poubelle !

- En mer, en forêt ou en montagne, soyez 20 discret. Laissez les animaux où ils sont et ne leur faites pas peur.

https://agir.biodiversitetousvivants.fr/

1 Contrôle.

 Compréhension écrite

Entrée en matière

1 I Observez le logo. D'après vous, que fait l'OFB ?

1re lecture (texte)

2 I Quel est le rôle de la biodiversité ?

3 I Qu'est-ce qui la met en danger ?

4 I Peut-on faire quelque chose pour la préserver ?

2e lecture (illustrations)

5 I Dites à quelle illustration correspond chaque règle.
- **a.** Évitez les produits chimiques ! → n° ……
- **b.** Respectez la faune ! → n° ……
- **c.** Remettez les objets en état ! → n° ……
- **d.** Séparez les déchets ! → n° ……

Production écrite

6 I À deux ! Choisissez un domaine d'action : pollution, gaspillage, protection des animaux… Écrivez un petit texte pour motiver les gens à agir.

> ⊙ **Pour** exprimer sa capacité de faire quelque chose
> - Nous sommes capables d'agir.
> - Chacun(e) a un rôle à jouer.
> - Chacun(e) peut aider à préserver la biodiversité.

Unité **12**

Grammaire

L'impératif et les pronoms

Échauffement

1 | Observez les pronoms en gras. Quelle est leur place par rapport au verbe ?

a. Mobilisons-**nous** !

b. Ce sont les petits gestes qui comptent. Multiplions-**les** !

c. Choisissez des produits ménagers écologiques, ou fabriquez-**en** vous-même.

d. Laissez les animaux où ils sont et ne **leur** faites pas peur.

Fonctionnement

2 | Complétez les phrases avec *avant* ou *après*.

À l'impératif affirmatif :	• Le pronom se place …… le verbe et on ajoute un tiret (-) : *Multiplions-les* ! • On utilise **moi** et **toi** au lieu des pronoms **me** et **te** : *Mobilise-toi* ! • Avec les pronoms **en** et **y**, on ajoute un **-s** à la 2ᵉ personne de l'impératif des verbes en **-er** pour faciliter la prononciation : *Fabriques-en toi-même.*
À l'impératif négatif :	• Le pronom se place …… le verbe. Le verbe et les pronoms ne changent pas de forme : ***Ne leur** faites **pas** peur. Les produits chimiques sont dangereux, **n'en** achète **pas**.*

Entraînement

3 | Remettez les mots dans l'ordre pour faire des phrases. Ajoutez un tiret (-) si nécessaire.

a. que / est / notre Terre / nous / fragile. / Rappelons

b. Dites / au challenge. / lui / de participer / nous / avec

c. fragile, / penses / y. / est / La nature

d. la / pas / laissons / se dégrader. / Ne

4 | Remplacez les mots soulignés par un pronom. Faites les transformations nécessaires.

a. Mets <u>tes déchets</u> dans la poubelle !

b. Ne laisse pas <u>de déchets</u> dans la nature !

c. Participe <u>au Trashtag Challenge</u> avec moi !

d. Ne gaspillons pas <u>l'eau</u> !

e. Répare <u>ton vieux téléphone</u>. N'achète pas de nouveau modèle <u>de téléphone</u> !

5 | Formulez des recommandations. Utilisez les éléments entre parenthèses.

Exemple : Il faut aider les associations. (Se mobiliser avec les associations / Donner de l'argent aux associations)

→ *Mobilise-toi avec les associations ! Donne-leur de l'argent !*

a. Les animaux sauvages ont peur. (Respecter les animaux sauvages / Ne pas donner à manger aux animaux sauvages)

b. Les produits ménagers polluent. (Ne pas acheter de produits ménagers / Fabriquer soi-même les produits ménagers)

c. L'avion pollue. (Ne pas prendre l'avion / Préférer le train à l'avion)

Production écrite

6 | Imaginez une personne avec des habitudes qui ne sont pas écoresponsables.
Sur un papier, écrivez la liste de ces habitudes.

Exemple : Mes voisins se déplacent toujours en voiture. Au jardin, ils utilisent des pesticides. Ils produisent beaucoup de déchets.

Donnez votre papier à votre voisin(e). Il/Elle vous répond et vous propose quelques solutions.

Exemple : Explique-leur que la voiture pollue. Dis-leur d'acheter un vélo électrique. Invite-les à regarder des films sur la pollution.

Entraînez-vous !

Cahier d'activités

vocabulaire

La géographie et l'environnement 111

Les milieux naturels, les espaces protégés
· l'archipel *(m.)*
· le désert
· la forêt (tropicale)
· l'île *(f.)*
· le lagon
· le milieu naturel
· la nature
· l'océan *(m.)*
· le parc naturel
· la planète
· la rivière
· le site naturel

L'environnement
· la biodiversité
· l'écologie *(f.)*
· écologique
· l'espèce protégée *(f.)*

Agir pour l'environnement
· se mobiliser
· préserver (la biodiversité)
· protéger (l'environnement)
· recycler
· sauver (la planète)
· trier
· valoriser (la biodiversité)

La pollution
· le changement climatique
· le déchet
· la destruction
· disparaître
· être en danger
· le gaspillage
· les pesticides *(m.)*
· le plastique
· polluant(e)
· la poubelle
· le recyclage
· la surexploitation des ressources

1 | Trouvez sur l'image les mots de la liste *Les milieux naturels, les espaces protégés.*

2 | Trouvez dans les listes *L'environnement* et *Agir pour l'environnement* les mots qui correspondent aux définitions suivantes.
a. L'ensemble du vivant de notre planète.
b. Transformer pour réutiliser.
c. Sélectionner, classer.
d. Science qui étudie l'environnement.
e. Plante ou animal qui sont fragiles et respectés.

3 | Écrivez une légende pour chaque photo. Utilisez les mots de la liste *La pollution*.

ⓐ ⓑ ⓒ ⓓ

⌨ Production orale

4 | Vous souhaitez participer aux prochains cafés de l'écologie positive. En petits groupes, dites sur quels points vous voulez agir (gaspillage, biodiversité, protection des milieux naturels...) et préparez quelques idées d'actions !

Entraînez-vous !

Cahier d'activités

Unité **12**

Documents

D | Festival *L'animal qui court*

📱 12 Compréhension audiovisuelle

Entrée en matière

1 | Observez l'image de la chouette. Aimez-vous ce genre de films et documentaires ?

1ᵉʳ visionnage

2 | Quels sont les thèmes positifs et négatifs de ce festival ?

2ᵉ visionnage

3 | Quels animaux voyez-vous ? Choisissez les bonnes réponses.

a. Un escargot sur un légume.
b. Une panthère qui court.
c. Une araignée sur une plante.
d. Un serpent dans un jardin.
e. Des singes dans un arbre.
f. Un canari jaune qui vole.
g. Un dauphin qui nage dans la mer.
h. Un lapin qui court et un aigle qui vole.

✏️ Production écrite

4 | Choisissez un animal. Dites pourquoi il est en danger et ce que l'on peut faire pour le protéger.

E | Ces étranges comportements d'animaux

1 Pour se protéger, s'amuser, se nourrir, les animaux ont parfois des comportements surprenants. Un livre nous explique pourquoi. Extraits.

5 **L'eau à la bouche**
Par instinct, les chats préfèrent boire l'eau du robinet plutôt que celle de leur bol. Leurs ancêtres félins ne buvaient pas d'eau stagnante[1] pour 10 ne pas s'empoisonner. Pour la même raison, ils ne buvaient pas d'eau près de leur proie. Pour que votre chat se sente bien, éloignez la gamelle[2] du bol d'eau !

15 **Alerte au poulailler**
La poule possède au moins vingt-quatre cris différents, utilisés pour que ses camarades sachent qu'il y a un danger. Connu pour son cocorico matinal, le coq, lui aussi, adapte ses chants en fonction des situations, surtout pour informer en cas d'urgence.

20 **Minuteur intégré**
Sur la terre ferme ou sous l'eau, l'hippopotame peut dormir partout. Il doit reprendre son souffle[3] à la surface toutes les cinq minutes, mais la nature fait bien les choses : même en pleine sieste, il a un 25 réflexe naturel et remonte automatiquement pour ne pas manquer d'oxygène.

Joyeux compagnon
Détesté et chassé par les hommes, le rat est aussi un bon camarade. D'après les chercheurs, il adore le 30 contact et les jeux avec les humains. Mieux, ce rongeur est un excellent conducteur. Au volant de mini-véhicules, il sait se diriger dans toutes les directions.

Dancing queen
Lorsque les abeilles découvrent de nouvelles fleurs, elles 35 font une sorte de danse pour que les autres abeilles de la ruche comprennent où est le lieu intéressant.

Femme actuelle, 12-19 juillet 2021

1 *Qui ne circule pas.* 2 *L'assiette.* 3 *Sa respiration.*

📄 Compréhension écrite

Entrée en matière

1 | Observez la couverture du livre. Quelle réponse pourriez-vous donner au titre du livre ?

1ʳᵉ lecture

2 | Quel est le thème du document ?

2ᵉ lecture

3 | Quelle est la réponse au titre du livre ?

4 | Pourquoi est-ce que le chant du coq est spécial ?
5 | Pourquoi l'hippopotame sort-il de l'eau de manière automatique ?
6 | Quelles sont les qualités du rat ?
7 | Dans quel but est-ce que l'abeille danse ?

💬 Production orale

8 | Avez-vous observé un comportement étrange chez un animal ? Racontez !

Grammaire

L'expression du but

Échauffement

1 ▪ Observez les phrases suivantes. Qu'est-ce qu'on exprime avec les mots en gras ?

   a. Pour se protéger, les animaux ont des comportements surprenants.

   b. Ils ne buvaient pas d'eau stagnante **pour** ne pas s'empoisonner.

   c. Pour que votre chat se sente bien, éloignez la gamelle du bol d'eau !

   d. Elles dansent **pour que** les autres abeilles comprennent où est le lieu intéressant.

2 ▪ Quelle est la forme du verbe après *pour* et *pour que* ?

Fonctionnement

3 ▪ Complétez les phrases avec *infinitif* ou *subjonctif*.

Pour exprimer le but, on utilise...	
à la forme affirmative :	**à la forme négative :**
• *Pour* + verbe à ...... • *Pour que* + verbe au	• *Pour* + *ne pas* + verbe à ...... • *Pour que* + verbe au ...... (forme négative)
Quand utiliser *pour* et *pour que* ?	

• Quand le sujet est le même dans les deux parties de la phrase, on utilise **pour**.
   *Le coq chante **pour informer** en cas d'urgence.*
 • Quand le sujet des deux verbes est différent, on utilise **pour que**.
   ***La poule** crie **pour que ses camarades** sachent qu'il y a un danger.*	

Entraînement

4 ▪ Complétez les phrases avec *pour* ou *pour que*.

   a. On célèbre la journée des animaux ...... améliorer leurs conditions de vie.

   b. Cette association propose des formations ...... les gens s'occupent bien de leur animal domestique.

   c. Elle laisse son chat sortir ...... il rencontre d'autres chats.

   d. Je préfère travailler à la maison ...... ne pas laisser mon chien seul.

   e. ...... votre rat domestique s'amuse, offrez-lui une petite voiture !

5 ▪ Infinitif ou subjonctif ? Conjuguez le verbe si nécessaire.

   a. Vous pouvez adopter une poule pour (*avoir*) ...... des œufs tous les jours.

   b. Il faut protéger la biodiversité pour que les espèces animales (*ne pas disparaître*) ....

   c. Salma lit un livre pour (*comprendre*) ...... le comportement des abeilles.

   d. Ce vétérinaire a créé une grande ferme pour que les animaux (*avoir une fin de vie tranquille*) ....

   e. Vous devez promener souvent votre chien pour qu'il (*être en forme*) ....

6 ▪ Complétez librement les phrases suivantes avec *pour* et *pour que*.

   a. Je donne de l'argent à cette association de protection des animaux…

   b. Le festival du film animalier existe…

   c. Les chats sont parfois agressifs…

   d. Il a publié ce livre sur le comportement des animaux…

   e. Dans la nature, je ne fais pas de bruit…

   f. L'agriculture biologique n'utilise pas de pesticides…

Production écrite ➡ DELF

7 ▪ Vous faites partie d'une organisation qui protège les animaux. Vous écrivez à un(e) camarade. Vous lui expliquez les objectifs de cette organisation et vous donnez vos impressions. *(60 mots minimum)*

Entraînez-vous !

Cahier d'activités

Unité **12**

Cultures

La biodiversité dans le monde

F ▌ Des espèces menacées en Outre-mer…

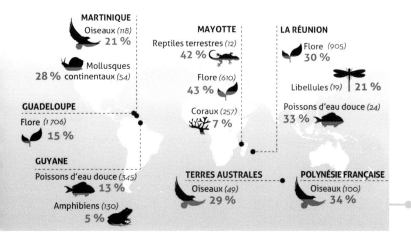

MARTINIQUE
Oiseaux *(118)*
21 %

Mollusques
28 % continentaux *(54)*

GUADELOUPE
Flore *(1 706)*
15 %

GUYANE
Poissons d'eau douce *(345)*
13 %

Amphibiens *(130)*
5 %

MAYOTTE
Reptiles terrestres *(12)*
42 %

Flore *(610)*
43 %

Coraux *(257)*
7 %

TERRES AUSTRALES
Oiseaux *(49)*
29 %

LA RÉUNION
Flore *(905)*
30 %

Libellules *(19)* **21 %**

Poissons d'eau douce *(24)*
33 %

POLYNÉSIE FRANÇAISE
Oiseaux *(100)*
34 %

📄 Compréhension écrite

Lecture

1 ▌ Que présente ce document ?

2 ▌ Quel territoire compte le plus grand nombre d'espèces menacées ?

💬 Production orale

3 ▌ Quelles espèces menacées connaissez-vous ?

● **État de la biodiversité ultramarine**
Boukan, le courrier ultramarin, 28 juin 2021

G ▌ … mais aussi des espèces préservées !

1 Il y a parfois des informations positives sur l'environnement et la biodiversité. Heureusement ! Nous sommes pour les bonnes nouvelles ! En voici quelques-unes :

On a découvert à Madagascar le plus petit reptile du monde.
5 Le mâle mesure 13,5 millimètres et tient sur le bout d'un doigt ! Il s'appelle *Brookesia nana* et appartient à la famille du caméléon. Les scientifiques viennent de l'identifier, et ils sont déjà d'accord pour le protéger. La déforestation est une menace pour lui.

10 L'Inde compte aujourd'hui 3 000 tigres sauvages. En cinq ans, c'est une augmentation de 30 % ! L'Inde, comme treize autres pays, s'est engagée à protéger et à faire augmenter régulièrement sa population de tigres. Bravo !

15 L'an dernier, quatorze pays se sont mis d'accord pour réduire la pêche dans les mers et les océans. Pour que la pêche soit plus responsable, ils ont décidé de favoriser le renouvellement des poissons. Nous approuvons cette décision !

Source : *Les Échos*

📄 Compréhension écrite

Lecture

1 ▌ Quelle espèce a-t-on découverte ?

2 ▌ Comment évolue le nombre de tigres en Inde ?

3 ▌ Le nombre de poissons va-t-il encore baisser ?

Vocabulaire

4 ▌ Associez.

   a. Heureusement !

   b. Nous sommes pour les bonnes nouvelles.

   1. Nous aimons les bonnes nouvelles.

   2. C'est une chance.

💬 Production orale

5 ▌ Dans le domaine de l'environnement, présentez un changement positif. Dites pourquoi vous l'approuvez.

📷 *h, le cliché !*

« Les Français, fous de leurs animaux de compagnie. »
En 2020, il y a environ 75 millions d'animaux de compagnie en France pour 66,73 millions d'habitants. Cela représente 15 millions de chats, 7,5 millions de chiens et 26 millions de poissons. (source : FACCO)

→ Et dans votre pays, quel est l'animal le plus apprécié ?

▸ **Pour** **exprimer son approbation**

• Bravo !

• Ils se sont mis d'accord pour réduire la pêche.

• Nous sommes pour les bonnes nouvelles !

• Ils sont d'accord pour le protéger.

• Nous approuvons cette décision.

Vocabulaire

Les animaux 112

Les animaux domestiques/ de compagnie
· le chat
· le cheval, les chevaux
· la chèvre
· le chien
· le lapin
· le mouton
· le poisson
· la vache

Les animaux du jardin
· l'abeille (f.)
· l'araignée (f.)
· le caméléon
· l'escargot (m.)
· la libellule
· le serpent
· la tortue

Les mammifères sauvages
· le dauphin
· l'hippopotame (m.)
· la panthère
· le rat
· le singe
· le tigre

Les oiseaux
· l'aigle (m.)
· le canard
· le canari
· la chouette
· le coq
· la poule

1 | Devinettes.
- **a.** Il perd sa laine.
- **b.** Elle a huit pattes mais pas d'ailes.
- **c.** C'est un oiseau qui a de grandes ailes et une bonne vue.
- **d.** C'est un reptile qui peut changer de couleur.
- **e.** C'est un oiseau qui vit la nuit.
- **f.** Elle fait du miel.

2 | Observez l'image, retrouvez les noms des animaux et complétez le texte avec les mots suivants : *poule – coq – poissons – canari – cheval – chat – chien – lapin – oiseaux*

Les chiffres de la population animale en France (2020)

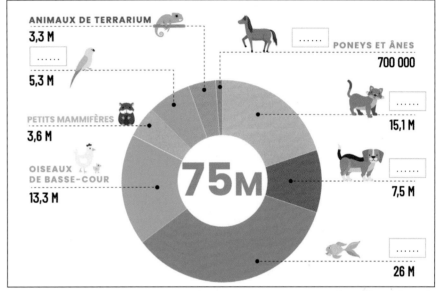

ANIMAUX DE TERRARIUM
3,3 M
...... 5,3 M

PETITS MAMMIFÈRES
3,6 M

OISEAUX DE BASSE-COUR
13,3 M

75M

...... PONEYS ET ÂNES 700 000

...... 15,1 M

...... 7,5 M

...... 26 M

https://www.facco.fr

D'après les statistiques, il y a 26 millions de ...... en France. Les Français aiment beaucoup les animaux domestiques, comme le ...... (15,1 millions), ou le ...... (7,5 millions) considéré comme le meilleur ami de l'Homme. Il y a aussi 3,6 millions de petits mammifères, par exemple le .... On compte aussi 5,3 millions d'....., comme le ......, et 13,3 millions d'oiseaux de basse-cour, par exemple la ...... ou le .... Enfin, il ne faut pas oublier l'autre meilleur ami de l'Homme, le ...... : il y en a 700 000 en France.

3 | Parmi les animaux des listes, lesquels :
- **a.** vivent sur Terre ?
- **b.** vivent dans l'eau ?
- **c.** ont des plumes ?
- **d.** ont plus de quatre pattes ?
- **e.** n'ont pas de pattes ?

4 | Associez chaque expression imagée à sa signification.
- **a.** Se coucher avec les poules.
- **b.** Poser un lapin.
- **c.** Avancer comme une tortue.
- **1.** Dormir tôt.
- **2.** Être très lent(e).
- **3.** Ne pas aller à un rendez-vous.

Production écrite et orale

5 | Lisez le titre de ce roman. Choisissez un animal, donnez-lui un pouvoir et décrivez-le. Présentez au groupe votre animal. Le groupe choisit celui qui a les meilleurs pouvoirs.

Entraînez-vous !

 Cahier d'activités

Unité 12

Documents

H ❙ Une action de reforestation en Côte d'Ivoire 113

🎧 Compréhension orale

> Avec 500 francs CFA, tu plantes cinq arbres forestiers.

Entrée en matière

1 ❙ Lisez le titre et la phrase extraite du document. Quel est le thème de ce document ?

1ʳᵉ écoute (du début à « en Côte d'Ivoire. »)

2 ❙ D'après Sarah Traboulsi, les forêts sont importantes car :
   a. elles favorisent la biodiversité.
   b. elles font la beauté des paysages.
   c. elles permettent aux Hommes de vivre sur Terre.

2ᵉ écoute (de « Écoute » à la fin)

3 ❙ Comment les gens peuvent-ils participer à l'action ?

💬 Production orale

4 ❙ Avez-vous envie de participer à une campagne de ce type ? Pourquoi ?

I ❙ Initiatives pour la forêt

1 **Droits de l'arbre**
Aujourd'hui, en France, les arbres sont encore considérés comme des objets. L'association A.R.B.R.E.S n'est pas d'accord avec cela. Le 5 avril, elle a rédigé une déclaration des droits de l'arbre. Quel est son but ? Protéger les
5 arbres en France. Le texte affirme que « l'arbre est un être vivant ». Il doit donc être respecté comme tous les êtres vivants. Le texte propose aussi de considérer certains arbres comme des « monuments naturels ».

Nantes : ils font pousser des forêts cent fois plus riches en biodiversité
« MiniBigForest », c'est l'art de faire pousser 300 arbres sur l'équivalent
10 de six places de parking ! La méthode consiste à créer une micro-forêt primitive. Elle a été développée par un botaniste japonais, Akira Miyawaki. La forêt est créée plus rapidement ; elle est trente fois plus dense, avec cent fois plus de biodiversité qu'une forêt traditionnelle.

#NOUSSOMMESFORÊT
15 Des citoyens et des associations de protection de la nature et de la santé protestent contre la destruction inutile des arbres. Ils se mobilisent et disent non à la violence contre les forêts et contre la nature en général.

Natives n° 1, été 2020

📖 Compréhension écrite

1ʳᵉ lecture

1 ❙ De quoi parle cet article ?

2ᵉ lecture

2 ❙ Quel est l'objectif de l'association A.R.B.R.E.S ?

3 ❙ Quelles sont les caractéristiques des mini-forêts de Miyawaki ?

4 ❙ Contre quoi le collectif #NOUSSOMMESFORÊT se bat ?

📝 Production écrite

5 ❙ Vous travaillez dans une association active pour la protection de la nature. Contre quoi vous protestez ? Écrivez un message pour votre réseau social.

> **Pour protester**
> • L'association n'est pas d'accord avec cela.
> • Ils protestent contre la destruction des arbres.
> • Ils disent non à la violence.

J | Jardinons ensemble ! 114

 Compréhension orale

> « Maintenant, mon jardin est cultivé par une personne compétente. »

Entrée en matière

1 | Observez l'image. Que font ces personnes ?

1re écoute (du début à « son expérience avec plantezcheznous.com. »)

2 | Le site <u>plantezcheznous</u> permet de :
- **a.** faire du co-jardinage entre particuliers.
- **b.** trouver des jardiniers professionnels.
- **c.** se former au jardinage.

3 | Comment est-ce que Chantal Perdigau a eu l'idée de créer ce site ?

2e écoute (de « Alors moi » à la fin)

4 | D'après le journaliste, quelles sont les compétences de Chantal Perdigau ?

5 | Le document parle d'Alex et Nadia : qui a un jardin ? qui n'a pas de jardin ?

6 | Que font Alex et Nadia avec les fruits et légumes récoltés ?

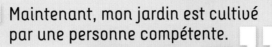

Production écrite

7 | Postez un message sur le site <u>plantezcheznous</u>. Présentez vos compétences et proposez de jardiner chez quelqu'un.

» Pour dire ce qu'on sait faire
- Elle sait faire beaucoup de choses.
- Elle est bonne en informatique.
- Elle sait animer un réseau.
- Il connaît très bien les plantes.
- Il sait travailler dans un jardin.

Grammaire | La forme passive

Échauffement

1 | Dans les phrases suivantes, quel est le sujet du verbe en gras ? Quel sujet fait l'action dans chacune des phrases ?
- **a.** Le site **a été créé** par Chantal Perdigau.
- **b.** J'**ai été contactée** par Alexandre.
- **c.** Mon jardin **est cultivé** par une personne compétente.

Fonctionnement

Emploi
• La forme passive permet d'insister sur le résultat et les acteurs d'une action. Elle présente la même action que la forme active mais d'un point de vue différent. • **Forme active :** *Un botaniste développe la méthode.* • **Forme passive :** *La méthode **est développée** par un botaniste.*
Formation
• La forme passive se construit avec l'auxiliaire ***être*** + **participe passé du verbe**. • Le participe passé s'accorde en genre et en nombre avec le sujet du verbe. • Pour indiquer les différents temps, on conjugue l'auxiliaire ***être*** : **Présent :** *Mon jardin **est cultivé** par une personne compétente.* **Passé composé :** *Mon jardin **a été cultivé** par une personne compétente.* **Futur :** *Mon jardin **sera cultivé** par une personne compétente.*

Entraînement

2 | Les phrases suivantes sont-elles à la forme active ou à la forme passive ?
- **a.** Votre argent est bien utilisé par cette association.
- **b.** La campagne de reforestation sera un succès.
- **c.** Nous avons publié une annonce sur ce site.
- **d.** Les micro-forêts ont été inventées par Akira Miyawaki.
- **e.** Des milliers d'arbres seront plantés par notre association.

Entraînez-vous !

Cahier d'activités

Unité 12

Entraînement

Discrimination

1 | Écoutez et observez. Quels sont les « e » [ə] 115 qui se prononcent ? et quels sont les « e » [ə] qui ne se prononcent pas ?

a. Notre Terre

b. Des entreprises

c. Des ressources

2 | Écoutez et dites si vous entendez le son [ə]. 116

	J'entends [ə]	Je n'entends pas [ə]
a.		X
b.		
c.		
d.		
e.		
f.		
g.		

3 | Complétez les règles avec des exemples de l'activité 2.

a. Le « e » ne se prononce pas :

- en fin de mot : ….

- quand il est entre deux consonnes phonétiques : …..

b. Le « e » se prononce :

- en début de mot : …..

- quand il est dans un groupe de trois consonnes phonétiques : …..

Interprétation

4 | Écoutez le texte puis lisez-le à voix haute. 117

Les 10 commandements du citoyen responsable

1. Tu protégeras l'environnement.

2. Tu ne gaspilleras pas les ressources naturelles.

3. Tu trieras tes déchets correctement.

4. Tu préserveras la biodiversité.

5. Tu consommeras raisonnablement.

6. Tu achèteras des produits de saison.

7. Tu échangeras des objets ou des services.

8. Tu te déplaceras à pied ou à vélo.

9. Tu utiliseras des produits écologiques.

10. Tu apprécieras la beauté de la nature.

Entraînez-vous !

Cahier d'activités

---

l'essentiel

Grammaire

L'impératif et les pronoms

1 | Transformez la deuxième phrase en mettant les verbes soulignés à l'impératif.

a. La nature est fragile. Tu dois y penser.

b. Je vais au festival du film animalier. Tu dois me dire si tu viens avec moi.

c. L'avion pollue beaucoup. Tu ne dois pas le prendre.

d. Ton téléphone ne fonctionne pas ? Tu ne dois pas le jeter, tu dois le donner à un réparateur.

e. Tu cherches une personne qui peut jardiner avec toi ? Tu dois te connecter sur un site de co-jardinage.

La forme passive

2 | Transformez les phrases à la forme passive comme dans l'exemple.

Exemple : *5 000 personnes ont vu mon annonce sur le site plantezcheznous.*

→ *Mon annonce sur le site plantezcheznous a été vue par 5 000 personnes.*

a. Les bénévoles ramassent les déchets.

b. Le jury publiera les meilleures photos.

c. Le collectif a réalisé une campagne d'information.

d. La pollution menace la biodiversité.

e. Un biologiste a découvert une nouvelle espèce de caméléon.

Vocabulaire

La géographie et l'environnement

3 | Trouvez l'intrus dans chaque liste.

a. la nature – le gaspillage – la biodiversité – l'environnement

b. détruire – se mobiliser – agir – être actif

c. trier – disparaître – valoriser – recycler

d. la rivière – la mer – l'océan – le désert

Les animaux

4 | Citez :

a. trois animaux de compagnie.

b. deux animaux du jardin.

c. deux oiseaux.

d. trois mammifères sauvages.

Présenter des œuvres pour un festival

Vous allez choisir et présenter des œuvres pour le festival Littérature et Écologie.

Objectifs

- Présenter un texte créatif
- Dire pourquoi un texte créatif vous plaît ou ne vous plaît pas
- Discuter pour faire des choix

Démarche

Formez trois groupes.

1 ▷ Préparation

- Avec votre groupe, choisissez un texte.
- Lisez le texte choisi puis discutez entre vous :
- Qui est l'auteur(e) ?
- De quoi parle l'extrait littéraire ?
- Est-ce qu'il vous plaît ? Pourquoi ?

▷ Pour dire ses sentiments sur un texte

- J'aime bien ce texte parce que…
- Je trouve que ce texte est…
- Ce texte me fait rire, réfléchir, rêver…

2 ▷ Réalisation

- Préparez une présentation orale de l'œuvre choisie (auteur(e), thème…).
- Recherchez également d'autres œuvres et titres de presse, francophones ou non, qui pourraient être dans la programmation du festival.

▷ Pour présenter un texte

- Ce texte est extrait de…
- Il a été écrit par… en…
- Il parle de…

3 ▷ Présentation

- Chaque groupe présente ses propositions.
- En grand groupe, choisissez les cinq œuvres qui seront présentées au festival.

▷ Pour faire un choix

- Nous nous sommes mis(es) d'accord.
- Vous êtes d'accord avec nous ?
- Je vote pour/contre !
- Un grand oui pour ce roman !
- Ce roman, c'est non !
- Nous sommes pour/contre ce choix.
- Je pense que ce roman, c'est une excellente idée parce que…
- C'est une très mauvaise idée parce que…

À Aurore

La nature est tout ce qu'on voit,
Tout ce qu'on veut, tout ce qu'on aime.
Tout ce qu'on sait, tout ce qu'on croit,
Tout ce que l'on sent en soi-même.
Elle est belle pour qui la voit,
Elle est bonne à celui qui l'aime,
Elle est juste quand on y croit
Et qu'on la respecte en soi-même.
Regarde le ciel, il te voit,
Embrasse la terre, elle t'aime.
La vérité c'est ce qu'on croit
En la nature c'est toi-même.

George SAND, 1873

Cette planète n'est pas très sûre

Comment sait-on que les dinosaures ont disparu ? Et… est-ce bien sûr ?

En ce début de troisième millénaire, on pourrait croire que les dinosaures ne sont pas tous morts depuis longtemps, tant ils nous sont familiers. Ils sont presque des animaux de compagnie, très présents dans notre imaginaire, et l'imaginaire est quand même une part réelle de notre vie. (…)

On les aime, les dinosaures, parce que leur corps spectaculaire montre ce dont ils sont capables par leur forme même, (…) on les aime parce qu'ils sont terribles et disparus. Mais toujours là. Oui, ces animaux familiers depuis l'enfance, on pourrait les croire encore parmi nous, on en parle tellement qu'on pourrait penser qu'ils n'ont pas disparu, tous ensemble et définitivement, il y a 660 000 siècles. (…) « Mais au fait, les dinosaures… comment sait-on qu'ils ont disparu ? » (…)

« Ben… ça se voit, non ? Il n'y en a plus… » Et un geste circulaire accompagne ce soupir, comme pour prouver que vraiment, là autour, il n'y en a plus. Vraiment.

Alexis JENNI, *Cette planète n'est pas très sûre*, 2022

Nageur d'alerte

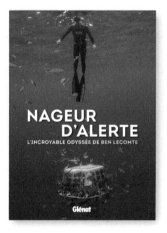

Dans les années 1980, j'ai vu le film *Le Lauréat*. Benjamin, le personnage joué par Dustin Hoffman, vient juste de finir ses études. Un ami lui demande ce qu'il envisage de faire comme métier. Comme il n'en a pas la moindre idée[1], son ami lui dit : « Le plastique, c'est l'avenir. ». (…) Nous savons depuis plusieurs années que le plastique tel qu'on le connaît[2] et l'utilise n'a pas d'avenir. J'ai donc choisi de traverser le continent de plastique en nageant, d'une part pour sensibiliser le public à cette pollution et d'autre part pour effectuer des prélèvements. (…)

À chaque fois que nous utilisons un produit en plastique, il y a de grandes chances pour qu'à la fin de son cycle de vie, il contribue à la dégradation de notre environnement et de notre qualité de vie. (…)

Nous sommes dans une période de transition et en recherche de solutions. Quel est le rôle du plastique dans l'avenir de chacun d'entre nous ? Nous avons considéré la terre, et surtout l'océan, comme un monde qui absorbait tout ce qu'on jetait. Et comme par magie, dans l'océan, tout disparaissait, du moins de notre vue. Mais depuis plusieurs années, on a pris conscience des limites de l'océan et de l'impact de nos activités sur la vie marine, ce qui est particulièrement perceptible[3] avec le plastique.

Ben LECOMTE, *Nageur d'alerte*, 2020

1 Aucune idée. 2 Comme on le connaît. 3 Visible.

Diplôme d'études en langue française DELF A2

Nouvelle épreuve

Niveau A2 du Cadre européen commun de référence pour les langues

NATURE DES ÉPREUVES	DURÉE	NOTE SUR
1. Compréhension de l'oral Réponse à des questionnaires de compréhension portant sur plusieurs courts documents enregistrés ayant trait à des situations de la vie quotidienne (deux écoutes). *Durée maximale des documents : 5 minutes*	**25 minutes**	/25
2. Compréhension des écrits Réponse à des questionnaires de compréhension portant sur plusieurs courts documents écrits ayant trait à des situations de la vie quotidienne.	**30 minutes**	/25
3. Production écrite Épreuve portant sur la description (événement, expériences personnelles...) et l'interaction (inviter, remercier, s'excuser, proposer, demander, informer, féliciter...).	**45 minutes**	/25
4. Production orale *Épreuve en trois parties :* • entretien dirigé ; • monologue suivi ; • exercice en interaction.	**6 à 8 minutes** *Préparation : 10 minutes*	/25
	NOTE TOTALE :	/100

Seuil de réussite pour obtenir le diplôme : 50/100

Note minimale requise par épreuve : 5/25

Durée totale des épreuves collectives : 1 heure 40 minutes

DELF A2

DELF A2

 1. Compréhension de l'oral (25 points)

Vous allez écouter plusieurs documents. Il y a 2 écoutes.
Avant chaque écoute, vous entendez le son suivant : 🔔*.*
Dans les exercices 1, 2, 3 et 4, pour répondre aux questions, cochez ☒ *la bonne réponse.*

118 Exercice 1 (6 points)

Vous écoutez des annonces publiques.

Document 1
Lisez la question. Écoutez le document puis répondez.

1 I Qu'est-ce que vous devez faire ? (1 point)
   A ☐ Descendre du tramway.
   B ☐ Monter dans le tramway.
   C ☐ Rester dans le tramway.

Document 2
Lisez la question. Écoutez le document puis répondez.

2 I Quels nouveaux produits sont à découvrir dans ce magasin ? (1 point)

   A ☐   B ☐   C ☐

Document 3
Lisez la question. Écoutez le document puis répondez.

3 I À quelle heure part le bus ? (1 point)
   A ☐ à 19 h 30.   B ☐ à 20 h 00.   C ☐ à 19 h 20.

Document 4
Lisez la question. Écoutez le document puis répondez.

4 I Où entendez-vous cette annonce ? (1 point)

   A ☐   B ☐   C ☐

Document 5
Lisez la question. Écoutez le document puis répondez.

5 I Il est interdit de… (1 point)
   A ☐ sortir du théâtre.
   B ☐ changer de place.
   C ☐ courir dans la salle.

Document 6

Lisez la question. Écoutez le document puis répondez.

6 | Quel produit pouvez-vous goûter aujourd'hui ? *(1 point)*

A ☐   B  ☐   C ☐

119 **Exercice 2** *(6 points)*

Vous écoutez la radio.

Document 1

Lisez les questions. Écoutez le document puis répondez.

1 | De quoi parle-t-on dans ce bulletin d'informations ? *(1 point)*

A ☐   B  ☐   C ☐

2 | Qu'apprend-on à ce sujet ? *(1 point)*
A ☐ Que le printemps est froid cette année.
B ☐ Que le vent souffle fort sur la Côte d'Azur.
C ☐ Que les températures sont très élevées.

Document 2

Lisez les questions. Écoutez le document puis répondez.

3 | De quel type d'événement parle-t-on ? *(1 point)*
A ☐ D'un salon du sport.
B ☐ D'un salon du livre.
C ☐ D'un festival de musique.

4 | Combien de temps dure cet événement ? *(1 point)*
A ☐ Deux jours.   B ☐ Trois jours.   C ☐ Quatre jours.

Document 3

Lisez les questions. Écoutez le document puis répondez.

5 | Quel est le thème de ce salon ? *(1 point)*

A ☐   B  ☐   C ☐

6 | Que peut-on faire dans ce salon ? *(1 point)*
A ☐ Assister à des conférences.
B ☐ Écouter un concert.
C ☐ Rencontrer des personnes célèbres.

DELF A2

120 Exercice 3

(6 points)

Vous écoutez ce message sur un répondeur téléphonique. Lisez les questions. Écoutez le document puis répondez.

1 I Quel événement prépare madame Orsini ? (1 point)

A ☐ Une vente de matériel.
B ☐ Une fête d'anniversaire.
C ☐ Une réunion de travail.

2 I Elle veut savoir s'il y a… (1 point)

A ☐   B ☐   C ☐

3 I Dans la salle, madame Orsini veut mettre… (1 point)

A ☐   B ☐   C ☐

4 I Quand voudrait-elle venir ? (1 point)

A ☐ Le matin.   B ☐ L'après-midi.   C ☐ Le soir.

5 I Que souhaiterait-elle faire avant la location ? (1 point)

A ☐ Visiter les salles.   B ☐ Connaître le tarif.   C ☐ Connaître les disponibilités.

6 I Il faut… (1 point)

A ☐ la rappeler.   B ☐ attendre son appel.   C ☐ lui envoyer un message.

121 Exercice 4

(7 points)

Lisez les situations. Écoutez les dialogues et cochez la situation de communication qui correspond. Attention : il y a 6 situations mais seulement 4 dialogues.

	Demander un service	Conseiller quelque chose	Se renseigner	S'excuser	Proposer de l'aide	Inviter
Dialogue 1 *(2 points)*	☐	☐	☐	☐	☐	☐
Dialogue 2 *(2 points)*	☐	☐	☐	☐	☐	☐
Dialogue 3 *(2 points)*	☐	☐	☐	☐	☐	☐
Dialogue 4 *(1 point)*	☐	☐	☐	☐	☐	☐

2. Compréhension des écrits   (25 points)

Exercice 1   (6 points)

Vous voulez inviter vos ami(e)s français(es) au restaurant. Vous lisez ces avis.

Document 1

Le restaurant Le Potager de Magali plaira aux amoureux de la nature. On y mange bien et les produits sont 100 % bio mais ne cherchez pas la viande : tous les plats sont végétariens.

Document 2

Un décor chic et des plats raffinés, La Maison Édouard propose un menu savoureux. C'est un restaurant gastronomique de grande qualité.

Document 3

Le restaurant Le Panier de crabes est une référence pour les crustacés et les spécialités de poissons. Tout est frais, fait maison et très bien cuisiné.

Document 4

Les Gamins, c'est la meilleure adresse où petits et grands trouveront leur bonheur avec des plats à partager. Et pour les plus jeunes, une salle de jeux au fond du restaurant.

Document 5

Venez goûter la cuisine d'Afrique du Sud dans un décor de safari-photo. Une belle manière de voyager sans prendre l'avion.

Document 6

Plus qu'un restaurant, c'est une expérience culinaire. Vous serez dans l'obscurité tout le temps du repas. À vous de deviner ce que vous mangez ! Surprise et plaisir garantis !

Quel restaurant plaira à vos ami(e)s ? Associez chaque document à la personne correspondante. Attention : Il y a 8 personnes mais seulement 6 documents

Personnes	Document 1	Document 2	Document 3	Document 4	Document 5	Document 6
A. Léa et ses quatre enfants						
B. Florent, avec qui vous voyagez souvent						
C. Patricia, grande amatrice de cuisine gastronomique						
D. Sylvain et son chien						
E. Charlotte, votre amie végétarienne						
F. Cyril, fan des expériences insolites						
G. Nicolas qui adore les produits de la mer						
H. Véronique, fan de cuisine japonaise						

Exercice 2

6 points

Vous recevez ce courriel :

Lire les mails | Écrire

De :	Anna et Thibault Venant
À :	
Objet :	Cadeau mamie Bertille

Salut la famille !

Merci pour votre lettre et pour les photos. Nous adorons celle du parc de loisirs ! Nous voyons que vous allez tous bien ! Les enfants grandissent vite ! On espère vous voir bientôt.
Vous pensez venir cet été chez mamie Bertille ? Nous, ce n'est pas sûr parce que Thibault travaille au salon de coiffure en juillet et moi à la boulangerie en août. Nous allons passer la voir un week-end en septembre. On va célébrer son anniversaire avec elle ! Nous apporterons un gâteau et nous pensons lui acheter un collier avec le nom de tous ses enfants. Qu'est-ce que vous en dites ?
Écrivez-nous vite !

On vous embrasse.
Anna et Thibault

Pour répondre aux questions, cochez la bonne réponse.

1 I Quelle relation avez-vous avec les expéditeurs de ce courriel ? 1 point
A ☐ Vous travaillez ensemble.
B ☐ Vous êtes amis d'enfance.
C ☐ Vous êtes de la même famille.

2 I Qu'avez-vous envoyé avec votre dernier courrier ? 1 point

A ☐    B ☐   C ☐

3 I Où Thibault travaille-t-il ? 1 point
A ☐ Dans une boulangerie.
B ☐ Dans un parc de loisirs.
C ☐ Dans un salon de coiffure.

4 I Quand pensent-ils aller chez Bertille ? 1 point
A ☐ En juillet.   B ☐ En août.   C ☐ En septembre.

5 I Qu'est-ce que l'on fêtera ? 1 point
A ☐ Le mariage de Thibault.
B ☐ L'anniversaire de Bertille.
C ☐ La naissance d'un enfant.

6 I Qu'est-ce qu'ils vont acheter ? 1 point

A ☐   B ☐   C ☐

Exercice 3

Document 1
Vous cherchez du travail et vous découvrez cette application mobile :

Créez un profil professionnel original en quatre clics avec VidéoPro !
Vous cherchez du travail mais vous ne savez pas comment montrer votre motivation aux entreprises ? Nous allons vous aider !

1. Installez notre application et créez votre profil en remplissant le formulaire. Indiquez vos compétences et vos qualités.

2. Réalisez votre vidéo : nous vous posons des questions et vous vous filmez avec votre téléphone portable. Ensuite, nous faisons le montage pour vous !

3. N'oubliez pas de proposer aux personnes de vous contacter par différents moyens : courriel, téléphone ou réseaux sociaux.

4. Votre vidéo est prête en quelques minutes ! Téléchargez-la et envoyez-la avec votre candidature. Les résultats sont immédiats.

Répondez aux questions.

1 I À quoi sert cette application ? *(1 point)*
- A ☐ À développer votre entreprise en version digitale.
- B ☐ À montrer votre motivation professionnelle d'une façon différente.
- C ☐ À rencontrer de nouveaux ami(e)s sur les réseaux sociaux.

2 I Vous avez installé l'application. Quelle est l'étape suivante ? *(1 point)*
- A ☐ Répondre à des questions.
- B ☐ Quitter l'application mobile.
- C ☐ Enregistrer un message vocal.

3 I Qu'est-ce qu'on vous propose de créer ? *(1 point)*
- A ☐ Des vidéos.
- B ☐ Des photos.
- C ☐ Des lettres.

4 I De quoi avez-vous besoin ? *(1 point)*
- A ☐ D'une caméra numérique.
- B ☐ D'un téléphone portable.
- C ☐ D'un ordinateur portable.

Document 2
Vous avez installé l'application et vous recevez ce courriel :

| Lire les mails | Écrire |

De :	Romain VidéoPro
À :	
Objet :	Finalisation de votre inscription

Bonjour,

Merci de nous avoir choisis !
Vous avez décidé de faire la différence et d'utiliser VidéoPro pour vos prochaines candidatures. Félicitations !
Attention, votre inscription n'est pas terminée. Il vous reste encore votre vidéo à enregistrer : vous devez ouvrir l'application mobile et suivre les instructions.

À très vite !
Romain, administrateur de VidéoPro

Répondez aux questions.

1 I Ce courriel vous informe que…   (1 point)
- A ☐ vous devez finaliser votre inscription.
- B ☐ vous avez terminé de remplir votre profil.
- C ☐ vous avez trouvé du travail chez VidéoPro.

2 I Qu'est-ce que vous devez faire en premier ?   (1 point)
- A ☐ Télécharger les instructions.
- B ☐ Écrire un mail à l'administrateur.
- C ☐ Ouvrir l'application mobile.

Exercice 4   (7 points)

Vous lisez cet article de journal. Pour répondre aux questions, cochez la bonne réponse.

« Les lumières de Noël » sont de retour à Reims

Le maire de la cité des Rois a fêté samedi 25 novembre l'ouverture du marché de Noël. Cet événement traditionnel attire chaque hiver 50 000 visiteurs. Les décors et les illuminations sont encore plus beaux pour cette 5ᵉ édition qui réunit 140 artisans et exposants dans les chalets de la place d'Erlon. Un chiffre légèrement moins important que les années précédentes. « *Nous jouons la carte du local cette année et nous voulons valoriser les produits de la région. Les visiteurs peuvent goûter et acheter les fromages locaux ou les biscuits roses* », détaille le maire. Les animations commenceront le 2 décembre et la magie de Noël va durer jusqu'au 27 décembre dans les rues de la ville.

Répondez aux questions.

1 I Cet article parle de l'ouverture…   (1 point)
- A ☐ d'un musée.
- B ☐ d'un marché.
- C ☐ d'un château.

2 I La ville de Reims organise cet événement pour la première fois. (1,5 point)
- A ☐ Vrai.
- B ☐ Faux.

3 I Il y a plus d'exposants que les années précédentes.   (1,5 point)
- A ☐ Vrai.
- B ☐ Faux.

4 I Que pouvez-vous faire pendant cet événement ?   (1,5 point)
- A ☐ Jouer aux cartes.
- B ☐ Déguster des produits locaux.
- C ☐ Profiter d'une visite guidée.

5 I Quand se termine cet événement ?   (1,5 point)
- A ☐ Le 25 novembre.
- B ☐ Le 2 décembre.
- C ☐ Le 27 décembre.

3. Production écrite

(25 points)

Exercice 1

(13 points)

Hier soir, vous êtes allé(e) dans un restaurant. Vous souhaitez laisser un commentaire positif ou négatif sur Internet. Décrivez comment la soirée s'est passée (l'accueil, les plats choisis…). Vous donnez également vos impressions générales (ce qui vous a plu et ce que vous n'avez pas apprécié). *(60 mots minimum)*

Note : ☆ ☆ ☆ ☆ ☆

Titre : ....

Avis : ....

....

....

....

....

Exercice 2

(12 points)

Vous avez reçu un message de votre collègue de travail. Vous lui envoyez un courriel pour le/la remercier. Vous acceptez sa proposition et vous posez quelques questions sur l'organisation (prix, horaires de cours, matériel…). *(60 mots minimum)*

Salut !
Une nouvelle salle de sport vient d'ouvrir à côté du bureau. Il y a des cours de yoga, de danse et même des cours de musculation ! Ça te dit d'y aller ensemble avant ou après le travail ?

4. Production orale

(25 points)

Préparation : 10 minutes

Cette épreuve de production orale comporte trois parties. Elle dure 6 à 8 minutes. La première partie se déroule sans préparation. Vous avez 10 minutes pour préparer les parties 2 et 3 (monologue suivi et exercice en interaction). Les trois parties s'enchaînent.

① Entretien dirigé : 1 minute 30 environ. (*sans préparation*)

Après avoir salué votre examinateur, vous vous présentez (vous parlez de vous, de votre famille, de vos ami(e)s, de vos études, de vos goûts, des animaux que vous aimez, etc.).
L'examinateur vous posera des questions complémentaires.

② Monologue suivi : 2 minutes environ. (*avec préparation*)

Vous tirez au sort deux sujets et vous en choisissez un. Vous vous exprimez sur ce sujet. L'examinateur peut ensuite vous poser des questions pour vous aider.

> *Sujet 1*
> **Avez-vous une passion, un loisir, un sport que vous adorez ? Qu'est-ce que vous appréciez dans cette activité ? Dites quelle place elle tient dans votre vie.**

> *Sujet 2*
> **Utilisez-vous des applications sur votre téléphone portable ? Est-ce qu'elles vous aident dans votre vie quotidienne ? Pourquoi ? Expliquez.**

③ Entretien en interaction : 3 à 4 minutes environ. (*avec préparation*)

Vous tirez au sort deux sujets et vous en choisissez un. Vous devez simuler un dialogue avec l'examinateur afin de résoudre une situation de la vie quotidienne. Vous montrez que vous êtes capable de saluer et d'utiliser des règles de politesse. Dans certains sujets, le genre masculin est utilisé pour alléger le texte. Vous pouvez naturellement adapter la situation en adoptant le genre féminin.

> *Sujet 1 - Vacances*
> **Vous voulez louer une maison en France pour les vacances d'été. Vous appelez le propriétaire et vous lui demandez des renseignements (localisation de la maison, équipements, tarif, disponibilité…). L'examinateur joue le rôle du propriétaire.**

> *Sujet 2 - Centre de loisirs*
> **Vous vivez en France et vous cherchez des activités pour vos enfants pendant les vacances. Vous allez dans un centre de loisirs pour demander des renseignements (horaires, prix, activités proposées…). L'examinateur joue le rôle du responsable du centre.**

Phonie-graphie

Les voyelles et les semi-voyelles

[i]   ami, mystère, île

[e]   il a parlé, chez, pied, aller, mes (e + *consonne muette*)

[ɛ]   progrès, carnet, fête, cher (e + *consonne prononcée*), je vendais, treize

[a]   madame, là, pâtes, récemment, femme

[y]   culture, sûr, j'ai eu

[ø]   feu, chanteuse (+ [z]), œufs et bœufs (au pluriel)

[œ]   menteur, cœur, œuf et bœuf (au singulier)

[u]   nous, où, goût, août

[o]   trop (o + *consonne muette*), rose (+ [z]), hôtel, chaud, beau

[ɔ]   téléphone

[ɛ̃]   un, parfum, raisin, simple, pain, faim, peinture, italien, moyen, synthèse, sympa

[ã]   avant, chambre, vent, exemple

[ɔ̃]   macaron, pompier

[j]   travailler, soleil, crayon, miel (i + *voyelle*)

[ɥ]   lui, muet

[w]   moi, coin, citoyen, mouette

Les consonnes

[p]   pomme, appel

[b]   belle

[t]   tard, attendre, petit ami

[d]   douze

[k]   kilo, classe, car, comme, cube, d'accord, cinq, quitter

[g]   gare, guide, goûter

[f]   facile, difficile

[v]   voiture

[s]   servir, piste, passer, leçon, ça, reçu, glace, cinéma, cycle, nationalité, natation

[z]   valise, les étudiants, zéro, deux amis, chez elle

[ʃ]   chat

[ʒ]   déjà, fromage, girafe, gym

[m]   mère, pomme

[n]   nous, donner, mon ami, un ami

[l]   Italie, belle

[ʀ]   revoir, arriver

[ɲ]   gagner

Conjugaisons

Présent	Impératif	Passé Composé	Imparfait	Futur simple	Conditionnel présent	Subjonctif présent
ÊTRE						
Je suis	Sois	J'ai été	J'étais	Je serai	Je serais	Que je sois
Tu es	Soyons	Tu as été	Tu étais	Tu seras	Tu serais	Que tu sois
Il/Elle/On est	Soyez	Il/Elle/On a été	Il/elle/on était	Il/elle/on sera	Il/elle/on serait	Qu'il/elle/on soit
Nous sommes		Nous avons été	Nous étions	Nous serons	Nous serions	Que nous soyons
Vous êtes		Vous avez été	Vous étiez	Vous serez	Vous seriez	Que vous soyez
Ils/Elles sont		Ils/Elles ont été	Ils/elles étaient	Ils/elles seront	Ils/elles seraient	Qu'ils/elles soient
AVOIR						
J'ai	Aie	J'ai eu	J'avais	J'aurai	J'aurais	Que j'aie
Tu as	Ayons	Tu as eu	Tu avais	Tu auras	Tu aurais	Que tu aies
Il/Elle/On a	Ayez	Il/Elle/On a eu	Il/elle/on avait	Il/elle/on aura	Il/elle/on aurait	Qu'il/elle/on ait
Nous avons		Nous avons eu	Nous avions	Nous aurons	Nous aurions	Que nous ayons
Vous avez		Vous avez eu	Vous aviez	Vous aurez	Vous auriez	Que vous ayez
Ils/Elles ont		Ils/Elles ont eu	Ils/elles avaient	Ils/elles auront	Ils/elles auraient	Qu'ils/elles aient
ALLER						
Je vais	Va	Je suis allé(e)	J'allais	J'irai	J'irais	Que j'aille
Tu vas	Allons	Tu es allé(e)	Tu allais	Tu iras	Tu irais	Que tu ailles
Il/Elle/On va	Allez	Il/Elle/On est allé(e)(s)	Il/elle/on allait	Il/elle/on ira	Il/elle/on irait	Qu'il/elle/on aille
Nous allons		Nous sommes allé(e)s	Nous allions	Nous irons	Nous irions	Que nous allions
Vous allez		Vous êtes allé(e)(s)	Vous alliez	Vous irez	Vous iriez	Que vous alliez
Ils/Elles vont		Ils/Elles sont allé(e)s	Ils/elles allaient	Ils/elles iront	Ils/elles iraient	Qu'ils/elles aillent
FAIRE						
Je fais	Fais	J'ai fait	Je faisais	Je ferai	Je ferais	Que je fasse
Tu fais	Faisons	Tu as fait	Tu faisais	Tu feras	Tu ferais	Que tu fasses
Il/Elle/On fait	Faites	Il/Elle/On a fait	Il/elle/on faisait	Il/elle/on fera	Il/elle/on ferait	Qu'il/elle/on fasse
Nous faisons		Nous avons fait	Nous faisions	Nous ferons	Nous ferions	Que nous fassions
Vous faites		Vous avez fait	Vous faisiez	Vous ferez	Vous feriez	Que vous fassiez
Ils/Elles font		Ils/Elles ont fait	Ils/elles faisaient	Ils/elles feront	Ils/elles feraient	Qu'ils/elles fassent
HABITER						
J'habite	Habite	J'ai habité	J'habitais	J'habiterai	J'habiterais	Que j'habite
Tu habites	Habitons	Tu as habité	Tu habitais	Tu habiteras	Tu habiterais	Que tu habites
Il/elle/on habite	Habitez	Il/elle/on a habité	Il/elle/on habitait	Il/elle/on habitera	Il/elle/on habiterait	Qu'il/elle/on habite
Nous habitons		Nous avons habité	Nous habitions	Nous habiterons	Nous habiterions	Que nous habitions
Vous habitez		Vous avez habité	Vous habitiez	Vous habiterez	Vous habiteriez	Que vous habitiez
Ils/elles habitent		Ils/elles ont habité	Ils/elles habitaient	Ils/elles habiteront	Ils/elles habiteraient	Qu'ils/elles habitent
SE SOUVENIR						
Je me souviens	Souviens-toi	Je me suis souvenu(e)	Je me souvenais	Je me souviendrai	Je me souviendrais	Que je me souvienne
Tu te souviens	Souvenons-nous	Tu t'es souvenu(e)	Tu te souvenais	Tu te souviendras	Tu te souviendrais	Que tu te souviennes
Il/elle/on se souvient	Souvenez-vous	Il/elle/on s'est souvenu(e)	Il/elle/on se souvenait	Il/elle/on se souviendra	Il/elle/on se souviendrait	Qu'il/elle/on se souvienne
Nous nous souvenons		Nous nous sommes souvenu(e)s	Nous nous souvenions	Nous nous souviendrons	Nous nous souviendrions	Que nous nous souvenions
Vous vous souvenez		Vous vous êtes souvenu(e)(s)	Vous vous souveniez	Vous vous souviendrez	Vous vous souviendriez	Que vous vous souveniez
Ils/elles se souviennent		Ils/elles se sont souvenu(e)s	Ils/elles se souvenaient	Ils/elles se souviendront	Ils/elles se souviendraient	Qu'ils/elles se souviennent

Conjugaisons

Présent	Impératif	Passé Composé	Imparfait	Futur Simple	Conditionnel Présent	Subjonctif Présent

GRANDIR (finir, choisir, réussir, réfléchir)

Présent	Impératif	Passé Composé	Imparfait	Futur Simple	Conditionnel Présent	Subjonctif Présent
Je grandis	Grandis	J'ai grandi	Je grandissais	Je grandirai	Je grandirais	Que je grandisse
Tu grandis	Grandissons	Tu as grandi	Tu grandissais	Tu grandiras	Tu grandirais	Que tu grandisses
Il/elle/on grandit	Grandissez	Il/elle/on a grandi	Il/elle/on grandissait	Il/elle/on grandira	Il/elle/on grandirait	Qu'il/elle/on grandisse
Nous grandissons		Nous avons grandi	Nous grandissions	Nous grandirons	Nous grandirions	Que nous grandissions
Vous grandissez		Vous avez grandi	Vous grandissiez	Vous grandirez	Vous grandiriez	Que vous grandissiez
Ils/elles grandissent		Ils/elles ont grandi	Ils/elles grandissaient	Ils/elles grandiront	Ils/elles grandiraient	Qu'ils/elles grandissent

VOIR

Présent	Impératif	Passé Composé	Imparfait	Futur Simple	Conditionnel Présent	Subjonctif Présent
Je vois	Vois	J'ai vu	Je voyais	Je verrai	Je verrais	Que je voie
Tu vois	Voyons	Tu as vu	Tu voyais	Tu verras	Tu verrais	Que tu voies
Il/elle/on voit	Voyez	Il/elle/on a vu	Il/elle/on voyait	Il/elle/on verra	Il/elle/on verrait	Qu'il/elle/on voie
Nous voyons		Nous avons vu	Nous voyions	Nous verrons	Nous verrions	Que nous voyions
Vous voyez		Vous avez vu	Vous voyiez	Vous verrez	Vous verriez	Que vous voyiez
Ils/elles voient		Ils/elles ont vu	Ils/elles voyaient	Ils/elles verront	Ils/elles verraient	Qu'ils/elles voient

DIRE

Présent	Impératif	Passé Composé	Imparfait	Futur Simple	Conditionnel Présent	Subjonctif Présent
Je dis	Dis	J'ai dit	Je disais	Je dirai	Je dirais	Que je dise
Tu dis	Disons	Tu as dit	Tu disais	Tu diras	Tu dirais	Que tu dises
Il/elle/on dit	Dites	Il/elle/on a dit	Il/elle/on disait	Il/elle/on dira	Il/elle/on dirait	Qu'il/elle/on dise
Nous disons		Nous avons dit	Nous disions	Nous dirons	Nous dirions	Que nous disions
Vous dites		Vous avez dit	Vous disiez	Vous direz	Vous diriez	Que vous disiez
Ils/elles disent		Ils/elles ont dit	Ils/elles disaient	Ils/elles diront	Ils/elles diraient	Qu'ils/elles disent

METTRE

Présent	Impératif	Passé Composé	Imparfait	Futur Simple	Conditionnel Présent	Subjonctif Présent
Je mets	Mets	J'ai mis	Je mettais	Je mettrai	Je mettrais	Que je mette
Tu mets	Mettons	Tu as mis	Tu mettais	Tu mettras	Tu mettrais	Que tu mettes
Il/elle/on met	Mettez	Il/elle/on a mis	Il/elle/on mettait	Il/elle/on mettra	Il/elle/on mettrait	Qu'il/elle/on mette
Nous mettons		Nous avons mis	Nous mettions	Nous mettrons	Nous mettrions	Que nous mettions
Vous mettez		Vous avez mis	Vous mettiez	Vous mettrez	Vous mettriez	Que vous mettiez
Ils/elles mettent		Ils/elles ont mis	Ils/elles mettaient	Ils/elles mettront	Ils/elles mettraient	Qu'ils/elles mettent

OUVRIR (découvrir, offrir, accueillir)

Présent	Impératif	Passé Composé	Imparfait	Futur Simple	Conditionnel Présent	Subjonctif Présent
J'ouvre	Ouvre	J'ai ouvert	J'ouvrais	J'ouvrirai	J'ouvrirais	Que j'ouvre
Tu ouvres	Ouvrons	Tu as ouvert	Tu ouvrais	Tu ouvriras	Tu ouvrirais	Que tu ouvres
Il/elle/on ouvre	Ouvrez	Il/elle/on a ouvert	Il/elle/on ouvrait	Il/elle/on ouvrira	Il/elle/on ouvrirait	Qu'il/elle/on ouvre
Nous ouvrons		Nous avons ouvert	Nous ouvrions	Nous ouvrirons	Nous ouvririons	Que nous ouvrions
Vous ouvrez		Vous avez ouvert	Vous ouvriez	Vous ouvrirez	Vous ouvririez	Que vous ouvriez
Ils/elles ouvrent		Ils/elles ont ouvert	Ils/elles ouvraient	Ils/elles ouvriront	Ils/elles ouvriraient	Qu'ils/elles ouvrent

CONDUIRE (produire, construire)

Présent	Impératif	Passé Composé	Imparfait	Futur Simple	Conditionnel Présent	Subjonctif Présent
Je conduis	Conduis	J'ai conduit	Je conduisais	Je conduirai	Je conduirais	Que je conduise
Tu conduis	Conduisons	Tu as conduit	Tu conduisais	Tu conduiras	Tu conduirais	Que tu conduises
Il/elle/on conduit	Conduisez	Il/elle/on a conduit	Il/elle/on conduisait	Il/elle/on conduira	Il/elle/on conduirait	Qu'il/elle/on conduise
Nous conduisons		Nous avons conduit	Nous conduisions	Nous conduirons	Nous conduirions	Que nous conduisions
Vous conduisez		Vous avez conduit	Vous conduisiez	Vous conduirez	Vous conduiriez	Que vous conduisiez
Ils/elles conduisent		Ils/elles ont conduit	Ils/elles conduisaient	Ils/elles conduiront	Ils/elles conduiraient	Qu'ils/elles conduisent

Index des contenus

Transcriptions Documents audios

Page 14, A - Gaël Faye, artiste multi-talents
La journaliste : Bonjour Gaël Faye !
Gaël Faye : Bonjour !
La journaliste : Vous êtes écrivain, musicien, compositeur et interprète… et scénariste.
Gaël Faye : Oui.
La journaliste : Vous êtes né au Burundi d'une mère rwandaise et d'un père français. Vous avez grandi là-bas puis vous êtes venu en France en 1995. Vous avez fait vos études à Versailles. Vous êtes devenu trader à Londres.
Gaël Faye : Non, pas vraiment trader. J'ai…
La journaliste : On va en reparler. Finalement, vous avez changé de vie, vous vous êtes tourné vers la musique. Et, après votre premier album *Pili pili sur un croissant au beurre,* une éditrice vous a contacté pour vous proposer d'écrire un livre, ce que vous avez fait. Donc c'était *Petit pays,* ça c'était en 2016, et c'est votre seul livre à ce jour. C'est un roman inspiré par votre enfance au Burundi. Un million d'exemplaires dans le monde, beaucoup de prix, le Goncourt des lycéens par exemple. Et il vient d'être adapté en film qui est sorti en août et que vous avez coécrit. Entre-temps, vous avez écrit deux autres albums de musique, et puis vous avez un livre, un album pour la jeunesse, qui sort aux Arènes, et bientôt un nouveau disque.

(Les Arènes du savoir, 20/09/2020)

Page 15, C - Ma vie en France
Le présentateur : Bonjour, bienvenue dans notre podcast *Ma vie en France.* Aujourd'hui nous sommes avec Giulia. Elle est italienne et elle va nous raconter son parcours. Bonjour Giulia ! Vous venez de Rome, c'est ça ?
Giulia : Oui, j'ai grandi dans un petit village près de Rome.
Le présentateur : Quand avez-vous décidé de venir vivre en France ?
Giulia : J'ai fait un séjour Erasmus à Bordeaux en 2019 et je suis tombée amoureuse de la France. Ensuite, je suis rentrée à Rome pour finir mes études. Un an plus tard, quand j'ai obtenu mon diplôme, j'ai décidé de revenir en France et je me suis installée à Lyon.
Le présentateur : Vous aimez votre nouvelle vie à Lyon ?
Giulia : Oui, j'adore cette ville et je me suis fait de nouveaux amis.
Le présentateur : Vous vivez seule ?
Giulia : En fait, quand je suis arrivée, j'ai rencontré un Français, nous avons vécu ensemble pndant un an, mais nous nous sommes séparés et j'ai déménagé. Maintenant, je suis célibataire et j'habite seule.
Le présentateur : Et comment ça s'est passé au niveau professionnel ?
Giulia : Je fais un stage dans une entreprise française mais il se termine bientôt, alors je compte chercher du travail dans une entreprise internationale.
Le présentateur : Et vous avez l'intention de rester en France ?

Giulia : Oui, j'ai pensé rentrer en Italie après ma séparation, mais c'est décidé : je reste en France !

Page 17, Vocabulaire - Parcours de vie (voir p. 17)

Page 18, E - Nos activités du week-end
Lucie : Salut Christophe, ça va ? Tu as passé un bon week-end ?
Christophe : Salut Lucie ! Oui, ça va, je n'ai rien fait de spécial, je suis resté à la maison en famille.
Lucie : Et qu'est-ce que vous avez fait ?
Christophe : J'ai fait du bricolage et du jardinage, les enfants ont joué aux jeux vidéo et Élodie a fait de la peinture. Elle a commencé un nouveau tableau.
Lucie : Ah, super ! Et samedi soir, vous êtes sortis ?
Christophe : Non, on a regardé un match de foot. Et toi ?
Lucie : Alors, samedi on a accompagné les enfants à leur compétition de judo. Et le soir nous sommes allés au festival Jazz à Vienne.
Christophe : Ah, je ne suis jamais allé à ce festival. Vous avez aimé ?
Lucie : Oui, moi j'ai adoré le concert, mais mes enfants ne sont pas fans de jazz. Et dimanche, nous sommes allés à l'accrobranche. Nous nous sommes bien amusés !
Christophe : Ah, moi aussi j'aime bien sortir, mais pas mes enfants, c'est pas du tout leur truc. Ils ne veulent rien faire le week-end. Ils ne voient personne et ils ne veulent plus jouer à des jeux de société, ni aller au ciné en famille. Leur passion, c'est les jeux vidéo.
Lucie : Ah oui, c'est normal, ce sont des ados maintenant.

Page 21, Vocabulaire - Les loisirs (voir p. 21)

Page 24, Phonie-graphie : Les sons [y] et [u], Activité 1
a. Tu dis tout. – **b.** Tu es venue. – **c.** Tout est doux. – **d.** Vous avez eu. – **e.** Tu as lu. – **f.** Vous êtes pour. – **g.** Tu lis tout. – **h.** Vous avez vu.

Page 24, Activité 4
a. Tu as eu un rendez-vous hier soir et tu as dû annuler ta soirée.
b. Nous nous retrouvons où pour les vacances au mois d'août ?

Page 24, Activité 5
Salut Julie ! Avec ma cousine, nous avons participé aux Journées du patrimoine à Toulouse. Nous avons visité des monuments et une exposition de peinture. Nous avons eu la chance de rencontrer beaucoup d'artistes. Nous nous sommes bien amusées. Bisous ! Louise

Page 26, Préparation au DELF A2, Exercice 1
1. Mesdames et Messieurs, le concert va commencer. Merci d'éteindre vos téléphones portables.
2. La ville de Bordeaux propose des activités pour la Semaine du patrimoine. Pour regarder le programme, connectez-vous sur le site internet de la ville.
3. Nous informons les visiteurs que le château va bientôt fermer ses portes. Merci de marcher vers la sortie et bonne fin de journée.

4. Mesdames et messieurs, notre spectacle de cirque va commencer. Merci d'aller vous asseoir à votre place.

5. Bienvenue au centre aquatique ! Nous vous informons qu'il est interdit de courir près des piscines.

6. Les inscriptions pour la sortie en canoë-kayak sont ouvertes. Venez vite réserver votre place pour la journée à la réception du camping.

Unité 2 Je me souviens

 Page 29, B - Revivre de beaux moments !

Mélina : Je cherche l'album photos bleu ! Tu sais où les parents le rangent Aurore ?

Aurore : Oui ! Dans la bibliothèque. Pourquoi tu le cherches ?

Mélina : Nino veut voir des photos de moi quand j'étais petite et moi j'aime bien replonger dans nos souvenirs d'enfance et d'adolescence ! Tu viens les regarder avec nous ?

Aurore : Bonne idée, ça me plaît bien de revoir ces photos ! […]

Mélina : Tiens, Nino, regarde, c'est moi quand je faisais du volley !

Nino : Ah ! Tu faisais du volley ?

Mélina : Oui ! J'adorais ça. Les entraînements, les matchs, mon équipe… ce sont des souvenirs inoubliables !

Nino : Ah, mais toi aussi Aurore, tu jouais dans l'équipe ? C'est bien toi sur la photo ?

Aurore : Oui, mais pour moi, ce ne sont pas des souvenirs très agréables… j'étais assez mauvaise…

Nino : Dommage ! Et vous étiez où pour ce match ?

Aurore : On était à Valence… ou à Lyon. J'ai oublié ! On se déplaçait beaucoup…

Mélina : Et là, on partait à l'école, nos cartables sur le dos. Quelle période heureuse ! J'ai des bons souvenirs d'école, des souvenirs très joyeux…

Nino : C'est super d'avoir des albums photos et de pouvoir se rappeler ses souvenirs de jeunesse, de famille, de vacances…

Mélina : Oui, eh bien c'est parfait si tu aimes faire des albums, moi, j'ai horreur de ça !

 Page 31, Vocabulaire - Le souvenir (voir p. 31)

 Page 31, Vocabulaire, Activité 3

a. – Mmm, ça sent bon ! Qu'est-ce que tu prépares ?
– Une spécialité de mon pays.
b. – Regarde, on voit la mer, c'est magnifique !
c. – Il est dans la bibliothèque ? Je voudrais montrer notre dernier voyage à Victor.
d. – Marilyn Monroe adorait le numéro 5 de Chanel.
e. – Écoute, on entend le chant des oiseaux !

Page 32, E - Quelle expérience !

La journaliste : Bonjour ! Dans notre émission aujourd'hui, nous accueillons Charlotte et Achille. Charlotte est partie en famille cet été en roulotte, et Achille a vécu l'expérience des vacances dans les arbres. Alors, quels souvenirs vous gardez de votre expérience ?

Charlotte : Un très bon souvenir ! D'habitude on passe nos vacances sur la côte Atlantique, en compagnie des mouettes. Cette année, c'était très différent !

La journaliste : Alors racontez-nous. Comment ça se passe des vacances en roulotte ?

Charlotte : Eh bien, on roule sur des routes de campagne et on profite de la nature et des paysages. On voit beaucoup de champs, de fermes et de prairies !

La journaliste : Et vous y dormez, dans la roulotte ?

Charlotte : Oui, c'est notre maison pendant les vacances !

La journaliste : Vous, Achille, vous avez passé un séjour dans les arbres.

Achille : Oui, j'en reviens !

La journaliste : Vous êtes content de cette expérience ?

Achille : Oui et non…

La journaliste : Ah ! Pourquoi ?

Achille : Oui, parce que c'était un rêve d'enfant mais quand il pleut et qu'il y a des orages, c'est moins sympa ! Avec du soleil, c'est très différent !

La journaliste : Vous allez recommencer l'expérience ?

Achille : Non, l'année prochaine, je pense aller dans un chalet en montagne, faire de la randonnée et admirer les lacs… ou marcher dans le désert au milieu des dunes et du sable.

Charlotte : Nous, nous pensons faire du camping en Charente-Maritime. Le climat y est agréable, il ne fait pas trop humide et le camping est à côté des plages !

 Page 35, Vocabulaire - Les paysages et la météo (voir p. 35)

 Page 35, Vocabulaire, Activité 3

a. Oh regarde les mouettes, Nino !
b. Je ne trouve plus les clés du chalet !
c. On fait de très belles balades sur la côte.
d. On va visiter cette ferme cet après-midi ?
e. J'adore ces paysages avec ces prairies !
f. Allez, encore un petit effort, on arrive bientôt au sommet !

 Page 37, I - La tendance rétro

Voix off : Ça y est, déjà la fin de nos voyages. Mais pour nous rappeler de ces bons moments, nous avons opté cette année pour des posters. Que ce soit à la mer, à la montagne ou en ville, l'affiche rétro est devenue un classique des souvenirs de vacances.

Femme 1 : Des endroits qui nous ont plu, des endroits où il s'est passé quelque chose de particulier…

Femme 2 : Ça change de plein d'affiches qu'on peut voir ailleurs.

Femme 3 : Et puis elles sont belles, les couleurs sont belles, ça donne envie de voyager.

Voix off : Dans cette boutique toulousaine, les nouvelles affiches touristiques côtoient celles des années 30. Le vintage revient en force, ici, les ventes augmentent de 10 % chaque année.

Voix off : Ces illustrations se déclinent aussi en cartes postales. Chaque destination touristique veut son modèle, comme Carcassonne. Pour la cité médiévale, c'est un outil de promotion indispensable.

Femme 4 : L'avantage pour nous d'avoir une affiche, que les gens repartent avec une affiche, c'est de se souvenir de Carcassonne, avoir envie de revenir.

(LCI, 06/08/2021)

 Page 38, Phonie-graphie : Les liaisons obligatoires, Activité 1

a. Le dernier hiver – b. Un endroit magnifique – c. Nous avons regardé – d. Deux îles touristiques – e. Un grand appartement – f. Elle en est partie – g. Dans une école –

h. Chez elle – i. Le premier été – j. En automne – k. On arrive demain – l. Un petit album photos

 19 **Page 38, Activités 2 et 3**
a. Deux îles touristiques – b. Nous avons regardé – c. Un petit album – d. Elle en est partie – e. En automne – f. Le premier avril – g. Un grand appartement – h. Chez elle

 20 **Page 38, Activité 4**
Nous avons voyagé dans deux îles touristiques. Nous avons dormi dans un petit hôtel. Ma cousine est venue trois jours à l'île Maurice. Elle en est partie en avion le premier avril pour rentrer chez elle.

Unité 3 Comme à la maison

 21 **Page 43, C - Je suis intéressé par votre annonce**
Thomas : Bonjour, je suis intéressé par votre annonce de coliving à Marseille.
La propriétaire : Bonjour ! Vous avez déjà fait du coliving ?
Thomas : Non, mais j'aime bien l'idée. Je vois sur l'annonce que la résidence a 18 chambres et studios. C'est grand ! Quelle est sa superficie ?
La propriétaire : Elle fait 760 m².
Thomas : Comment elle est organisée ?
La propriétaire : Au rez-de-chaussée, il y a les espaces communs, avec un grand couloir qui sépare le salon qui fait salle à manger et les cuisines.
Thomas : Et c'est pas trop bruyant ?
La propriétaire : Non, parce que les chambres sont au premier et au deuxième étages.
Thomas : D'accord. Quel est le montant du loyer ?
La propriétaire : Les chambres sont à 650 euros par mois et les studios à 1090.
Thomas : Est-ce que ça inclut les charges ?
La propriétaire : Oui, toutes les charges : l'eau, l'électricité, le gaz et le chauffage, mais aussi l'abonnement à Internet, l'assurance et le ménage. Il y a aussi un garage au sous-sol et un local où vous pouvez mettre votre vélo, si vous avez un vélo.
Thomas : Parfait, quand est-ce que je peux venir visiter ?
La propriétaire : Demain à 14 heures ? La maison est au 26 rue des Roses.
Thomas : C'est noté. À demain !

 22 **Page 45, Vocabulaire - Le logement et la location** (voir p. 45)

 23 **Page 45, Vocabulaire, Activité 1**
a. – Maman, je peux t'aider à cuisiner ?
– Oui, bien sûr. Regarde, je prépare des pâtes.
b. – Tu dors ? À 15h30 ?
– Oui, je suis au lit parce que je suis un peu malade.
c. – Papa !!! Tous mes vêtements blancs sont devenus roses !
– Ah mais oui, regarde, tu as mis un tee-shirt rouge avec des tee-shirts blancs, c'est normal !
d. – Chérie, tu viens manger ?
– Je suis en train de travailler. J'arrive dans 5 minutes.

 24 **Page 46, E - Vivre dans un bus**
Le journaliste : Aujourd'hui, nous parlons de logements différents. Nina, vous avez choisi de quitter votre appartement en ville pour vivre dans un bus aménagé avec votre mari. Expliquez-nous, il est comment ce bus ?
Nina : Il est confortable ! C'est comme un très grand camping-car. Il y a un espace salon, avec un canapé-lit, une table basse et deux tabourets. Pour la décoration, j'ai mis des rideaux aux fenêtres, des coussins sur le canapé, une étagère avec des plantes, des cadres avec des photos et une horloge. C'est cosy !
Le journaliste : Et la cuisine ?
Nina : Elle est moins grande qu'une cuisine classique mais elle est aussi bien ! Il y a l'essentiel : un four, un évier et un frigo.
Le journaliste : Pas de lave-vaisselle ?
Nina : Non. On a moins d'appareils électroménagers que dans notre ancien appartement. Mais on a un lave-linge dans la salle de bains. Le luxe !
Le journaliste : Elle est grande ?
Nina : Assez. Il y a une douche, un lavabo, des toilettes et des rangements.
Le journaliste : Et vous dormez sur le canapé-lit du salon ?
Nina : Non, on a une chambre.
Le journaliste : Ça fait quatre pièces dans un bus !
Nina : Oui. On a autant de pièces que dans notre ancien appartement. Elles sont petites mais on est souvent dehors. On sort plus qu'avant ! C'est agréable.
Le journaliste : Donc vivre dans un bus, ce n'est pas moins bien que dans un appartement ?
Nina : Non, pour moi c'est mieux. Bien sûr, quand on ne range pas nos affaires, le désordre est pire dans un bus que dans un appartement. Mais de manière générale, c'est très confortable, on a un meilleur cadre de vie.

 25 **Page 49, Vocabulaire - Le mobilier et le cadre de vie** (voir p. 49)

 26 **Page 50, G - La ville du quart d'heure**
Éric Delvaux : « L'urbanisme demain », c'est avec vous, bonjour Olivier Marin !
Olivier Marin : Bonjour Éric !
Éric Delvaux : Mais quel est donc ce concept, Olivier, la ville du quart d'heure ?
Olivier Marin : La ville du quart d'heure, et bien c'est le principe de trouver près de chez soi tout ce qui est essentiel. Pour faire ses courses, pour travailler, pour pratiquer des loisirs, pour se cultiver, pour se soigner. À moins de 5 minutes à vélo et à 15 minutes maximum à pied. Donc sans prendre la voiture.
Éric Delvaux : Alors ce concept de la ville du quart d'heure, est-ce que ça marche ?
Olivier Marin : Le concept commence à s'appliquer un peu partout dans le monde : à Copenhague au Danemark, à Melbourne en Australie, à Ottawa au Canada. Et puis en France aussi ça existe.
Éric Delvaux : Est-ce que ça peut s'appliquer partout ?
Olivier Marin : Alors évidemment c'est beaucoup plus compliqué dans les petites villes où la voiture est encore indispensable pour se déplacer, pour se rendre dans un centre commercial. Le modèle est plutôt pensé pour les quartiers des grandes métropoles.
(France Inter, 12/09/2020)

 27 **Page 52, Phonie-graphie : Les sons [j] [ɥ] [w], Activité 1**
a. loyer – b. gratuit – c. toit

Page 52, Activité 2
a. Elle vient. – b. La nuit. – c. Les endroits. – d. La colocation. – e. C'est loin. – f. Je souhaite. – g. Tu vois. – h. Le voyage. – i. Le bruit.

 Page 52, Activité 3
fille – il y a – colocation – huit – cuisine – bruit – trois – moins – louer – oui

 Page 52, Activité 4
À Marseille, studio de trente-trois mètres carrés, situé au troisième étage, dans un quartier pas loin du centre-ville. Il y a une grande pièce principale avec une cuisine équipée. Loyer de cinq cent soixante euros par mois. À louer tout de suite.

 Page 54, Préparation au DELF A2, Exercice 3
Bonjour, c'est Manon Ladier. Je vous appelle parce qu'on a des questions pour la location de l'appartement rue Lamartine. Il est à quel étage ? Ce n'est pas écrit dans l'annonce. Et est-ce qu'il y a déjà un lave-linge dans l'appartement ? Parce qu'on n'a pas de machine à laver. Et la troisième chose, c'est… est-ce qu'il y a un parc ou des espaces verts dans le quartier ? Voilà. C'est tout. Ah non, on voudrait faire la visite jeudi à 15 h si c'est possible pour vous. Rappelez-moi quand vous pouvez au 06 09 92 66 65. Merci !

 Page 54, Préparation au DELF A2, Exercice 4
Dialogue 1
L'homme : Ça va ?
La femme : Super ! J'ai trouvé un appartement !
L'homme : Mais c'est génial ! Tu dois être contente.
La femme : Très ! Allez, je t'invite à dîner. On va fêter ça.
L'homme : Ah ben, c'est gentil. Merci !

Dialogue 2
La femme : Bonjour monsieur, je cherche l'hôtel Solvay…
L'homme : Il est tout près. Continuez tout droit sur l'avenue. Vous allez le voir vite : c'est un très beau bâtiment.
La femme : Merci beaucoup !

Dialogue 3
La femme : Qu'est-ce que tu fais ?
L'homme : Je fixe l'étagère.
La femme : Tu veux que je t'aide ?
L'homme : Ah oui, je veux bien. Merci !

Dialogue 4
L'homme : Excusez-moi pour le retard. Je n'ai pas fait attention à l'heure. Je suis désolé.
La femme : Ben maintenant vous êtes là. On commence la visite ?

Unité 4 Tous pareils, tous différents

 Page 57, B - Faites des compliments !
Jingle : Vous êtes sur RTL. RTL, une minute qui peut tout changer.
Stéphane Carpentier : Elle positive pour nous. Précieux conseils de notre coach bien-être : Juliette Dumas. Bonjour !
Juliette Dumas : Bonjour Stéphane et bonjour à tous.
Stéphane Carpentier : Vous nous invitez aujourd'hui à faire des compliments.

Juliette Dumas : Oui Stéphane. Cette semaine, j'ai assisté à une scène touchante dans l'épicerie de mon quartier. Une vieille dame devant moi n'arrivait pas à trouver ce qu'elle cherchait, alors un des employés est venu l'aider en lui disant : « Bonjour la plus belle ! » Si vous aviez vu son visage s'illuminer, c'était merveilleux.
Stéphane Carpentier : J'imagine l'effet de ce compliment.
Juliette Dumas : Oui, ça m'a donné l'idée de vous proposer ce matin, et à vous aussi chers auditeurs, d'en faire le plus souvent possible, sans occasion ni raison particulière. Des petits compliments tout simples. Par exemple dire « T'es trop fort, toi ! » au petit enfant qui s'est enfin lancé du haut du toboggan. « La couleur de cette écharpe vous donne une mine exquise » à votre voisine si fatiguée. « Vous êtes ma chance de la journée ! » au contrôleur qui vous a fait rentrer in extremis dans le wagon. « Vous êtes une fée !» à l'infirmière de l'hôpital. Ce sont juste des petits mots gentils, dits comme ça en passant, qui demandent rien en retour. Un compliment express tout droit sorti du cœur qui va apporter de la joie, de la bonne humeur, mettre en valeur, encourager, donner confiance et faire sourire à 99 % celui ou celle à qui vous l'offrez. Ce n'est que du positif à double sens, parce que ça va vous faire un bien fou à vous aussi. Vous allez rendre quelqu'un plus joyeux. Voilà une minute qui peut tout changer.
Stéphane Carpentier : Faire des compliments, c'est le conseil du matin signé Juliette Dumas.

(RTL, 20/09/2020)

 Page 59, Vocabulaire – L'apparence physique
(voir p. 59)

 Page 62, Cultures, G - L'anthropomorphisme
Fred Dubé : L'anthropomorphisme. As-tu déjà réfléchi au fait que quand tu dis que ton chien a de la peine, c'est le même sentiment que nous, les humains, pouvons ressentir ? Ce principe d'attribuer des caractéristiques propres aux humains à des animaux ou à des objets s'appelle l'anthropomorphisme. C'est aussi utilisé en littérature pour créer des personnages d'animaux au visage humain, comme le lapin dans *Alice au pays des merveilles*, ou encore Jimmy le Cricket dans *Pinocchio*. Il existe ainsi des expressions dans la langue française qui représentent bien l'anthropomorphisme. Par exemple, lorsque quelqu'un est têtu, nous dirons qu'il est une tête de mule, qu'il a une tête de cochon ou qu'il est têtu comme un âne. Les éléphants, en raison de leurs instincts retournent toujours à la même source d'eau, même s'ils parcourent de nombreux kilomètres dans une journée. On dit donc qu'ils se souviennent des endroits qu'ils visitent, c'est pourquoi on les associe à une grande mémoire. Le lynx a naturellement une très bonne vision, on dit donc que quelqu'un a des yeux de lynx lorsqu'il a une vue affûtée ou, au figuré, lorsqu'il perçoit des choses que les autres ne perçoivent pas nécessairement. L'anthropomorphisme a permis d'enrichir notre langue avec le temps, tout en simplifiant nos phrases et en créant de belles images dans nos textes.

(Anthropomorphismes, 05/02/2019)

Page 63, Vocabulaire – Les traits de caractère
(voir p. 63)

37 Page 65, I - La photo de classe

La présentatrice : Sortez vos albums photo ! Aujourd'hui une enquête, Pierre, sur l'inoubliable photo de classe.

Pierre de Vilno : Ouais et préparons-nous à prendre un coup de vieux. Douze millions d'élèves posent chaque année devant le photographe pour cette photo de classe. De la photo sérieuse à la grimace, c'est le grand écart et ça fait plus d'un siècle et demi que ça dure. On en parle dans *Europe 1 va plus loin* ce matin, avec notre spécialiste éducation, Virginie Salmen. Bonjour Virginie.

Virginie Salmen : Bonjour.

Pierre de Vilno : D'abord vous nous plongez dans l'ambiance.

Virginie Salmen : Oui, je suis sûre que ça va vous rappeler des souvenirs. L'atmosphère de la photo de classe dans la cour de l'école ça, ça n'a presque pas bougé.

Le photographe : Allez, prêts les enfants Un, deux, trois. Maintenant tout doucement on va chuchoter « Ouistiti ». Un, deux, trois.

Les enfants : Ouistiti !

Le photographe : Encore une autre. Un, deux, trois.

Les enfants : Ouistiti !

Virginie Salmen : Voilà. Ça c'est une très jolie cour d'école du 19e siècle en région parisienne. Et vous l'avez peut-être remarqué si vous avez des enfants ou des petits-enfants, il y a maintenant d'autres styles de photo en plus de la photo classique. Écoutez.

Le photographe : Et comme vous avez été super sympas, on fait une belle photo grimace.

Virginie Salmen : Et oui, la photo grimace. Il y a aussi des photos déguisées sur différents thèmes, ou encore des photos avec un « dress code », par exemple il faut que chaque élève porte un élément rouge dans sa tenue.

Pierre de Vilno : Mais est-ce que les enfants que vous avez vus se mettent toujours sur leur trente-et-un pour cette photo de classe ?

Virginie Salmen : Alors pas tous, mais il y a des élèves qui font encore un gros effort pour ce jour-là. On va les entendre : Ryan, Lauryn et Lila.

Ryan : Je me suis habillé en costume-cravate parce que la photo de classe c'est chic, alors moi je mets des habits chics. Tous les ans je mets un costume.

Lauryn : Je me suis dit que j'allais faire une coiffure un peu spéciale : une queue de cheval en laissant des petits cheveux qui restent.

Lila : Mon jean à paillettes avec mon t-shirt *Queen*.

Un autre enfant : J'aimerais bien être beau mais pas faire trop mon crâneur sur la photo quoi.

(Europe 1, 23/04/2019)

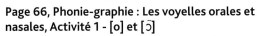 **38 Page 66, Phonie-graphie : Les voyelles orales et nasales, Activité 1 - [o] et [ɔ]**

a. long / l'eau – **b.** peau / pont – **c.** monte / mot

39 Page 66, Activité 1 - [a] et [ɑ̃]

a. tante / ta – **b.** la / lente – **c.** pense / pas

40 Page 66, Activité 1 - [ɛ] et [ɛ̃]

a. laid / linge – **b.** mince / mai – **c.** c'est / simple

41 Page 66, Activité 2

a. C'est le monde de la mode. – **b.** Il est bon, cet acteur et il est beau. – **c.** Chaque créateur a sa chance. – **d.** Ne pense pas trop à tes défauts. – **e.** Mets tes mains sur tes hanches. – **f.** Je vais poster vingt nouvelles photos.

 42 Page 66, Activité 3

a. Ce garçon est mignon et il a un beau prénom.

b. Les temps changent : les mannequins sont différentes, pas toujours grandes avec de longues jambes.

c. Un mannequin européen est maintenant célèbre grâce à ce parfum.

Unité 5 En route vers le futur !

 43 Page 71, B - Les innovations du futur

Le journaliste : Aujourd'hui nous sommes à la sortie du salon des innovations technologiques de Paris. Nous allons demander l'avis des visiteurs. Bonjour madame, qu'avez-vous pensé des nouveautés de ce salon ?

La femme : C'était génial ! Toutes ces innovations technologiques sont très futuristes ! Par exemple, j'ai découvert l'imprimante 3D alimentaire qui sert à créer différents types de plats et de pâtisseries.

Le journaliste : Impressionnant ! Et comment ça marche ?

La femme : La machine marche avec un logiciel sur un ordinateur. Elle permet de faire des formes et des décorations très originales. C'est très pratique ! Quand j'aurai cette imprimante, je pourrai transformer les légumes en plats amusants pour mes enfants.

Le journaliste : Merci madame ! Et vous monsieur, quelle est votre découverte préférée ?

L'homme : Moi, c'est le bateau intelligent. Je suis impressionné !

Le journaliste : Qu'est-ce que c'est Vous pouvez nous expliquer ?

L'homme : C'est un bateau totalement robotisé et autonome qui fonctionne avec une intelligence artificielle. Son moteur électrique marche à l'énergie solaire, il ne peut donc pas tomber en panne.

Le journaliste : On va pouvoir voyager sur ce bateau ?

L'homme : Non, les chercheurs veulent l'utiliser pour étudier les océans. C'est une invention très utile pour la planète !

 44 Page 73, Vocabulaire - Les sciences et les techniques (voir p. 73)

 45 Page 74, D - Accro aux nouvelles technologiques

Marine : Eh Eva, tu as vu mes nouvelles photos sur Instagram ?

Eva : Non, je n'ai plus Instagram, je me suis désabonnée de tous les réseaux sociaux.

Marine : Sérieux ? Pourquoi ?

Eva : Je ne veux plus perdre mon temps sur ces applications. J'y passais cinq heures par jour, tu te rends compte ? Je suis devenue accro… Et j'ai aussi décidé de passer une semaine sans smartphone et sans ordinateur.

Marine : Ah bon ? C'est pas vrai !

Eva : Tu sais, ce n'est pas bon pour la planète d'envoyer des mails, de faire des visios ou de télécharger des vidéos tout le temps.

Marine : Oui, je sais… Mais tu fais quoi alors ?

Eva : Plein d'autres choses : je lis, je sors… Et quand je vois mes amis, on discute sans clavier et sans écran.

Marine : Et tu n'utilises plus du tout ton PC ?

Eva : Seulement pour imprimer un document ou aller sur un site Internet si c'est vraiment indispensable.

Marine : Ça alors ! C'est pas possible ! Moi si je n'ai plus de batterie et que mon téléphone s'éteint, je panique.

Eva : Tu sais Marine, si tu passes une semaine sans ordi et sans smartphone, tu perdras l'habitude et tu te sentiras mieux.

Marine : Quoi ? Ça ne va pas ? Si je fais ça, je ferai comment pour communiquer avec mes amis ?

 Page 77, Vocabulaire - Les technologies de la communication (voir p. 77)

 Page 79, I - Rendez-vous à la RoboCup

La présentatrice : C'est l'heure de notre chronique technologies avec Julien Barret qui va nous parler de football.

Julien Barret : Oui, mais pas de football classique, est-ce qu'on vous a déjà parlé de la RoboCup ? C'est une coupe du monde de robots. Elle a lieu chaque année et rassemble 45 pays. Je suis ici avec Olivier Ly, chercheur à l'Université de Bordeaux, où il a créé l'équipe de France de robots.

La présentatrice : Bonjour Olivier !

Olivier Ly : Bonjour !

La présentatrice : Comment se passe un tournoi de foot robotique ?

Olivier Ly : Alors, il y a plusieurs catégories de robots. Dans chaque match, deux équipes de quatre robots s'affrontent. Les robots se repèrent sur le terrain avec des capteurs et des caméras.

La présentatrice : Impressionnant ! Et la France a gagné combien de compétitions ?

Olivier Ly : Jusqu'à présent on a gagné quatre compétitions. Et maintenant on rêve de battre l'équipe humaine championne du monde d'ici 2050.

La présentatrice : Et vous pensez que c'est possible ?

Olivier Ly : Oui, car on améliore nos robots chaque année. En 2050, on espère qu'ils seront très performants.

Julien Barret : On verra en 2050 ! Mais avant, on vous donne rendez-vous à la prochaine RoboCup qui aura lieu à Bordeaux en 2023 !

La présentatrice : J'espère que la France gagnera la prochaine compétition ! Merci Julien et Olivier !

 Page 80, Phonie-graphie : Les groupes consonantiques, Activité 1

a. fabriquer – **b.** hologramme – **c.** pratique – **d.** répondre – **e.** électronique – **f.** écran

 Page 80, Activité 2

a. libre / le bras / bravo – **b.** sucre / sucré / cri – **c.** entendre / à droite / droit – **d.** tigre / degré / gris – **e.** Chypre / appris / pris – **f.** autre / attrape / trois

 Page 80, Activité 3

a. Je vivrai à Rio. – **b.** Tu vendras un robot. – **c.** Il viendra au cirque. – **d.** Nous travaillerons au restaurant. – **e.** Vous répondrez au courrier. – **f.** Elles offriront un ordinateur.

 Page 80, Activité 4

a. sport / spécial / spectacle – **b.** stade / station / stylo – **c.** ski / scolaire / scandale

 Page 80, Activité 5

Imaginez Grenoble en 2080 ! Une ville connectée, avec des transports électriques autonomes, des logements avec de l'intelligence artificielle, des écoles avec des professeurs en hologrammes, de nombreux robots avec des programmes performants. Une ville très pratique, agréable et incroyable !

Unité 6 En cuisine

 Page 84, B - De délicieux couscous

Journaliste : Aujourd'hui dans *Bon appétit*, j'accueille Karim Chehab, cuisinier et traiteur qui va nous parler de son couscous. Bonjour Karim !

Karim Chehab : Bonjour !

Journaliste : Alors, il existe beaucoup de recettes de couscous. Quel est le couscous que vous proposez à la vente à emporter ?

Karim Chehab : En fait, je n'en propose pas un, mais trois. J'ai un couscous à la viande, avec du poulet, du bœuf ou du mouton. Je fais aussi un couscous de poisson, avec du saumon ou du colin et des crevettes. Et, pour les végétariens, j'en prépare un avec des œufs. Dans ces trois couscous, il y a de la semoule et des pois chiches, accompagnés de légumes.

Journaliste : Quels légumes ?

Karim Chehab : Dans le couscous à la viande, je mets des oignons, des navets, des carottes et du céleri. Dans le couscous de poisson, je mets des courgettes et des poivrons. Et dans mon couscous végétarien, je mets tous ces légumes plus des aubergines et des amandes grillées.

Journaliste : Ah, vous ne mettez pas de raisins secs ?

Karim Chehab : Si, j'en mets dans tous mes coucous. Ça donne un petit goût sucré.

Journaliste : Et comme épices ?

Karim Chehab : J'utilise beaucoup de cumin, mais aussi du safran et de la coriandre. Et toujours une pincée de cannelle, de noix de muscade ou de gingembre.

Journaliste : Mmm... Ça donne faim ! J'invite donc les auditeurs et auditrices à commander et déguster vos délicieux couscous !

 Page 87, Vocabulaire - Les aliments (voir p. 87)

Page 88, E - On mange où ?

Lison : J'ai faim ! On va manger ?

Juliette : On peut aller au coin de la rue.

Mattéo : Ah non, c'est un fast-food ! C'est hyper gras et puis c'est fade, les plats n'ont pas de goût.

Juliette : Toi de toute façon t'aimes rien. T'es difficile.

Mattéo : Je ne suis pas difficile, je suis un gourmet. J'aime la grande cuisine, c'est tout.

Lison : T'es gourmand surtout ! T'as mangé tout le fondant au chocolat.

Mattéo : Moi ? Je l'ai juste goûté, pour voir. Mais ça vous dit d'aller au resto de la place ?

Juliette : Bof... Le service est nul. La dernière fois, mon steak saignant est arrivé trop cuit.

Mattéo : Parce que tu l'as demandé « à point ».

Lison : Non, j'ai bien dit « saignant ». Et puis les serveurs ne sont pas du tout aimables. Tu laisses toujours un pourboire, je comprends pas pourquoi.

Mattéo : Parce que moi j'ai très bien mangé, je me suis régalé.

Lison : On commande un plat chez le traiteur alors ?

Mattéo : Euh... Lundi dernier le gratin était congelé, la ratatouille était brûlée et le flan était amer.

Juliette : Il était pas amer, il était acide.

Lison : Bon ben on va cuisiner nous-mêmes alors. On se fait des pâtes ?

Juliette : Ça marche ! Je fais une sauce tomate aux champignons.

Mattéo : Non, surtout pas ! Je suis allergique aux champignons…

Page 89, Grammaire, Activité 2

1. Nous rappelons qu'il est interdit de boire et de manger dans le musée.

2. S'il y a du gluten dans vos plats, vous devez mettre ce logo.

3. Ne vous asseyez pas ici. Un groupe a réservé cette table.

4. Ne buvez pas l'eau de ce robinet : elle n'est pas potable.

Page 90, Cultures, G - ONA : végan et étoilé

Éric Delvaux : C'est l'heure du « Social Lab » avec vous. Salutations Valère Corréard !

Valère Corréard : Salut Éric !

Éric Delvaux : Nous allons en cuisine cette semaine avec une cheffe étoilée au Michelin.

Valère Corréard : Claire Vallée, qui est à l'origine d'un petit tremblement de terre dans le monde de la gastronomie. Pour la première fois au monde, un restaurant végan a reçu non pas une mais deux étoiles : une rouge et une verte pour son engagement environnemental. On pourrait donc manger bien et sans viande.

Éric Delvaux : Alors ONA, O.N.A., c'est donc le nom de ce restaurant. « ONA » ça signifie quoi ?

Valère Corréard : Origine non animale. Avec une démarche globale derrière : du végétal, du local, de l'artisanal. Et une belle histoire pour Claire Vallée qui s'est lancée dans cette aventure il y a quelques années, avec de belles idées et une énergie communicative.

Éric Delvaux : Alors Valère, ce restaurant végétal étoilé, pour le porte-monnaie, est-ce que c'est accessible ?

Valère Corréard : Alors c'était avant l'étoile, mais Claire Vallée va rester dans cette démarche à 24 € la formule le midi, 59 € le soir, avec quand même 10 plats. C'est d'ailleurs un sujet sur lequel Claire Vallée est vigilante. Et puis, par ailleurs, elle estime que 95 % de ses clients ne sont pas végétariens, mais viennent par curiosité. Et en principe, ça se passe plutôt bien. Il faut dire qu'elle a quelques arguments. Fermez les yeux.

Claire Vallée : C'est un palais de chou-fleur rôti avec des baies de batak, du curcuma frais et de l'huile, de l'huile de courge, par-dessus on viendrait mettre un tartare d'algues au citron caviar et au sésame torréfié, une tuile de farine de sarrasin et un bouillon citronnelle et safran.

(France Inter, 14/02/2021)

Page 91, Vocabulaire - La restauration (voir p. 91)

Page 92, H - Dans un restaurant antillais

Le serveur : Vous avez choisi ?

Amélie : En entrée, je voudrais des samossas au thon.

Benoit : Et pour moi, une salade tropicale, sans avocat si possible.

Le serveur : C'est noté.

Benoit : Et après… on ne sait pas encore. Quel est le plat du jour ?

Le serveur : C'est un steak de dorade à la sauce maracuja.

Benoit : La sauce maracuja, qu'est-ce que c'est ? C'est épicé ?

Le serveur : C'est une sauce aux fruits de la passion avec du beurre. Ce n'est pas pimenté, c'est très doux.

Benoit : Très bien. Je vais prendre ça.

Le serveur : Comme accompagnement, vous préférez du riz ou de la salade ?

Benoit : De la salade, ça ira très bien.

Le serveur : D'accord. Et pour vous madame ?

Amélie : Qu'est-ce que vous me conseillez ?

Le serveur : Si vous aimez la viande, je vous conseille le colombo. C'est la spécialité de la maison.

Amélie : Alors je me laisse tenter par un colombo.

[…]

Le serveur : Ça vous a plu ?

Amélie : Oui, c'était très bon !

Le serveur : Vous prendrez des desserts ?

Amélie : Oui. C'est quoi le tourment d'amour ?

Le serveur : C'est un gâteau à la noix de coco.

Amélie : Super, je vais goûter ça.

Benoit : Moi aussi.

Le serveur : Ah, euh désolé, il ne m'en reste qu'un.

Benoit : C'est pas grave, on le partagera.

Le serveur : Ça marche. Je vous l'apporte.

Page 94, Phonie-graphie : L'intonation expressive, Activité 1

a. C'est étonnant ! – **b.** C'est délicieux ! – **c.** C'est une honte ! – **d.** C'est incroyable ! – **e.** C'est scandaleux ! – **f.** C'est dommage ! – **g.** C'est génial ! – **h.** Oh zut, c'est déjà fini !

Page 94, Activité 2

a. J'ai trouvé que les plats étaient mauvais. C'est scandaleux de payer aussi cher !

b. Un régal, de l'apéritif jusqu'au dessert !

c. Je n'ai pas pu goûter certains plats, c'est dommage.

d. Nous avons pris deux menus du jour et c'était délicieux.

e. Il faut patienter plus d'une demi-heure entre chaque plat. C'est une honte !

f. Les plats ont des saveurs très particulières, c'est incroyable !

g. Il y a une très bonne ambiance, c'est génial !

h. C'est étonnant de découvrir tous ces plats épicés.

Unité 7 À votre santé !

Page 99, B - Le bar à sieste

Voici Victor. Pendant la semaine, il manque de sommeil. Il passe beaucoup de temps dans les transports et son travail est très prenant. Heureusement, il a découvert le bar à sieste, un véritable havre de paix proposant des siestes zen et des soins relaxants. Intéressé, il se laisse tenter par une sieste dans un fauteuil apesanteur massant. Il se sent léger et fait le vide dans sa tête. À son réveil, il redescend sur terre en douceur avec une boisson chaude. Reposé et apaisé, Victor reprend sa journée en toute sérénité. Zen Bar à sieste, un moment de répit pour le corps et l'esprit.

(ZZZ Zen - Le Bar à Sieste)

Page 101, Vocabulaire - Le corps et la santé (voir p. 101)

Page 102, E - Chez la pharmacienne
La pharmacienne : Bonjour monsieur Rousseau. Qu'est-ce que je peux faire pour vous ?
M. Rousseau : Bonjour, voilà je suis un peu patraque en ce moment.
La pharmacienne : Qu'est-ce qui ne va pas ?
M. Rousseau : Je me sens fatigué. J'ai le nez bouché, j'ai mal à la tête.
La pharmacienne : Oui, vous n'avez pas très bonne mine. On dirait que vous avez un gros rhume. Vous avez consulté votre médecin ?
M. Rousseau : J'ai rendez-vous après-demain mais j'aimerais quelque chose qui me soulage un peu.
La pharmacienne : Vous avez mal à la gorge aussi ?
M. Rousseau : Oui, quand je mange et quand je bois.
La pharmacienne : Et vous toussez ?
M. Rousseau : Un peu, mais pas beaucoup.
La pharmacienne : Et vous avez de la fièvre ?
M. Rousseau : Non. Ça non.
La pharmacienne : D'accord. Avant votre rendez-vous chez le médecin, je vous propose un sirop pour la toux et des gouttes pour le nez à l'eucalyptus.
M. Rousseau : Très bien.
La pharmacienne : Vous avez du thym chez vous ?
M. Rousseau : Oui, je crois.
La pharmacienne : Eh bien préparez-vous des infusions de thym avec du miel. Ça vous fera le plus grand bien.
M. Rousseau : Merci du conseil.
La pharmacienne : Ça fera 12 euros 50.
M. Rousseau : Voilà.
La pharmacienne : Merci, bonne journée.
M. Rousseau : Au revoir.

 Page 104, Cultures, F - 18 ou 112 ?
La journaliste : Le 112, est-ce que vous savez ce que c'est ?
Homme 1 : C'est le SAMU ? Non, un truc… non c'est pas ça ? Non, je sais pas.
Femme 1 : C'est un numéro de téléphone, c'est ça ?
Femme 2 : Un numéro d'urgence sans doute… Mais pour quoi, je sais plus.
Femme 3 : Ah, c'est les appels d'urgence.
Voix off : Mais quel numéro appeler en cas d'accident ?
Homme 1 : Le 12, non ? Ou le 8 ou le 9 ou le 10, je sais pas.
Femme 2 : 18 : pompiers. SAMU : 15. Non ?
Femme 3 : Le 18 ? ou le 17 ?
Femme 1 : C'est vrai qu'on n'a pas beaucoup l'opportunité de faire le 112, parce qu'au niveau national on fait le 18.
Voix off : Alors, 18 ou 112 ? C'est ici au centre de secours de Besançon que sont reçus les appels des deux numéros. Une mission essentielle assurée par ces sapeurs-pompiers 365 jours par an et 24 heures sur 24.
(France 3 Bourgogne-Franche-Comté, 11/02/2021)

 Page 105, Vocabulaire - La médecine et les urgences
(voir p. 105)

 Page 108, Phonie-graphie : La prononciation du mot *plus*, Activité 1
a. Le conseil le plus utile – **b.** Le médecin le plus compétent – **c.** Les médicaments que les Français achètent le plus – **d.** Les remèdes que les Français n'utilisent plus

 Page 108, Activité 2
a. C'est la tisane la plus utilisée. – **b.** C'est l'infusion la plus connue. – **c.** Ce sont les revues médicales que je lis le plus. – **d.** C'est le remède le plus efficace. – **e.** C'est le traitement le plus fort. – **f.** Ce sont les activités qu'il faut pratiquer le plus. – **g.** C'est le sport le plus adapté. – **h.** C'est le médicament le plus vendu.

 Page 108, Activité 3
Pour être en meilleure forme, vous devez dormir plus et manger équilibré. Les activités qu'il faut pratiquer le plus sont la marche et la natation. Si vous avez un rhume, le remède le plus efficace, c'est le thym. Si vous avez du mal à dormir, la lavande est la plante la plus calmante.

Unité 8 Dans les médias

 Page 113, B - Comment s'informent les jeunes ?
Le journaliste : Bonjour à toutes et à tous ! Aujourd'hui, dans *L'Instant média*, nous allons à la rencontre des jeunes. Est-ce qu'ils suivent l'actualité nationale, internationale ? Comment s'informent-ils ? C'est ce que nous allons découvrir. On écoute d'abord Alix et Floriane.
Alix : Je peux pas regarder le journal télé, à cause des images qui sont souvent horribles. C'est pour ça que j'aime mieux lire la presse en ligne sur mon smartphone.
Floriane : Moi, tous les matins, j'allume mon téléphone et je fais le tour des réseaux pour être au courant. Si une information m'intéresse, je vais peut-être cliquer dessus. Mais en général c'est vrai que je lis les titres, pas les articles.
Le journaliste : Pourquoi ?
Floriane : Parce qu'ils sont trop longs, pour moi en tout cas.
Le journaliste : Et vous Abel, comment vous vous informez ?
Abel : Je préfère les réseaux sociaux aux médias traditionnels. Quand t'es sur Instagram, Twitter ou Snapchat, c'est facile. Tu reçois les nouvelles sur ton téléphone, alors t'as pas besoin de les chercher. C'est mieux. En plus, je peux lire les réactions des gens et me faire ma propre opinion.
Le journaliste : Et est-ce que les jeunes s'intéressent à des sujets sérieux, Floriane ?
Floriane : Bien sûr ! Moi par exemple, pour mes études, je suis abonnée à des journaux anglais sur Instagram. Ils publient des résumés d'articles de magazines économiques, culturels ou politiques. Alors c'est plus rapide à lire et c'est plus simple que les articles entiers, mais c'est très sérieux.

 Page 115, Vocabulaire - L'info, la presse, la télé
(voir p. 115)

 Page 115, Vocabulaire, Activité 3
a. Cool ! Je viens de recevoir le dernier numéro de *La Revue Dessinée*.
b. Change de chaîne, s'il te plaît. J'aime pas du tout cette émission.
c. Je ne suis pas journaliste ; je suis dessinateur de presse.
d. T'as vu ? Y'a un article sur notre université dans le journal.

Page 116, D - Les séniors sur les réseaux

Le journaliste : Aujourd'hui on s'intéresse aux *silver surfers*, les personnes de plus de 60 ans qui utilisent les réseaux sociaux. Et ils sont de plus en plus nombreux ! Je peux prendre l'exemple de ma tante, Christine, qui a 68 ans. Elle était curieuse de savoir comment tout ça fonctionnait. Alors, en quelques mois, elle a appris à utiliser les réseaux sociaux et, aujourd'hui, elle passe une grande partie de sa journée en ligne ! Elle a ouvert un compte Facebook pour parler avec ses amies, un compte Instagram pour suivre la vie de son fils de 40 ans, et même un compte TikTok pour regarder les vidéos de ses petits-enfants. Elle veut savoir ce que font les jeunes et pourquoi ils passent tout leur temps sur ces réseaux.

Christine : Bien sûr que ça nous intéresse ! C'est normal qu'on soit sur les réseaux sociaux ! Il faut que les grands-parents connaissent l'univers de leurs petits-enfants. Les miens sont sur Facebook et sur Instagram, alors je me suis inscrite aussi. Je m'intéresse à leur vie ! Ma petite-fille Dina poste de superbes vidéos, on peut en parler et comme ça je la comprends mieux. C'est très bien que les personnes âgées soient plus connectées pour comprendre le monde d'aujourd'hui, mais c'est vrai que ce n'est pas toujours facile. Mon fils m'a montré comment ça marche et maintenant je vais tous les jours sur Facebook. Ce moyen de communication est fascinant ! Ça me passionne d'être en contact avec cette génération !

Page 118, Cultures, G - Le succès des podcasts

Voix off : Julie Nicolas écoute des podcasts, des contenus sonores le plus souvent gratuits. Une fois téléchargé sur son téléphone, grâce à une application, elle choisit elle-même quand son programme préféré commence. Elle en écoute trois par jour. Comme elle, les Français sont de plus en plus accros aux podcasts. 9 % déclarent en écouter au moins un, une fois par semaine. Tout passe par la voix, comme celle de Camille Juzeau. Elle travaille dans des radios, mais réalise aussi le podcast d'un magazine consacré au voyage. Depuis plus d'un an, elle raconte des expéditions d'aventuriers. 27 épisodes et près de 800 000 écoutes.

Camille Juzeau : Il y a quelque chose de la proximité avec l'auditeur dans le podcast. Il y a beaucoup d'histoires à la première personne. Et c'est prendre par la main l'auditeur aussi, et lui dire : « Viens, je t'emmène dans mon histoire. »

(France Info / France 2, 16/11/2019)

Page 119, Vocabulaire - Les médias audios et les réseaux sociaux (voir p. 119)

Page 119, Vocabulaire, Activité 3

a. Regarde ! Tu crois que c'est vrai ?
– Mais non, c'est une infox ! Ce n'est pas vrai du tout.
b. Tu regardes les réseaux sociaux des gens que tu ne vois plus ?
– Oui, je suis curieux… J'aime bien voir ce qu'ils font, avec qui…
c. Tu n'as pas Instagram ?
– Ben non. Je n'ai pas envie de montrer ma vie privée.

Page 122, Phonie-graphie : Les lettres muettes, Activité 1

Quel support les jeunes Français utilisent le plus pour s'informer ?

Page 122, Activité 2

a. français – **b.** première – **c.** importante – **d.** rond – **e.** curieux – **f.** grande – **g.** étudiant – **h.** heureuse

Page 122, Activité 4

a. Il est français. Elle est française. – **b.** Le premier film. La première série. – **c.** Un réseau indépendant. Une presse indépendante. – **d.** Un micro rond. La maison ronde. – **e.** Je suis curieux. Je suis curieuse. – **f.** Un grand succès. Une grande nouvelle. – **g.** L'étudiant européen. L'étudiante européenne. – **h.** Un garçon heureux. Une fille heureuse.

Page 122, Activité 5

Première critique - Le titre de ce film est très joli et le thème est original mais il y a trop d'effets spéciaux. Cette histoire est difficile à suivre.

Deuxième critique - Omar Sy joue très bien le rôle du père qui ne laisse pas sa fille grandir, parce qu'il veut rester son unique héros. C'est important de parler des relations entre parents et enfants.

Page 123, Atelier médiation, Document 1

Foumilayo Assanvi : J'adore écouter des podcasts ! Pour moi, le podcast est tout simplement un ami qui vous veut du bien.

Voix d'homme : Enchanté !

Foumilayo Assanvi : Le podcast, c'est un blog en format audio. On peut les écouter en ligne ou les télécharger quand on veut. Voici quelques bonnes raisons pour écouter d'urgence des podcasts.
D'abord, le podcast, c'est bon pour la santé ! Et oui, il n'y a pas que les écrans dans la vie. La lecture d'articles sur un blog, le visionnage de vidéos ou les échanges sur les réseaux sociaux augmentent le temps passé sur nos écrans, et cela est mauvais pour notre santé.
L'avantage des podcasts, c'est qu'ils peuvent être écoutés partout, à tout moment, et surtout en faisant autre chose ! À la différence des autres médias, quand on écoute un podcast, on peut être actif. Et ça change tout ! Un téléphone, des écouteurs, c'est tout ce dont vous avez besoin.
Ensuite, le podcast vous fait faire des économies. Le coût des données mobiles de connexion étant de plus en plus élevé, la possibilité de s'instruire ou de se distraire via Internet est de plus en plus restreinte. Comparativement aux autres contenus sur Internet, le podcast économise vos données mobiles, il est donc moins cher à consommer. Regarder un tuto de trois minutes sur YouTube vous fait consommer plus de datas qu'écouter un podcast de la même durée. Alors voilà la solution : PODCAST !
Aussi, écouter un podcast vous permettra d'optimiser votre concentration. De plus en plus d'internautes se plaignent de la longueur des articles ou des vidéos. En fait, on est très vite déconcentré. Mais avec le podcast c'est très différent, on reste attentif, on apprend à mieux écouter.
Et pour terminer, sachez qu'il existe une multitude de podcasts, à la variété de contenus infinie… Information ou divertissement, il existe forcément un podcast pour vous ! Alors, qu'attendez-vous pour commencer à écouter ou à télécharger vos premiers podcasts ?

(Mondoblog, 22/08/2020)

Page 123, Atelier médiation, Document 2

Gauta : 5 raisons de quitter les réseaux sociaux. Le premier point, la première raison pour laquelle je pense que c'est important de se limiter ou même de quitter complètement les réseaux sociaux, simplement que c'est une perte de temps phénoménale. Vous imaginez même pas le nombre d'heures, le nombre de dizaines d'heures que vous perdez chaque semaine peut-être sur les réseaux sociaux.

Deuxième point, c'est que les réseaux sociaux sont vraiment addictifs, et sont conçus pour créer vraiment une addiction.

Troisième point, troisième raison d'arrêter les réseaux sociaux, c'est que c'est un divertissement. OK. Vous allez sur les réseaux sociaux pour vous divertir. Il n'y a pas de problème, je suis d'accord avec ça, c'est important d'avoir des divertissements de temps en temps. Mais pourquoi pas choisir plutôt un divertissement intelligent, qui vous rapprochera de votre famille ? de vos amis ? de vos enfants ? de votre femme ? de votre homme ? Pourquoi pas ? Essayez de trouver quelque chose qui permet d'avoir une interaction avec d'autres personnes.

Quatrième point, les réseaux sociaux, ça montre toujours un idéal qui est inexistant. Tout le monde a une certaine personnalité qu'il montre sur les réseaux. On peut même évidemment modifier les photos, les vidéos, il y a des *cut*, il y a du montage, c'est pas naturel, c'est pas la vraie vie du tout.

Cinquième point, c'est peut-être lui d'ailleurs le plus important, c'est que pour moi les réseaux sociaux, ils sont plutôt antisociaux. Personnellement, j'ai jamais eu autant de relations, jamais découvert autant de nouvelles personnes, rencontré autant de nouvelles personnes, depuis que je suis plus sur les réseaux sociaux.

(Gauta - Maxime Briand, 08/06/2020)

Page 123, Atelier médiation, Document 3

Rakee : Cela fait plus de cinq ans maintenant que je n'ai pas de télé et, sincèrement, ça ne me manque pas du tout. Tout d'abord, je considère que c'est une perte de temps. Et le temps que j'ai gagné, je peux le consacrer maintenant à faire les choses que j'aime. Je dirais aussi que la télé ralentit l'activité cérébrale. C'est-à-dire qu'on n'arrive plus trop à lire et à écrire aussi. Y'a de moins en moins d'émissions de qualité. Puis le problème, c'est que la télé fait dans le sensationnel. C'est-à-dire, on nous montre des catastrophes, c'est beaucoup de négatif. Et puis ne pas avoir de télé permet d'avoir des relations sociales durables. C'est-à-dire, y'a qu'à voir dans les familles, plus personne se parle, tout le monde est scotché à son smartphone ou à l'écran de sa télé. Donc le lien social est complètement brisé.

(Rakeegreenlifestyle, 21/10/2021)

Unité 9 Consommer responsable

Page 127, B – Neuf ou d'occasion ?

Alexandra Bensaid : Ce matin, l'invité du Mag Eco c'est le directeur général du boncoin, bonjour Antoine Jouteau !
Antoine Jouteau : Bonjour !
Alexandra Bensaid : Leboncoin, la maison mère est norvégienne. Vous fêtez votre quinzième anniversaire en France. Votre site de petites annonces entre particuliers, c'est le sixième site le plus visité du pays. Au moment où on se parle, il y a combien d'utilisateurs du boncoin ?

Antoine Jouteau : Au moment où on se parle, il doit y avoir entre 10 et 12 millions de personnes qui vont se connecter, dans la journée.
Alexandra Bensaid : Dans la journée ?
Antoine Jouteau : Dans la journée.
Alexandra Bensaid : Et sur le mois ?
Antoine Jouteau : Sur le mois, à peu près un Français sur deux, trente millions.
Alexandra Bensaid : Il n'y a pas si longtemps, Antoine Jouteau, le désir c'était de s'acheter du neuf et aujourd'hui on voit ce marché de l'occasion qui explose. Comment ça s'explique et jusqu'où ça peut aller d'après vous ?
Antoine Jouteau : Il y a deux raisons. Il y a une raison de pouvoir d'achat, et aussi de faire des bonnes affaires, à l'achat. La seconde raison, c'est plus une raison de mieux consommer. Je veux mieux consommer, je veux arrêter de jeter, je veux donner une seconde chance aux produits, je veux trouver des objets uniques.
Alexandra Bensaid : Et le choix du consommateur entre le neuf et l'occasion, pour l'instant on achète toujours plus de neuf ?
Antoine Jouteau : Pour l'instant on achète encore plus de neuf. Mais il y a quand même des secteurs, et des univers comme la partie multimédia, les téléphones, les ordinateurs, mais aussi les vêtements où, probablement d'ici quelques années, le marché de l'occasion aura dépassé le marché du neuf.

(France Inter, 29/05/2021)

Page 129, Vocabulaire - La consommation (voir p. 129)

Page 132, Cultures, G - Réparer, c'est facile !

Jérome Caltran : Label Entreprise a le plaisir d'accueillir Geoffroy Malaterre, le fondateur de Spareka. Geoffroy, bonjour !
Geoffroy Malaterre : Bonjour Jérome !
Jérome Caltran : Pour commencer, quelle est l'activité de Spareka ?
Geoffroy Malaterre : Spareka est le leader de l'autoréparation. Autrement dit, on aide les gens à réparer leurs appareils de la maison et du jardin en leur montrant comment trouver la panne, en leur vendant une pièce détachée et en les accompagnant avec un tutoriel vidéo.
Jérome Caltran : C'est-à-dire que quel que soit mon matériel électroménager, je vais sur votre site, je vais avoir un bon tuto qui va m'expliquer d'où vient la panne de mon appareil. Et si j'ai besoin de changer une pièce, je vais trouver aussi la pièce et tout ira bien ?
Geoffroy Malaterre : Exactement. Alors la moitié des pannes à peu près n'ont pas besoin de pièces. Donc déjà on va vous accompagner sur comment identifier s'il faut une pièce ou pas. Et s'il faut une pièce, vous la trouverez dans notre catalogue. On vous l'enverra et puis on vous suivra avec un tutoriel, voire même parfois en visio, avec nos techniciens.

(Demain TV, 28/10/2019)

Page 133, Vocabulaire - Le travail manuel (voir p. 133)

Page 135, I - Un monde de troc

Le journaliste : Imaginez un monde où il n'y aurait pas d'argent, où on ferait les magasins sans payer, où tout serait gratuit ! Le rêve, non ? Bien sûr, ce monde n'existe pas. Mais acheter sans payer, c'est possible. Et pour cela, je vous emmène aujourd'hui dans une « Troc Party ».

Le journaliste : Bonjour madame ! Vous êtes l'organisatrice de cette Troc Party. Est-ce que vous pouvez nous expliquer comment ça fonctionne ?

L'organisatrice : Oui, bien sûr. C'est très simple. Ici, on n'achète rien. Il n'y a pas d'argent. On échange tout. Vous apportez des objets à donner. Vous les déposez à l'entrée et ensuite, vous prenez les choses qui vous intéressent.

Le journaliste : Excusez-moi, monsieur. Vous avez déposé un gros sac d'objets en entrant. Qu'est-ce qu'il y avait dedans ?

L'homme : Des accessoires et des vêtements. Je fais ça pour vider mes placards.

Le journaliste : Et vous avez trouvé des choses qui vous intéressent ?

L'homme : Oui, ce livre que je cherche depuis longtemps !

Le journaliste : Vous participez souvent à des Troc Party comme aujourd'hui ?

L'homme : Oui. J'aime beaucoup ce concept qui mélange économie et écologie !

Le journaliste : Pour vous, dans un monde idéal, tout le monde ferait du troc ?

L'homme : Oui, et cette Troc Party est un bon début !

 Page 136, Phonie-graphie : Les sons [g] et [ʒ], Activité 1

a. jeter – b. gratuit – c. blog – d. argent – e. regarder – f. partager

 Page 136, Activité 2

a. Un grand jardin – b. Des objets gratuits – c. Un blog partagé – d. Un magasin de bricolage – e. Un dialogue de jeunes – f. Des règles écologiques – g. Contre le gaspillage

 Page 136, Activité 4

Sujet : Échanges de services
Posté le 10 novembre
Bonjour,
Je souhaiterais échanger des services avec des gens de ma région, la Bourgogne. J'adore le jardinage, j'aime aussi le bricolage. Pour économiser de l'argent, je peux prêter des objets ou échanger des services selon vos goûts et préférences. J'attends votre réponse avec impatience.
Gabrielle

Unité 10 Envies d'ailleurs ?

 Page 141, B - Allô, j'écoute !

Florence : Le monde en voyages, bonjour ! Florence à votre écoute.

Joan : Bonjour, j'aimerais faire un voyage au Vietnam avec ma femme et je voudrais avoir des renseignements, s'il vous plaît.

Florence : Oui, bien sûr. Il y a un circuit qui vous intéresse ?

Joan : Oui ! « La balade au pays du dragon », mais nous aimerions passer plus de temps sur la baie d'Halong et moins de temps à Hué.

Florence : D'accord. C'est noté.

Joan : Et vous pouvez me donner des précisions sur l'hébergement ?

Florence : Alors, nous proposons à nos clients de dormir chez l'habitant.

Joan : Super ! Et est-ce que les vols sont inclus dans le prix du voyage ?

Florence : Oui, nous nous occupons de vos billets. Nous travaillons avec différentes compagnies aériennes qui proposent des vols directs au départ de Paris. Pour votre voyage, vous atterrirez à l'aéroport d'Hanoï.

Joan : D'accord. Et les repas sont compris ?

Florence : Juste le petit déjeuner. Nous ne proposons pas de pension complète, ni de demi-pension.

Joan : Très bien. Quelle est la meilleure période pour visiter le Vietnam ?

Florence : En mars, avril et de septembre à novembre.

Joan : C'est parfait ! On voulait partir du 15 au 26 septembre.

Florence : C'est noté. Je vous envoie un devis et je vous rappelle dans 48 heures pour finaliser le voyage.

Joan : Parfait ! Merci beaucoup !

Florence : Avec plaisir !

 Page 143, Vocabulaire - Le voyage (voir p. 143)

Page 146, Cultures, G – Voyager en solo !

Pascale : Ils sont là les poneys, y'en a combien un, deux, trois, y'a l'âne.

Voix off : Pascale n'est pas vétérinaire, elle est tout simplement en vacances en Corrèze. Et si elle se retrouve à parler aux poneys et aux lamas, c'est parce que cette coach parisienne a décidé cette année de partir seule.

Pascale : C'est une idée de mes filles, qu'elles ont choisie, parce qu'elles savent ce que j'aime, la nature, les animaux, les belles régions où on peut marcher.

Voix off : Habituée à voyager avec ses filles ou des amis, pour cette première expérience en solitaire, Pascale a opté pour un séjour de trois jours seulement. Comme Pascale, de plus en plus de Français osent partir seuls en vacances.

Pascale : Le fait d'être seuls, ça nous oblige à être totalement tournés vers l'extérieur. En fait, là on est complètement tournés vers la région qu'on est en train de visiter, vers les personnes qu'on rencontre.

Voix off : Pascale part à la découverte de la région. Après deux heures de marche, elle paraît complètement dans son élément, bien loin de son quotidien parisien.

Pascale : Je regarde la pluie qui tombe, la rivière qui coule et je me dis que je n'ai aucune envie de rentrer à Paris. Je profite de chaque seconde et je m'émerveille et je retrouve mon âme d'enfant. Et je crois que la vie est plus ici que derrière mon PC, franchement.

(La Vie, 08/07/2021)

 Page 147, Vocabulaire - Le tourisme (voir p. 147)

Page 149, I - Vous voyagez avec ou sans appli ?

Le guide : Voilà, nous sommes arrivés à Saint-Louis ! Je vous laisse commencer à découvrir le quartier ou vous reposer, et on se retrouve ici dans vingt minutes pour faire la visite guidée de la ville.

Raphaël : Ok, à tout à l'heure Ali ! Tu viens Chloé Mais… qu'est-ce que tu fais encore avec ton portable ?

Chloé : Attends, je cherche mon appli *Guide de voyages* pour avoir des informations sur la ville.

Raphaël : Mais arrête avec tes applis ! Regarde autour de toi, ressens, profite !

Chloé : Non, mais celle-ci est vraiment bien !

Raphaël : Elles sont toutes bien avec toi ! Celle qui permet de s'orienter, celle qui permet de faire des traductions… résultat, tu es toujours sur ton téléphone…

tu exagères ! Tu ne vas pas visiter le Sénégal avec ton téléphone, si ?

Chloé : Tu as raison… allez, viens ! On part par-là ! Tu as vu ce bâtiment ?

Raphaël : Et celui-ci ! Il est magnifique… je crois que c'est le Palais du gouverneur…

Chloé : Je peux vérifier avec mon appli si tu veux…

Raphaël : Mais c'est pas possible !

Chloé : Ça va ! Du calme… c'est une blague !

Raphaël : J'espère bien !

Chloé : Mais oui… on demandera à Ali tout à l'heure ! Regarde ces maisons, elles sont vraiment jolies !

Raphaël : Celles qui sont dans cette rue ont l'air encore plus belles. On y va ?

Chloé : Oui, on a encore un peu de temps.

Raphaël : On pourra peut-être s'arrêter dans une boutique d'artisanat ?

Chloé : Oui ! Celle qui est au coin de la rue, là-bas, me semble très sympa.

 Page 150, Phonie-graphie : Les sons [ə], [e] et [ɛ], Activité 1

a. arrivée – **b.** demain – **c.** hôtel – **d.** idée – **e.** auberge – **f.** repas

 Page 150, Activité 2

a. J'espère venir cet été en Espagne pendant les vacances. – **b.** Elle a offert à son frère un séjour à Genève. – **c.** Ça te dit d'aller à la mer demain ? – **d.** Vous avez réservé un séjour d'une semaine en Bretagne. – **e.** Elles ont voyagé à vélo de Grenoble à Venise. – **f.** Il est allé la même année au Québec et au Mexique.

 Page 150, Activité 4

Chère Juliette,

Je t'écris de Bretagne où je passe mes vacances près de la mer chez mes parents. Je me promène tous les jours et j'adore manger des spécialités. C'est une belle région ! Je rêve de m'y installer. J'espère que tu vas bien.

Je t'embrasse,

Léa

Unité 11 De jolis parcours

 Page 154, A - Les anciens élèves racontent

La journaliste : Bonjour Deniz ! Vous êtes étudiant en informatique à Lille. Merci d'être avec nous aujourd'hui. Vous allez nous raconter votre parcours scolaire et universitaire.

Deniz : Merci pour votre invitation !

La journaliste : Alors, dans quel lycée avez-vous obtenu votre baccalauréat ? Est-ce que vous avez eu une mention ?

Deniz : J'ai passé mon bac scientifique au lycée français d'Istanbul, en Turquie. J'ai eu la mention « bien ». Les maths, la physique-chimie, la biologie, ce sont des matières que j'ai toujours aimées.

La journaliste : Vous avez aimé étudier au lycée français d'Istanbul ?

Deniz : Oui ! On travaillait beaucoup en classe, mais on s'amusait bien après les cours. L'ambiance, c'est ce que j'ai préféré au lycée.

La journaliste : Et après, qu'est-ce que vous avez fait comme études ?

Deniz : J'ai choisi d'étudier l'informatique à Lille pour devenir ingénieur du numérique. Mais la première année, on a trop fait la fête et… beaucoup d'étudiants ont redoublé. Moi aussi, j'ai raté ma première année parce que j'avais des mauvaises notes. Alors j'ai décidé de faire une pause. J'ai fait une année de césure et je suis parti en Belgique. J'ai travaillé dans la restauration et j'ai suivi des cours d'anglais. C'est une expérience que je ne regrette pas. Après, je suis revenu à Lille, je me suis à nouveau inscrit en première année et j'ai réussi mes examens. Je suis maintenant en troisième année de licence.

La journaliste : Qu'est-ce qui est difficile, pour vous, dans les études supérieures ?

Deniz : Ce qui est le plus difficile, c'est de rester concentré sur les études et de travailler régulièrement.

La journaliste : Merci beaucoup Deniz. Bonne continuation dans vos études !

 Page 155, C - Le parcours de Lenna Jouot

Arthur : Bonjour et bienvenue dans un nouvel épisode du *Petit Explorer*. Aujourd'hui, comme la semaine dernière, nous allons repartir sur un épisode hors-série avec une invitée un peu spéciale. Vous avez sûrement déjà vu son super CV sur LinkedIn, Facebook, Twitter, Instagram, dans les journaux. Il s'agit de Lenna Jouot, que je suis très fier d'accueillir dans ce podcast. Pour rappel, Lenna a créé un gros buzz, notamment sur LinkedIn, où elle a repris tous les codes, en fait, du journal *L'Équipe*, où elle en a fait son CV, car c'est une passionnée de sport et de communication.

Arthur : Est-ce que tu peux nous dire un peu d'où est-ce que tu viens ? Qu'est-ce que t'as fait comme études, par exemple, jusqu'ici ?

Lenna : Tout à fait. Donc ben je viens d'Angoulême. Je suis née à Angoulême. J'ai commencé une fac de droit, que j'ai arrêtée. Et du coup je pense que c'était une très bonne idée. Suite à ça, j'ai commencé un bachelor en communication à Sup de Pub. J'ai fait une année de communication générale. Ensuite j'ai fait une année de communication digitale. Et ma dernière année là, pour valider mon bachelor, c'était « Communication et création digitale ». Donc j'ai pu toucher un peu à tout. Et là je vais rentrer en master « Management et marketing du sport » à l'INSEEC.

Arthur : D'accord, à Bordeaux donc ?

Lenna : À Bordeaux toujours, oui.

Arthur : Super. Et tu intègres Publicis pour ton alternance. Publicis Sport, c'est ça ?

Lenna : Exactement, Publicis Sport.

(Le Petit Explorer, 30/06/2020)

 Page 157 Vocabulaire – Les études (voir p. 157)

 Page 158, D - Faire son CV

Christel de Foucault : Bienvenue dans *Trouveur d'emploi*, le podcast du magazine *Management* qui répond à toutes vos questions sur la recherche d'emploi. Je suis Christel de Foucault, ancienne recruteuse et spécialiste de la recherche d'emploi. Et je suis là pour vous aider à garder le moral et à décrocher un job ou un stage. Aujourd'hui, nous allons parler de : « Ça sert encore à quelque chose de faire un CV ? »

Jingle : Trouveur d'emploi, le premier podcast qui vous aide à trouver un emploi. Un programme du magazine *Management*, animé par Christel de Foucault.

Christel de Foucault : Alors c'est une question qui revient très souvent. Et je crois qu'on n'a jamais autant souhaité la mort du CV, que ce soit côté candidat ou côté recruteur. Et d'ailleurs il y a énormément d'articles : « Est-ce que le CV est mort ? », « Est-ce que le CV est enfin mort ? », « À quand la mort du CV ? » Pourquoi ? Parce que c'est un outil qui va être très contraignant. C'est un bout de papier finalement qui est très contraignant. Il est contraignant à la fois pour le candidat qui cherche un job et à la fois pour le recruteur.

Pourquoi pour le candidat ? Parce qu'il doit rentrer dans ces fameuses cases. C'est compliqué pour les séniors qui ont des très jolis parcours et à qui l'on dit : « Tu dois faire un CV en une page ». C'est pratiquement une mission impossible, même si on y arrive. C'est compliqué pour les jeunes qui au contraire n'ont rien à mettre dans les cases et qui se prennent la tête en se disant : « Mais je n'ai pas d'expérience ! Comment je peux rentrer ma non-expérience sur ce bout de papier ? » Et c'est compliqué pour les recruteurs, qui se retrouvent toujours face au même CV. Qui se retrouvent face à des CV aussi qui vont être extrêmement colorés, avec de très jolies formes, etc., mais très peu de contenus. Ou au contraire très chargés et très compliqués. Et c'est pourquoi on a tous rêvé de la mort du CV.

En attendant, néanmoins, sachez qu'il faut garder ce petit bout de papier, sachez qu'il faut que vous soyez les plus performants possible par rapport au CV. Pourquoi Parce que quand on interroge les recruteurs, ils vous disent tous que, quand ils mènent un entretien, c'est beaucoup plus facile pour eux d'avoir un CV « une page », un CV « carte de visite » devant les yeux pour mener l'entretien. De la même manière, pour le candidat, c'est beaucoup plus facile d'avoir son CV à côté pour dire « J'ai fait ci et j'ai fait ça, etc. » et de regarder un peu son CV.

(Management, 19/03/2021)

 104 Page 160, Cultures, G - Le Salon Partagé

Le journaliste : Loubna Daoudi, bonjour, merci d'être avec nous ce matin. Vous avez créé Le Salon Partagé, un espace de coworking innovant, car il ne s'adresse pas à des gens qui travaillent à distance. Comment avez-vous eu l'idée d'ouvrir un espace pour les métiers de la beauté et du bien-être ?

Loubna Daoudi : Il y a beaucoup de gens qui préfèrent travailler en équipe, échanger, ne pas être seuls. Et puis, en général, les travailleurs indépendants qui débutent ne peuvent pas payer un local, avoir leur propre salon. Alors, si vous êtes manucure, par exemple, vous pouvez louer un espace au Salon Partagé pour une heure, une journée ou une semaine, selon vos besoins. En ce moment, on a un coiffeur, une tatoueuse, un masseur et une esthéticienne. Ils s'entendent bien. Il y a une bonne ambiance. Et les clients peuvent recevoir tous leurs soins au même endroit.

Le journaliste : Est-ce que vous louez seulement un espace ?

Loubna Daoudi : Non, non. Le prix de la location inclut aussi les meubles, l'eau, l'électricité, le chauffage et le matériel de base. Le Salon Partagé a trois employés : deux agents d'entretien pour le nettoyage, et un secrétaire pour accueillir les gens et prendre les rendez-vous.

Le journaliste : Quels sont les autres avantages pour les professionnels ?

Loubna Daoudi : Ils sont vraiment indépendants : ils fixent leurs tarifs et leurs horaires ; ils utilisent leurs produits préférés ; ils ont leurs clients habituels. Mais je suis là pour les aider quand ils débutent. Et ils peuvent aussi profiter de mon réseau.

 105 Page 161, Vocabulaire - Le monde du travail
(voir p. 161)

 106 Page 164, Phonie-graphie : Les sons [ø] [o] [u], Activité 1
a. deux / dos / doux – **b.** vous/ vos / veut – **c.** te / tout / tôt – **d.** mou / me / mot – **e.** se / seau / sous – **f.** faux / feu / fou

 107 Page 164, Activité 2
a. Il se souvient de ses études en ressources humaines à Toulouse.
b. Je me rappelle ce joli jeu de mot de ma professeure de biologie.
c. Vous avez besoin de vos diplômes pour trouver du travail.
d. Tous les examens se sont terminés très tôt ce matin.
e. Sur les réseaux sociaux, on peut poster des CV complètement fous !

 108 Page 164, Activité 3
a. Ma sœur veut se perfectionner et recherche une entreprise qui peut l'accepter en stage.
b. Pour développer son réseau professionnel, il faut travailler dans un coworking.
c. Je vous remercie de m'avoir dit où chercher pour trouver du travail.

109 Page 164, Activité 4
Cher monsieur Roux,
Au collège, vous avoir comme professeur a été un grand bonheur. Vous m'avez donné la motivation et le courage de continuer jusqu'au bout. Je vous remercie pour tout ce que vous m'avez apporté. Bien à vous, Léo Redoux

 **Unité 12** Soif de nature

 110 Page 169, B - La fête de l'environnement

La journaliste : La semaine prochaine, c'est la Fête de l'environnement en Nouvelle-Calédonie. Nous recevons aujourd'hui Clément Katoa, du Centre de protection de l'Environnement. Clément Katoa, pourquoi une fête de l'environnement dans notre archipel ?

Clément Katoa : Nous vivons sur un territoire exceptionnel avec une grande biodiversité et des paysages splendides. Nous avons le plus grand lagon du monde, des forêts tropicales, le parc naturel de la mer de Corail, des rivières, des lacs… Nous voulons sensibiliser le public à la richesse de nos milieux naturels, mais aussi à leur fragilité. Nous savons qu'il faut agir pour préserver l'archipel de la Nouvelle-Calédonie.

La journaliste : Quelles activités vous allez organiser pour la Fête de l'environnement ?

Clément Katoa : Sur Grande Terre, l'île principale, il y a des chemins pédagogiques qui traversent les plus beaux sites naturels. Nous proposons des sorties « nature » avec des animateurs qui connaissent très bien la faune et la flore. Connaître la nature permet de mieux la respecter. Une autre partie de notre activité, c'est de sensibiliser le public au problème du gaspillage. Nous consommons trop, nous produisons trop de déchets, nous polluons trop. Nous proposons donc des ateliers sur le recyclage, les produits écologiques…

La journaliste : Qu'est-ce que vous souhaitez dire aux Calédoniennes et Calédoniens qui nous écoutent ?

Clément Katoa : Ce que nous avons de plus important, c'est la nature. Aimez-la, respectez-la ! Toutes les informations sur nos activités sont sur notre site : www.protection.environnement.nc. Connectez-vous et rejoignez-nous !

 111 **Page 171, Vocabulaire - La géographie et l'environnement** (voir p. 171)

 112 **Page 175, Vocabulaire - Les animaux** (voir p. 175)

 113 **Page 176, H - Une action de reforestation en Côte d'Ivoire**

Bonjour, je suis Sarah Traboulsi de Seedballs Côte d'Ivoire. Aujourd'hui, nous savons tous le rôle que jouent les forêts dans notre vie. Nous savons également qu'il nous faudra planter des milliards d'arbres pour assurer cette vie sur Terre. Ce que nous ne savons pas, c'est où, comment, quoi et à quel coût on plante des arbres. Seedballs Côte d'Ivoire a décidé d'organiser la première levée de fonds populaire pour participer au reboisement en Côte d'Ivoire.

Écoute, avec 500 francs CFA, tu plantes cinq arbres forestiers. Oui, tu as bien entendu, tu as l'occasion, pour une fois et de façon individuelle et concrète, de t'engager pour la forêt ivoirienne. Nous planterons quoi ? Des essences de chez nous. Comment ? Grâce aux seedballs, mais aussi avec des plants. Où ? Dans la zone nord du pays qui est une zone favorable parce que c'est une zone interdite d'exploitation forestière. Quand ? Dès le début de la saison pluvieuse, mai-juin.

Cette levée de fonds a pour objectif de planter 500 000 arbres. Je le répète, avec 500 francs CFA, vous pouvez planter cinq arbres forestiers. À vous de décider ce que vous voulez apporter à la forêt ivoirienne.

(Seedballs Côte d'Ivoire)

 114 **Page 177, J - Jardinons ensemble !**

Le journaliste : Le site de co-jardinage www.plantezcheznous.com a été créé par Chantal Perdigau il y a quelques années. La jeune femme connaissait des propriétaires de jardins qui ne jardinaient pas du tout. Elle connaissait aussi des gens qui voulaient cultiver un potager mais n'avaient pas de jardin. Alors elle a créé un site Internet. Oui ! Chantal a de bonnes idées et elle sait faire beaucoup de choses : elle est bonne en informatique et elle sait aussi animer un réseau. Elle a donc mis en contact ces personnes pour qu'elles puissent jardiner ensemble. Nous avons rencontré Nadia qui nous parle de son expérience avec *Plantezcheznous.com*.

Nadia : Alors moi j'ai découvert *Plantezcheznous.com* grâce à un reportage à la télé. J'ai tout de suite aimé l'idée ! J'ai un jardin assez grand. Je voudrais bien le cultiver mais avec le travail, la famille… ce n'est pas toujours facile… J'ai donc passé une annonce sur le site et j'ai décrit mon jardin. Très vite, j'ai été contactée par Alex, qui n'habite pas très loin de chez moi. Je suis vraiment ravie ! Maintenant, mon jardin est cultivé par

une personne compétente et disponible. Il connaît très bien les plantes, il sait travailler dans un jardin. De temps en temps, je lui demande des conseils et il m'explique comment faire. Je lui ai donné les clés de chez moi. Il peut venir jardiner quand il veut ! Ce qui est très bien aussi, c'est que les récoltes de fruits et de légumes sont partagées entre nous. Je recommande ce site à tout le monde. Il y a des co-jardiniers à la Martinique, à la Réunion, en Guadeloupe, en Belgique, au Luxembourg. C'est un beau succès !

 115 **Page 178, Phonie-graphie : Le e muet, Activité 1**
a. Notre Terre – **b.** Des entreprises – **c.** Des ressources

 116 **Page 178, Activité 2**
a. La nature – **b.** Notre faune – **c.** Être en danger **d.** L'avenir – **e.** Il faut le protéger – **f.** Recycler – **g.** Le gaspillage

 117 **Page 178, Activité 4**
a. Tu protégeras l'environnement. – **b.** Tu ne gaspilleras pas les ressources naturelles. – **c.** Tu trieras tes déchets correctement. – **d.** Tu préserveras la biodiversité. – **e.** Tu consommeras raisonnablement. – **f.** Tu achèteras des produits de saison. – **g.** Tu échangeras des objets ou des services. – **h.** Tu te déplaceras à pied ou à vélo. – **i.** Tu utiliseras des produits écologiques. – **j.** Tu apprécieras la beauté de la nature.

Épreuve blanche du DELF A2

 118 **Page 182, Compréhension de l'oral, Exercice 1**
Document 1
Mesdames et Messieurs, notre tramway est arrêté. Merci de ne pas bouger de votre place et de ne pas ouvrir les portes.

Document 2
Venez découvrir la nouvelle collection printemps-été au rayon prêt-à-porter de votre magasin : pantalons, jupes, robes… pour toutes vos envies !

Document 3
Votre attention s'il vous plaît. Dernier appel pour le bus de 19 h 30 à destination de Marseille. Merci de monter dans le bus qui se trouve au quai 20. Le bus va bientôt partir.

Document 4
Nous vous rappelons que le bonnet est obligatoire dès l'entrée dans les bassins de la piscine.

Document 5
Bienvenue au café-théâtre ! Le spectacle va commencer. Nous vous rappelons qu'il est impossible de changer de place une fois le spectacle commencé.

Document 6
Bienvenue à la foire du printemps ! L'occasion de découvrir nos traditions et nos produits locaux. Venez goûter le bon miel de nos montagnes, et achetez nos biscuits artisanaux.

 119 **Page 183, Exercice 2**
Document 1
Vous écoutez Radio Fréquence Azur, il est midi, voici les informations : chaleur et températures encore en hausse.

Un mois de mai qui ressemble à un mois de juillet. Le printemps n'a jamais été aussi chaud…

Document 2
Émission exceptionnelle aujourd'hui : je suis en direct du salon du livre avec Louis Magnier, organisateur de cet événement. Il va nous présenter les auteurs qui seront présents ces 3 et 4 mars. Il va aussi nous donner des idées de lecture pour toute la famille.

Document 3
Vous avez envie d'acheter, de construire ou de rénover un appartement ou une maison ? Le Salon de l'habitat se tiendra à Mulhouse les 2 et 3 avril. 60 professionnels vous attendent avec des animations et des conférences. Et l'entrée est gratuite !

 Page 184, Exercice 3
Bonjour, c'est madame Orsini. Je vous appelle pour la location de salle que vous proposez. Nous voulons faire une réunion de travail. Nous aimerions avoir quelques informations. Est-ce qu'il y a des tables et des chaises ? Je voudrais aussi venir avec du matériel informatique. Est-ce que c'est possible ? J'aimerais voir les salles avant, samedi à 14 heures si vous êtes d'accord. Rappelez-moi quand vous pouvez. Merci !

 Page 184, Exercice 4
Dialogue 1
La femme : Tu as vu ? Il y a un nouveau film coréen au cinéma en ce moment.
L'homme : Oui, c'est super ! J'adore les films coréens.
La femme : Allez, je t'invite à le voir ce soir !
L'homme : Ah ben, c'est gentil. Merci !

Dialogue 2
La femme : Bonjour monsieur, où se trouve l'hôpital Pasteur, s'il vous plaît ?
L'homme : Il est à dix minutes de marche. Continuez tout droit sur le boulevard. C'est un très grand bâtiment. Vous allez le voir.
La femme : Merci beaucoup !

Dialogue 3
L'homme : Je ne comprends pas les règles de ce jeu !
La femme : Est-ce que tu veux que je te les explique ?
L'homme : Oui, merci !

Dialogue 4
L'homme : Oh, excusez-moi !
La femme : Essayez de faire attention la prochaine fois !
L'homme : Je ne vous avais pas vue, je suis désolé.

Transcriptions Documents vidéos

 Page 22, Les Jeux de la Francophonie
Le jeune homme : Vous êtes un artiste ou un groupe et vous voulez vous démarquer sur la scène internationale.
La jeune femme : Alors venez participer aux IXe Jeux de la Francophonie RDC Kinshasa. Les Jeux de la Francophonie…
Le jeune homme : C'est quoi au juste ? C'est un événement international unique alliant les arts et les sports.
La jeune femme : Au programme, 11 concours culturels : chansons, contes et conteurs, danse de création…
Le jeune homme : … littérature, photographie, peinture…
La jeune femme : … sculpture, installations, jonglerie avec ballon…
Le jeune homme : … hip-hop, marionnettes géantes, création numérique.
La jeune femme : C'est un véritable tremplin pour les jeunes artistes francophones. Comment poser votre candidature ?
Le jeune homme : C'est facile !

La jeune femme : Consultez notre site : www.jeux.francophonie.org.

 Page 34, Envie de fraîcheur
Voix off : Fuir à tout prix la chaleur parisienne… près de 40 degrés au soleil hier, et une envie d'ailleurs. Direction le Cotentin. 340 kilomètres plus tard, la promesse est tenue : 15 degrés de moins. Ce matin, sur la plage déserte, 20 degrés à 9 heures. Les pêcheurs rentrent à quai.
Homme 1 : Il fait beau, on a chaud, pas trop.
Homme 2 : Allez, on va avoir entre 20 et 25, mais c'est bien, quelquefois un petit peu moins, mais c'est pas grave.
Voix off : Nous sommes à Saint-Vaast-la-Hougue, élu village préféré des Français. Son port, ses ruelles fleuries, et ses hôtels, tous complets.
La gérante : Les Fuchsias Logis, bonjour. Oui, oui, c'est plein !

Quand on annonce hier ou avant-hier qu'il faisait 17 degrés quand il faisait 32 partout, bon, voilà, la fraîcheur mais bon il y a aussi l'authenticité du pays aussi.

Voix off : Au marché, dans la foule…

Homme 3 : Nous, on vient de Cholet dans le Maine-et-Loire, on est arrivés hier soir et on a perdu à peu près 20 degrés en montant dans le Cotentin.

Femme : On a un peu plus de fraîcheur et on profite quand même du beau temps.

Voix off : 14 heures, en plein soleil, il ne fait que 26 degrés. Tout est calme mais pourtant à l'Office du tourisme, on se sent un peu débordés.

Et ici, on ne se prive de rien. Pas question d'annuler l'épreuve sportive, le semi-marathon se court normalement. Pendant que les vacanciers à marée basse pêchent à pied.

Unité 3 Comme à la maison

Page 50, Voisins solidaires

Voix off : Mireille a 75 ans. Elle habite un petit appartement modeste en ville. Elle vit seule depuis qu'elle est veuve, il y a 10 ans déjà. Enfin seule, pas vraiment… À 16 heures tous les jours, Inès, sa petite voisine de 9 ans, vient faire ses devoirs chez elle. Mireille lui prépare un bon goûter et ses fameuses galettes. Au soir, c'est la maman d'Inès, Dona, qui passe lui apporter ses courses et récupérer sa fille. Mireille apprécie cette compagnie. Dona et elle discutent beaucoup et se soutiennent. Dona et Inès occupent un appartement au troisième. Elles n'ont pas de famille en Belgique. Dona enchaîne les intérims. Elle est contente d'habiter ici. Son voisin de palier Siméon lui donne régulièrement des coups de main, pour réparer un robinet un peu capricieux. Ils en profitent pour partager une tasse de café. À côté d'eux vivent aussi : Arthur, Jean, Simona, Yann et Clara, Roger, Jade et Louise et Baptiste ! Ils sont donc tous voisins et habitent la même maison. Et pas n'importe laquelle de maison ! Leur immeuble est ce qu'on appelle un habitat solidaire intergénérationnel. Le principe est simple : on mélange les âges, les situations, on se rend des services et on partage des moments et des espaces. C'est ainsi que : Arthur sort les poubelles de Mireille et Roger, Simona aide Arthur pour repasser son linge, Baptiste gère le local à vélos, Jade s'occupe du potager avec Dona, Roger leur donne des conseils et tond la pelouse, les enfants jouent et courent partout, et Jean nettoie le poulailler.

L'habitat solidaire intergénérationnel, une autre manière d'habiter. Être mieux, vivre mieux, habiter mieux.

Unité 4 Tous pareils, tous différents

Page 60, Les défauts de vos qualités

Axel Noverraz : Salut à toi ! Bienvenue dans cette nouvelle vidéo. Aujourd'hui, on va voir les principes de base du quadrant d'Ofman. Le quadrant d'Ofman, c'est un outil qui a été conçu aux Pays-Bas dans les années nonante par Daniel Ofman pour découvrir quelles sont nos qualités fondamentales et quels sont leurs opposés et les pièges dans lesquels il ne faut pas tomber. Donc le quadrant d'Ofman se compose de quatre fenêtres.

La première : les qualités. On va prendre par exemple la détermination, voilà, c'est ma qualité, je suis quelqu'un de déterminé. Ensuite, si je deviens trop déterminé, donc si je pousse cette qualité à l'extrême, donc c'est le piège, et là, ce sera de l'obstination. Ensuite va venir la troisième fenêtre, donc le challenge, donc ça veut dire : qu'est-ce que, si je suis obstiné, je vais devoir mettre en place, qu'est-ce que je dois faire attention, qu'est-ce que je vais essayer d'être ? Donc ça s'appelle l'opposé positif du piège et là ce sera de la souplesse. Voilà, si je suis trop obstiné, je vais devoir essayer d'être un peu plus souple. Ensuite, si la souplesse, je la pousse à l'excès, donc on arrivera dans la dernière et quatrième fenêtre du quadrant d'Ofman et ce sera l'allergie, donc c'est l'indécision. Pourquoi l'allergie ? Ben si on reprend la détermination, une personne très déterminée sera « allergique » à une personne complètement indécise. Ça sera donc son opposé positif.

Allez, une petite dernière pour la route. Après je vous invite vraiment à faire ça chez vous. Vous verrez que c'est super intéressant et ça va peut-être aussi vous donner des réponses de pourquoi vous ne vous entendez pas avec certaines personnes. Donc, le courage, quelqu'un est courageux. Qu'est-ce c'est le courage poussé à l'extrême ? C'est être téméraire. Ensuite, si je suis trop téméraire, il faudra que j'ajoute un peu de prudence. Par contre, la prudence poussée à l'extrême, ça devient de la peur. Et donc de nouveau, quelqu'un de très courageux aura de la peine à s'entendre avec quelqu'un qui a tout le temps peur.

Unité 5 En route vers le futur !

Page 76, 16 levers de soleil

Mère de Thomas : Allô Thomas, c'est maman. Je suis très fière de te savoir là-bas. J'ai du mal à croire que je te parle et que t'es en orbite dans la station. On espère que tu vas bien.

Lina : Bonjour ici Lina, en cas d'alerte astéroïde, comment réagissez-vous ?

Thomas : Les phases les plus risquées, c'est les sorties extravéhiculaires, quand on sort du sas, on regarde en dessous de ses pieds, on a 450 km de vide et en dessous on a les continents qui défilent à 28 000 km/h.

Thomas : La station spatiale, ça vole dans le ciel à 28 000 km/h, donc ça fait 16 levers de soleil tous les jours.

Unité 6 En cuisine

Page 93, Une roulotte à Tahiti

Le journaliste : Il existe en Polynésie une tradition délicieuse et chacun a sa préférée, on les appelle les roulottes.

Le gérant : Franchement, c'est un rêve d'avoir son propre petit restaurant, petit snack, petite roulotte, peu importe, mais [en] bord de mer. Je surfe juste en face. Moorea est juste là. Je peux pas demander plus.

La cuisinière : Il y a pas mal de gens à Tahiti qui sont bien sportifs, qui cherchent un peu d'autres nourritures que casse-croûte et steak-frites. Et moi, j'aime bien tester des nouvelles recettes.

Le gérant : C'est une fée de la nourriture *healthy*. Elle va de plus en plus sur le côté végan aujourd'hui. Je crois que c'est un tout : éco-responsable, quelque chose de sain. Euh... Il y a de la couleur, c'est beau, c'est... Et je crois que ça plaît, ça plaît beaucoup aux jeunes. Il y a beaucoup, beaucoup de monde, beaucoup de passage. On est ouvert sept jours sur sept, du matin, midi, soir. Petit-déjeuner, lunch et dîner. On sert des centaines de personnes par jour. C'est énorme niveau quantité. C'est énorme ! Logistique. Ça a pas l'air. On se dit c'est un poké. Il y a tellement de logistique. Il y a tellement... On ne travaille qu'avec des produits frais, tous les jours... J'aime ce que je fais. J'aime ma vie. J'aime mon île, j'aime mon staff, j'aime ma roulotte. Je peux pas être mieux aujourd'hui.

Unité 7 À votre santé !

Page 106, Médecine d'Outre-mer

Voix off : Située entre l'Inde et l'Afrique, l'île de La Réunion est le département français le plus peuplé de l'hémisphère sud. Sur cette terre longtemps inhabitée, des peuples sont venus des quatre coins du monde, apportant avec eux leurs remèdes et leur médecine qui ont ici prospéré. De nos jours, la population a toujours recours à des méthodes de soin traditionnelles d'une richesse insoupçonnée. Pour en percer les secrets, nous suivrons Yohan, un jeune infirmier natif de la Réunion.

Voix off : Yohan veut comprendre comment ses patients se soignent en dehors de l'hôpital. Pour cela, il va devoir parcourir son île en adoptant un nouveau regard sur la médecine.

Yohan : Alors du coup, là, c'est le fameux bois d'osto c'est ça ?

Une cultivatrice : C'est le bois d'osto, donc il est utilisé en usage externe comme cicatrisant.

Voix off : Il rencontrera des praticiens traditionnels aux méthodes de soin surprenantes.

Voix off : Jusqu'aux pouvoirs de la médecine ayurvédique que les Indiens pratiquent depuis plus de 4 000 ans.

Unité 8 Dans les médias

Page 121, La tour Eiffel grandit !

Marlène Blin : À propos de travaux, la tour Eiffel vient de gagner quelques mètres. 6 de plus, précisément. Une nouvelle antenne a en effet été installée aujourd'hui au sommet de la « Vieille Dame ». Une opération délicate, destinée à améliorer la diffusion de la radio numérique, la DAB+, c'est l'équivalent de ce qu'est la TNT pour la télé. Les explications de Didier Morel et Pascal Montagne.

Didier Morel : Opération inédite et à haut risque ce matin, avec un hélicoptère. Une première pour la « Dame de Fer ».

La dame : Ah ben c'est spectaculaire ! Ah l'hélicoptère est dans les nuages. Le pauvre, comment il va faire ?

Didier Morel : Pas facile en effet, car la météo n'est pas favorable. Et cette antenne en acier pèse 350 kilos. Au sommet, trois techniciens en équilibre pour la réceptionner. Et à bord de l'hélico, un habitué des interventions en montagne.

Franck Charlet : Les sensations, c'est des choses que je pratique tous les jours. Donc... Mais effectivement, le fait que ce soit la tour Eiffel, bon, c'est un peu magique, c'est sûr.

Didier Morel : La tour vient de gagner 6 mètres, portant sa hauteur totale à 330 mètres. Les Franciliens, eux, une qualité d'écoute avec la radio désormais en numérique.

(France 3, 15/03/2022)

Unité 9 Consommer responsable

Page 130, Atelier créatif

Bérengère Hubner : Bonjour ! Alors aujourd'hui, nous ce qu'on va faire, ça va être recycler un ancien jean. On va le transformer en sac. La méthode, vous verrez, est très simple et abordable et on est bien entendu là pour vous accompagner.

Sophie Van Den Briessche : Les ateliers, la couture, la réparation disparaissent de plus en plus sur le marché. Or, quand on a un vêtement abîmé, qu'est-ce qu'on fait spontanément ? On va le mettre à la poubelle. Et du coup nous, ces ateliers, on les a faits pour apprendre à nos clients à prolonger le cycle de vie du produit. On va apprendre aux clients à le recoudre, à le réparer. Ou même carrément, complètement, et bien on va créer un nouveau produit. Par exemple avec un vieux jean, et bien je vais faire un sac à main.

Élisabeth : On découvre ce qu'on peut faire avec quelque chose qui ne sert plus à rien et on rencontre des personnes sympathiques.

Sophie Van Den Briessche : Maintenant les clients viennent en magasin plus seulement pour acheter des produits mais aussi pour passer un moment, pour échanger. Et ces ateliers, c'est aussi des lieux de vie. Un moment où les clients vont pouvoir discuter, échanger, rencontrer d'autres personnes et s'échanger des petits trucs et astuces.

Bérengère Hubner : Donc maintenant votre sac est fini. Maintenant il n'y a plus qu'à le décorer comme vous le souhaitez. Je vous laisse choisir !

Unité 10 Envies d'ailleurs ?

Page 144, Un bus amphibie

Sarah : Bonjour et bienvenue à tous, je suis Sarah des « Canard de Paris », je serai votre guide et matelot pour votre premier voyage en bus amphibie. Je vous en prie, installez-vous, montez à bord.
Mesdames et messieurs, vous êtes à bord de « Marcel le Canard » le premier bus amphibie français.
La circulation est fluide au départ, le beau temps est au rendez-vous, et les conditions de navigation sont excellentes !
Le moteur électrique est parfaitement chargé, le plein de carburant est fait.
Armement des bouées, vérification des gilets de sauvetage !
Est-ce que vous êtes prêts ?

Les gens : Ouais !!!

Sarah : Paré capitaine ?

Voix off/le capitaine : Ça roule ma poule !

Voix off/Sarah : Les « Canard de Paris » est une start-up qui a consacré sept longues années pour construire le premier bus amphibie français, le seul à être autorisé sur les routes et sur la Seine.

Sarah : Mais à ton avis Capitaine, à quoi ça peut bien servir un bus qui flotte ?

Voix off/le capitaine : C'est facile, c'est pour visiter Paris et les Hauts-de-Seine. Sur les routes et sur la Seine !

Sarah : Bonne réponse capitaine ! On nous a dit aussi que ce serait une super solution pour éviter les embouteillages en passant par le fleuve !

Voix off/Sarah : Maintenant, accrochez-vous bien pour le splash !

Rejoignez-nous sur www.canardsdeparis.com pour faire partie de l'aventure.

Unité 11 De jolis parcours

 11

Page 162, Nouveau métier, nouvelle vie

La journaliste : Roland et Benjamin, eux, font partie de ces trentenaires en quête de sens. Ils ont troqué leur costume de consultants contre un tablier de boucher.

Roland et Benjamin : Avant, on vendait des services, donc on passait notre temps en entreprise derrière un ordi pendant... pendant huit heures d'affilée. C'était clairement beaucoup moins concret. Là, on travaille vraiment avec nos mains. C'est ce qui nous plaît beaucoup dans ce métier.

La journaliste : Après deux ans de formation, ils vont enfin ouvrir leur boucherie.

La journaliste : Enfin, Rita est une pianiste de renommée internationale. Pour profiter davantage de sa famille, elle va mettre un terme à sa carrière et devenir pâtissière. Mais avant cela, elle va devoir se former et obtenir son diplôme.

Rita : Le thermomètre a lâché.

Le chef/formateur : Il reste cinq minutes s'il vous plaît. Il reste cinq minutes !

Unité 12 Soif de nature

 12

Page 172, Festival *L'animal qui court*

Festival l'Animal qui court
Pendant 4 jours
Expérimentez la nature autrement
Du 30 septembre au 3 octobre 2021
Découvrez 18 courts-métrages
Du documentaire
De l'animation
De la fiction
Participez à des visioconférences
Rendez-vous en ligne sur www.lesfilmsdupangolin.fr